Forum für Verhaltenstherapie und psychosoziale Praxis

Band 44



dgvt

Verlag

Petra Claas und Christa Schulze

# Prozessorientierte Psychotherapie

## bei der Traumaverarbeitung

dgvt Verlag

Deutsche Gesellschaft für Verhaltenstherapie
Tübingen
2002

*Anschriften der Autorinnen:*

Dipl.-Psych. Petra Claas
Fachbereich Psychologie
der Philipps-Universität Marburg
Landgraf-Philipp-Str. 4
35032 Marburg

*Für Janina*

Dr. Christa Schulze
Fachbereich Psychologie
der Philipps-Universität Marburg
Gutenbergstr. 18
35032 Marburg

*Für Hans-Henning*

**Bibliografische Information Der Deutschen Bibliothek**

Die Deutsche Bibliothek verzeichnet diese Publikation in der Deutschen Nationalbibliografie; detaillierte bibliografische Daten sind im Internet über http://dnb.ddb.de abrufbar.


Im Sudhaus
Hechinger Straße 203
72072 Tübingen
E-Mail: dgvt-Verlag@dgvt.de
Internet: www.dgvt-Verlag.de

Umschlagbild: Burgi Scheiblechner, Marburg
Umschlaggrafik: Winkler_Design, Wolfgang Winkler, Kusterdingen
Satz: VMR Monika Rohde, Leipzig
Belichtung: Rasterpunkt, Klaus Herrmann, Tübingen
Druck: Druckerei Deile GmbH, Tübingen
Bindung: Nädele Verlags- und Industriebuchbinderei, Nehren

**ISBN 3-87159-144-0**

# Inhaltsverzeichnis

# Vorwort

In den letzten Jahren sind sehr viele Publikationen zu den Themen Trauma und Traumatherapie erschienen. In diesen Publikationen stehen jedoch meist nur Inhalte wie die traumatisierenden Situationen selbst, der Umgang mit ihnen in der Therapie usw., beziehungsweise therapeutische Techniken wie z. B. Imaginationsverfahren oder EMDR im Vordergrund.

Das hier vorgestellte Modell des Umgangs mit traumatischen Erfahrungen in der Psychotherapie bietet dazu einen alternativen Weg an, der an zwei Voraussetzungen gebunden ist:

*Erstens*: Wenn die Arbeit an traumatischen Erfahrungen gewünscht wird, sollte sie sich aus dem Therapieprozess ergeben und in diesen Prozess eingebettet werden, anstatt vorab definierten inhaltlichen Zielsetzungen und assoziierten therapeutischen Techniken zu folgen.

*Zweitens*: Die Arbeit an traumatischen Erfahrungen sollte eingebunden sein in einen therapeutischen Ansatz, für den die therapeutische Beziehung in Form einer wirklichen Begegnung zweier Personen grundlegend ist. Die allermeisten Traumatisierungen geschehen durch Menschen, und die meisten Traumafolgen spiegeln sich in Beziehungsproblemen aller Art wider.

Wir haben dieses Buch geschrieben, um einen therapeutischen Ansatz vorzustellen, der diesen beiden Voraussetzungen gerecht wird.

Auch in diesem Buch werden Inhaltsaspekte und differentielle therapeutische Interventionen ihren Platz haben. Aber sie sind eingebettet in ein psychotherapeutisches Grundkonzept, das erstens auf den *Prozess* der Verarbeitung von Erfahrungen fokussiert anstatt auf deren *Inhalt* und das zweitens einer speziellen Art der therapeutischen Beziehung zu jedem Zeitpunkt des Therapieprozesses Priorität einräumt vor spezifischen therapeutischen Interventionen – so nützlich sie auch erscheinen mögen.

Leslie S. Greenberg – einer der einflussreichsten humanistischen Psychotherapeuten und Forscher unserer Zeit – und Co-AutorInnen haben dieses psychotherapeutische Grundkonzept beschrieben als *Prozess- und erfahrungsorientierte Psychotherapie* (u. a. Greenberg, Rice & Elliott, 1993; Greenberg & Paivio, 1997; Greenberg et al., 1998; Greenberg, 2002; Cain, 2002). Greenberg und seinen Co-AutorInnen geht es darum, einen integrativen Ansatz *innerhalb der humanistischen/erfahrungsorientierten Richtung der Psychothe-*

*rapie* darzustellen und weiter zu entwickeln; dieser Ansatz bezieht sich auf die Grundlagen der Klientenzentrierten Therapie einschließlich des Focusing sowie der Gestalt-Therapie. Er integriert empirisch begründet die Klientenzentrierte Beziehungsgestaltung und Methodik mit der prozessgerichteten Theorie und Praxis der Gestalt-Therapie.

In *Teil 1* dieses Buches wird das von uns vor dem Hintergrund der Prozess- und erfahrungsorientierten Psychotherapie entwickelte allgemeine Prozessmodell der Psychotherapie beschrieben: wissenschaftstheoretische und empirische Grundlagen, therapeutische Grundannahmen und -prinzipien sowie häufig genutzte Interventionen. Die Bedeutung dieser Interventionen für traumatisierte KlientInnen wird erläutert.

*Teil 2* des Buches beschreibt das Trauma und seine Folgen. Langfristige Auswirkungen vor allem chronischer traumatischer Erfahrungen werden diskutiert. Außerdem wird ein von verschiedenen AutorInnen angenommenes Kontinuum posttraumatischer Störungen vorgestellt, das eine Alternative zur aktuellen diagnostischen Klassifikation der Posttraumatischen Belastungsstörung (PTBS), der Borderline-Störung sowie der Dissoziativen Störungen darstellt.

*Teil 3* stellt den Kern dieses Buches dar. Er hat den Prozess der Verarbeitung traumatischer Erfahrungen zum Inhalt; dabei handelt es sich um eine Spezifizierung unseres in Teil 1 dargestellten allgemeinen Prozessmodells der Psychotherapie. Aus didaktischen Gründen werden deshalb die zentralen Elemente des allgemeinen Modells in Teil 3 wiederholt, allerdings spezifiziert auf die Besonderheiten bei der Verarbeitung traumatischer Erfahrungen.

Dieser Teil beginnt mit der Darstellung und Bewertung gängiger Theorien zur Emotions- und Traumaverarbeitung. Nachfolgend wird eine alternative, prozessorientierte Theorie der Entstehung und Überwindung traumabezogener Symptome und Probleme vorgestellt: die Theorie der Unterbrechung und Dissoziation. Aus diesen Überlegungen resultiert, eingebunden in das theoretisch begründete übergeordnete Prozessmodell, ein Interventionsansatz: das „Abschließen traumatischer Erfahrungen". Dieser Ansatz zeigt im Rahmen der Prozess- und erfahrungsorientierten Psychotherapie unter Einbeziehung imaginativer Verfahren aus der Hypnotherapie hilfreiche Möglichkeiten für die Verarbeitung traumatischer Erfahrungen auf.

*Teil 4* des Buches enthält eine beispielhafte Fallgeschichte, die der Veranschaulichung sowohl der theoretischen Überlegungen als auch der skizzierten therapeutischen Interventionen dienen soll. Der Wunsch, viele unterschiedliche und sehr komplexe themenbezogene Sachverhalte zusammenhängend darzustellen, spiegelt sich in einer teilweise hoch komprimierten Darstellung der Inhalte wider. Daher könnte es sich für das bessere Verständnis lohnen, die Fallgeschichte als Einstieg zuerst zu lesen.

Wir haben in diesem Buch erstmals ein prozessorientiertes Modell der Verarbeitung traumatischer Erfahrungen vorgestellt. Wir hoffen, auf theoretischer Ebene einen Anstoß zur Diskussion gegeben zu haben und auf praktischer Ebene vor allem jenen TherapeutInnen Anregungen für ihre Arbeit mit traumatisierten KlientInnen geben zu können, die sich dem hier vorgestellten psychotherapeutischen Ansatz zugehörig fühlen.

Petra Claas
Christa Schulze
Marburg, im Mai 2002

# Danksagung

Mein besonderer Dank gilt Leslie S. Greenberg für die Entwicklung seines komplexen und zugleich präzisen humanistischen Ansatzes. Dieser therapeutische Rahmen ermöglicht es mir, in meinem wissenschaftlichen Denken und in meinem therapeutischen Handeln meinen tief empfundenen Respekt für das Sosein jeder einzelnen Person zu leben und weiterzuentwickeln.

Den Menschen, die diese innere Haltung in mir zum Leben erweckt haben, möchte ich an dieser Stelle von ganzem Herzen danken.

Ich danke Betty Dainin Döring, Günter Obijon und Angelika Lotz für ihre wichtigen ergänzenden und korrigierenden Hinweise zur Fallgeschichte, dem „schwierigsten" Kapitel dieses Buches.

Meiner besten Freundin Betty Dainin Döring danke ich außerdem für unsere anregenden inhaltlichen Diskussionen zu diesem Buch. Sie gibt sich niemals mit Worten zufrieden und hat mir immer dabei geholfen, Worte mit dem Leben zu verbinden.

P. C.

Für ihre schnellen und äußerst gründlichen Korrekturarbeiten danken wir Natalie Vasdev.

Interesse, kritisches Hinterfragen und Anteilnahme von Angelika Lotz haben uns immer wieder gute Impulse gegeben.

Unserer Lektorin Frau George danken wir für ihre sorgfältige und hilfreiche Betreuung.

Die künstlerische Gestaltung des Bucheinbandes erfolgte durch Burgi Scheiblechner. Sie versteht es, Inhaltliches in bildhafte Form umzusetzen.

Unseren KlientInnen sind wir zu besonderem Dank verpflichtet, weil wir so vieles von ihnen lernen durften.

P. C. und C. S.

# 1. Der Prozess der Psychotherapie

Wenn hier und im Folgenden vom Prozess der Psychotherapie die Rede sein wird, so ist zum einen der Gesamtverlauf einer Psychotherapie inklusive aller darin aufgetretenen wichtigen Veränderungen gemeint, zum anderen geht es um emotionale Veränderungsprozesse während ganz bestimmter Abschnitte im Verlauf der Therapie.

## 1.1 Kurzüberblick über die Prozessforschung im Bereich der Psychotherapie

Historisch bedingt galten ergebnis- und prozessorientierte Psychotherapieforschung zwei Jahrzehnte lang als voneinander getrennte Bereiche. Ergebnisorientierte Psychotherapieforschung hatte das *Was* der Veränderung zum Gegenstand, das sich außerhalb der therapeutischen Situation nachweisen ließ; die Kontrolle von Symptomreduktion anhand von Maßen, die zu Beginn und nach Abschluss einer psychotherapeutischen Behandlung erhoben wurden, ist ein wichtiges Beispiel für diese Forschungsmethodik. Prozessorientierte Psychotherapieforschung hatte das *Wie* der Veränderung zum Gegenstand, das sich innerhalb der therapeutischen Situation nachweisen ließ; die Frage, wie bestimmte Therapeuten- oder Klientenvariablen – beziehungsweise deren Interaktion – zu definierten Veränderungen innerhalb der therapeutischen Situation führen, ist charakteristisch für diese Forschungsmethodik.

Seit nunmehr zwanzig Jahren wird im Bereich der Psychotherapieforschung der Versuch unternommen, Ergebnis- und Prozessforschung zu integrieren. Nach Greenberg & Pinsof (1986) ist die Integration von ergebnis- und prozessorientierter Psychotherapieforschung aus folgenden Gründen notwendig: Es genügt nicht zu wissen, dass ein psychotherapeutisches Verfahren wirksam ist, wenn man nicht in der Lage ist zu spezifizieren, wie es gewirkt hat. Nur wer die spezifischen Wirkfaktoren von Psychotherapie kennt, kann sie effektiv und wiederholt anwenden und mit spezifischen Ergebnisvariablen vergleichen, um mögliche Zusammenhänge aufzudecken.

Beim Auffinden solcher Prozess-Ergebnis-Verbindungen folgt die Forschung in jüngster Zeit dem konzeptuellen Argument „kleiner ist besser“, d.h., es werden zeitlich und inhaltlich kleinere Untersuchungseinheiten bevorzugt. Dies hat vor allem zwei Gründe:

1. Das Ergebnis einer Psychotherapie ist nichts Statisches, das zu einem Zeitpunkt X am besten gemessen werden könnte, sondern das Resultat eines fließenden, kontinuierlichen Prozesses, welches zu verschiedenen Zeitpunkten im Therapieverlauf erhoben werden kann: vor Therapiebeginn, während einer Therapiestunde, im Anschluss an eine Therapiestunde, nach Beendigung der Therapie sowie im Follow-up.
2. Bei weit gefassten zeitlichen und inhaltlichen Untersuchungseinheiten ist die Wahrscheinlichkeit hoch, dass andere intervenierende Ereignisse innerhalb und außerhalb der Therapie das Ergebnis am Ende der Behandlung beeinflussen.

Angesichts der Tatsache, dass Verhalten und Erfahrung niemals unabhängig sind von dem Kontext, in welchem sie auftreten, plädieren die AutorInnen außerdem für eine kontextspezifische Theoriebildung im Umfeld der Psychotherapieforschung.

Die Relevanz einer vorab definierten Prozessvariablen wird demnach von wichtigen Kontextbedingungen bestimmt, zum Beispiel vom therapeutischen Setting, vom Zeitpunkt des Therapieverlaufs (sowohl innerhalb einer Therapiestunde als auch über den Gesamtverlauf betrachtet), von der therapeutischen Aufgabe usw. Bisherige Erfahrungen im Rahmen der Prozessforschung bestätigen die Angemessenheit der Forderung von Greenberg & Pinsof (1986). Beispielsweise kann die Art der therapeutischen Aufgabe, die ja auch durch das jeweilige Setting mitbestimmt wird, nicht ohne Einfluss auf Variablen bleiben, welche die innere Beteiligung am therapeutischen Prozess messen.

Die innere Beteiligung am therapeutischen Prozess, wie sie beispielsweise mit der Experiencing-Skala (Klein, Mathieu, Gendlin & Kiesler, 1969) gemessen wird, steigt, wenn Interventionen eingesetzt werden, die, wie in der Gestalttherapie üblich, auf Experiencing abzielen (Greenberg & Pinsof, 1986), und sie nimmt ab, wenn die therapeutische Aufgabe Konkretheit von den KlientInnen verlangt (Pollack, 1973) bzw. wenn der Therapeut die KlientInnen um spezifische Informationen bittet (Fontana, Dowds & Eisenstadt, 1980), wie dies beispielsweise in diagnostischen Gesprächen der Fall ist.

Auch ist es nicht gleichgültig, zu welchem Zeitpunkt im Therapieverlauf die innere Beteiligung am therapeutischen Prozess gemessen wird. Ryan

(1966) fand beispielsweise, dass es wichtig ist, die innere Beteiligung nicht nur anhand von Material aus der Anfangs- und Endphase der Therapie zu erheben, sondern die mittlere Phase der Therapie einzubeziehen; dies gilt sowohl für die einzelne Therapiestunde als auch für den Gesamtverlauf der Therapie. Geschieht dies nicht, ist das Risiko groß, niedrige Messwerte (auf der Experiencing-Skala) zu erhalten, weil die tatsächliche Arbeit der KlientInnen und ihr Fortschritt gar nicht erfasst werden. Stattdessen stehen organisatorische Absprachen, Diagnostik, Zielbestimmung, das Erzählen von „Geschichten" oder der Rückblick auf die Therapie und die Umstände ihrer Beendigung im Vordergrund.

Die bisherige, sehr umfangreiche Forschung auf diesem Gebiet hat gezeigt, dass vor allem zwei Prozessvariablen ein hoher prädikativer Wert, bezogen auf den Behandlungserfolg, zukommt. *Erstens* ist die Qualität der therapeutischen Beziehung als Prädiktor für das Behandlungsergebnis in den letzten Jahren immer wieder bestätigt worden, und zwar, unüblich in der Psychotherapieforschung, unter Verwendung ganz unterschiedlicher Maße und innerhalb verschiedener therapeutischer Settings, z.B. in der Klientenzentrierten Therapie von Barrett-Lennard anhand des „Relationship-Inventory" (Barrett-Lennard, 1959, 1962), eines Fragebogens, der die Qualität der Beziehung über die drei Variablen „Empathisches Verstehen", „Kongruenz" und „Wertschätzung", bewertet von den KlientInnen, erfasst. Ein weiteres Beispiel aus der umfangreichen Literatur zu diesem Thema sind die „Integrative Psychotherapy Alliance Scales" (Pinsof & Catherall, 1986) zur Messung der therapeutischen Beziehung in der Einzel-, Paar- und Familientherapie. Catherall (1984) fand für jede der drei Skalen signifikante positive Korrelationen mit dem Behandlungserfolg, beurteilt durch die TherapeutInnen. Luborsky & Auerbach (1985) fanden beispielsweise, dass eine gute therapeutische Beziehung (gemessen mit Hilfe der „Pann Helping Alliance Scales") den Behandlungserfolg besser vorhersagt, als dies der Fall ist, wenn Klientenvariablen (Persönlichkeitsmerkmale, Diagnosestellung) vor Therapiebeginn erhoben werden. Auch Grawe, Donati & Bernauer (1994) betonen die Relevanz der therapeutischen Beziehung in Bezug auf den Behandlungserfolg.

Bordin (1975, 1979) folgend, wird die Qualität der therapeutischen Beziehung heute von vielen Forschern als genereller Faktor innerhalb des therapeutischen Veränderungsprozesses betrachtet, in den die spezifischen Faktoren (therapeutische Aufgaben und Interventionen) eingebettet sind, wobei sich beide Ebenen laufend gegenseitig beeinflussen.

Als weiterer genereller Faktor wird die innere Beteiligung am therapeutischen Prozess (involvement) betrachtet. Während die Qualität der therapeutischen Beziehung eine transaktionale Variable ist, handelt es sich bei der inneren Beteiligung am therapeutischen Prozess vorwiegend um eine Klientenvariable.

*Zweitens* hat sich herausgestellt, dass das Ausmaß der inneren Beteiligung eine wichtige Prädiktorvariable bezogen auf unterschiedliche Maße für den Behandlungserfolg darstellt; dies konnte gezeigt werden im Rahmen der Klientenzentrierten Therapie (z.B. Kiesler, 1971; Rogers, Gendlin, Kiesler & Truax, 1967; Ryan, 1966), im Rahmen psychoanalytischer Therapieansätze (z.B. Bordin, 1966) und in der Gestalttherapie (z.B. Greenberg, 1980; Greenberg & Rice, 1981). Im Rahmen der (kognitiven) Verhaltenstherapie liegen nach Durchsicht der Literatur leider keine Untersuchungen vor, die speziell der Frage nachgehen, ob und wie sich die innere Beteiligung am therapeutischen Prozess auf das Behandlungsergebnis auswirkt.

Eine viel genutzte Möglichkeit, die innere Beteiligung eines Klienten oder einer Klientin am therapeutischen Prozess einzuschätzen, bietet das theoretische Konzept des „Experiencing" (Gendlin, 1957, 1961). Für Gendlin, einen Mitarbeiter der Rogers-Gruppe und Schöpfer der Experiencing-Theorie, steht das Experiencing-Konzept im Mittelpunkt einer Theorie über Persönlichkeitsveränderung und psychotherapeutische Aktivitäten. Der Experiencing-Begriff unterscheidet sich deutlich von den sonst üblichen statischen Erfahrungskonzepten: Im Deutschen kann man ihn am besten wiedergeben als „Selbsterleben" oder „gefühlsmäßiges, vorbegriffliches Erleben" (Bommert & Dahlhoff, 1978, S. 65).

Um das Ausmaß der inneren Beteiligung am therapeutischen Prozess im Sinne dieses Konzeptes zu messen, wurde die Experiencing-Skala entwickelt (Klein et al., 1969). Die Skala bot Anlass zu umfangreicher Forschungstätigkeit, die sich inzwischen längst nicht mehr auf den klientenzentrierten Rahmen beschränkt; sie fand Anwendung im Bereich psychodynamisch orientierter Therapieansätze (z.B. Fishman, 1971), in der Gestalttherapie (z.B. Greenberg, 1980; Greenberg & Rice, 1981), in der Prozess- und erfahrungsorientierten Psychotherapie (z.B. Greenberg et al., 1993) und nach Greenberg & Pinsof (1986) auch in der Kognitiven Therapie; veröffentlichte Studien liegen aber nach Durchsicht der Literatur für die Kognitive Therapie bisher nicht vor.

## 1.2 Folgerungen für Theorie und Praxis der Psychotherapie: Die integrative Theorie emotionaler Veränderungsprozesse

Basierend auf den Ergebnissen der oben skizzierten umfangreichen Prozessforschung in der Psychotherapie, kombiniert mit einer profunden Kenntnis theoretischer und empirischer Grundlagen aller psychotherapeutischer Verfahren sowie eigener langjähriger klinischer Erfahrung, hat Leslie S. Greenberg mit verschiedenen Co-AutorInnen (siehe z.B. Greenberg et al., 1987, 1989, 1993) den Prozess der Psychotherapie theoretisch definiert und erforscht – v.a. spezifische emotionale Veränderungsprozesse in spezifischen therapeutischen Aufgaben.

Diese theoretischen Überlegungen und empirischen Ergebnisse werden in die hier dargestellten integrativen Prozessmodelle Eingang finden: sowohl in unser allgemeines integratives Prozessmodell der Psychotherapie als auch in unser integratives Prozessmodell der Verarbeitung traumatischer Erfahrungen in der Psychotherapie. Die Bezugnahme auf das aktuelle innere Erleben, spezifiziert auf bestimmte theoretische Veränderungsmodelle, ist der zentrale Bestandteil beider Modelle.

## 1.3 Der allgemeine Prozess der Psychotherapie im Rahmen unseres Modells

In Teil 1 dieses Buches wird unser allgemeines Modell des psychotherapeutischen Prozesses zusammenfassend dargestellt, in Teil 3 spezifiziert auf die Verarbeitung traumatischer Erfahrungen. Es folgen eine Erläuterung der einzelnen Stufen des Modells, wiederum in Teil 1 für den allgemeinen psychotherapeutischen Prozess und in Teil 3 bezogen auf den Prozess der Verarbeitung traumatischer Erfahrungen in der Psychotherapie.

Das hier vorgestellte allgemeine Prozessmodell der Psychotherapie beruht auf einer empirischen Grundlage. Es ist das Ergebnis einer Synthese der nunmehr seit 50 Jahren existierenden Prozessforschung in der Psychotherapie sowie der Erfahrungen und Beobachtungen vieler wissenschaftlich und praktisch tätiger PsychotherapeutInnen, die vorwiegend prozess- und erfahrungsorientiert arbeiten (Perls, Hefferline & Goodman, 1951; Gendlin & Zimring, 1955; Rogers, 1957, 1961, 1983; Gendlin, Jenny & Shlien, 1960; Gendlin,

1961; Gendlin & Berlin 1961; Gendlin & Tomlinson 1962; Gendlin, 1962, 1964, 1970, 1974, 1978, 1981, 1998; Klein et al., 1969; Perls, 1973, 1976; Bommert & Dahlhof, 1978; Greenberg 1979, 1980; Greenberg & Dompierre, 1981; Greenberg & Rice, 1981; Kast, 1982; Greenberg & Pinsof, 1986; Clarke & Greenberg, 1986; Canacakis, 1987; Greenberg & Safran, 1987, 1990; Schneider, 1990; Staemmler & Bock, 1991; Frenzel, Schmid & Winkler, 1992; Jerneizig & Langenmayr, 1992; Greenberg et al., 1993; Staemmler, 1995; Downing, 1996; Claas, 1997; Greenberg & Paivio, 1997; Greenberg et al., 1998; Weiser-Cornell, 2001; Greenberg, 2002; Cain, 2002).

Es folgt eine Kurzübersicht über den allgemeinen Prozess der Psychotherapie, wie wir ihn im Rahmen unseres Modells beschrieben haben. Der Begriff „Psychotherapie" bezieht sich hier und im Folgenden auf die Prozess- und erfahrungsorientierte Psychotherapie, deren Grundlagen noch zu erläutern sein werden; die hier vorgestellten Prozessmodelle machen keine Aussagen über Therapieverläufe im Rahmen der anderen beiden psychotherapeutischen Grundorientierungen (Psychoanalyse/psychodynamisch orientierte Psychotherapie sowie Verhaltenstherapie/Kognitive Verhaltenstherapie). Eine Generalisierung dieser Modelle auf andere therapeutische Grundorientierungen wäre unangemessen, da dort andere Konzepte vor anderen Hintergrundmodellen gelten und, daraus resultierend, nicht (systematisch) prozessorientiert gearbeitet wird. Prozess- und erfahrungsorientierte Psychotherapie zielt auf Selbstorganisation und Selbstregulation ab. Methoden aus anderen therapeutischen Grundorientierungen können verwendet werden, wenn sie klientenzentriert möglich sind.

Spezifische Begriffe, die in dieser Kurzübersicht genannt werden, erfahren im weiteren Verlauf des Buches eine genauere Erläuterung. Die Seitenzahlen in Klammern beziehen sich auf die Stelle, an der die jeweilige Erläuterung zu finden ist. Der besseren Veranschaulichung dient die Fallgeschichte (Teil 4) am Ende dieses Buches.

## Gesamtprozess

Der Gesamtprozess kann charakterisiert werden als eine *Desorganisation* und eine anschließende *Reorganisation* der Selbst-Struktur, vor allem der für unser Selbstgefühl zentralen *emotionalen Kernschemata.* Emotionale Schemata sind durch Erfahrung erworbene (implizite) gefühlte Gedächtnisrepräsentationen. Die Desorganisation setzt ein, wenn die bis dahin starren emotionalen Schemata durch die Überwindung von Blockierungen im Erleben gelockert oder aufgelöst werden; dies geschieht durch die Synthese von Erfahrungselementen, die bisher nicht bzw. verzerrt symbolisiert gewesen sind. Die Reorganisation erfolgt durch eine Neustrukturierung der emotionalen Schemata; dies geschieht durch die Integration der neu synthetisierten Erfahrungselemente, der neu strukturierten Schemata sowie der neuen Erfahrungen, die aus der gegenwärtigen Situation entnommen werden. Resultat dieses Integrationsprozesses sind neue oder neu strukturierte emotionale Schemata mit den entsprechenden neuen Handlungstendenzen.

## Prozessbeginn

Am Beginn des Prozesses steht eine Blockierung des Erlebens, erkennbar an starren emotionalen Schemata, die plötzlich durch unvereinbare Widersprüche oder den Verlust der Person-Umwelt-Passung bedroht, gelockert oder aufgelöst werden und nach Neustrukturierung drängen, weil sie dysfunktional geworden sind.

## Veränderungsprozesse

Die Bezugnahme auf das aktuelle innere Erleben, vor allem auf primäre Emotionen in ihren spezifischen Bedeutungszusammenhängen, ist Voraussetzung dafür, dass der Prozess in Gang kommt und zu Ende gebracht werden kann. Des- und Reorganisation der emotionalen Schemata wechseln einander ab und sind aufeinander bezogen. Des- und Reorganisation der emotionalen Schemata beschreiben sowohl den gesamten therapeutischen Prozess, dessen wichtigster Faktor eine empathische, akzeptierende, authentische und zugleich prozessfördernde therapeutische Beziehung ist, als auch spezifische therapeutische Veränderungsprozesse im Therapieverlauf. Relevante therapeutische Veränderungsprozesse sind u.a.:

1. Verstehen und Auflösen einer „problematischen Reaktion“ (S. 36, 172ff.)
2. Entstehenlassen der „gefühlten Bedeutung“ durch „Focusing“ (S. 39, 165ff.)
3. Überwindung einer „Spaltung durch Selbstbewertung“ (S. 44, 181ff.)
4. Überwindung einer „Spaltung durch Selbstunterbrechung“ (S. 48, 160ff.)
5. „Abschließen unabgeschlossener Angelegenheiten“ (S. 53, 194ff.) oder das „Abschließen traumatischer Erfahrungen“ (S. 125)
6. Überwindung „intensiver Verletzlichkeit“ (S. 59, 169ff.).

**Prozessende**

Am Ende des Prozesses stehen neue bzw. revidierte emotionale Schemata, die eine größere, besser miteinander verbundene und exakter symbolisierte Menge an Informationen integrieren. Da sie jetzt die bisher nicht oder verzerrt symbolisierten Erfahrungselemente enthalten und auf diese Weise die Erfahrung von Orientierung durch Emotionen und emotionale Bedeutungen ermöglichen, haben sich Blockierungen und Verzerrungen im Erleben reduziert oder aufgelöst; primäre Emotionen (S. 21, 29f.) und „gefühlte Bedeutungen" (S. 20, 32, 39f.) können ihre Orientierungsfunktion für das Erleben und Verhalten (wieder) erfüllen.

## 1.4 Erläuterungen zur Beschreibung des allgemeinen Therapieprozesses

Im Folgenden werden die einzelnen Schritte des allgemeinen Prozesses der Psychotherapie erläutert.

### *1.4.1 Gesamtprozess*

Der Gesamtprozess kann charakterisiert werden als eine Desorganisation und eine anschließende Reorganisation der Selbst-Struktur, vor allem der für unser Selbstgefühl zentralen emotionalen Kernschemata.

Jede Person existiert in einer sich ständig ändernden Welt der Erfahrung, deren Mittelpunkt sie ist. Das Selbst einer Person ist der Mittelpunkt ihres Wahrnehmungsfeldes (Rogers, 1983). Die Selbst-Struktur umfasst strukturierte Wahrnehmungen und Konzepte; sie ist dem Bewusstsein zugänglich.

Aus heutiger Sicht, bei der die Ergebnisse der Kognitions- und Emotionsforschung einbezogen werden, wird die Selbst-Struktur nicht mehr als stabile Konfiguration von Schemata betrachtet, sondern als auf unterschiedlichen Ebenen ablaufender Prozess der fortlaufenden Konstruktion unserer inneren Realität in Beziehung zu unserer Umwelt (Greenberg et al., 1993), wobei einige Schemata und Konzepte einer Veränderung in größerem Maße zugänglich sind als andere. Die Person setzt Erfahrungselemente (Körperbewegungen, Empfindungen, Emotionen, sinnliche Vorstellungen und Kognitionen) in fortlaufender Interaktion mit ihrer Umgebung zu bewusst erlebter Erfahrung mit persönlicher Bedeutung zusammen (sie *synthetisiert* ihre gegenwärtige Erfahrung), d.h. es handelt sich um einen aktiven Konstruktionsprozess. Innerhalb dieses Prozesses sind implizite emotionale Schemata von grundlegender Bedeutung.

Dabei geht es um jene im Gedächtnis gespeicherten Erfahrungen über uns-in-der-Welt, die wir im Laufe unserer Entwicklung erworben haben. Jede intensive emotionale Erfahrung – Liebe ebenso wie ein Trauma – führt zur Ausbildung eines emotionalen Schemas, vor allem dann, wenn eine Person diese Erfahrungen wiederholt macht. Das gleiche gilt für jede häufig wiederholte alltägliche Interaktion mit wichtigen Bezugspersonen. Nachfolgend werden emotionale Schemata definiert und beschrieben, da sie den Fokus der Psychotherapie bilden.

Der Mensch reagiert auf seine Umwelt direkt und unverzögert, denn die unverzögerte Einschätzung dessen, was in der Umwelt vor sich geht, gibt uns die Möglichkeit des biologischen und psychologischen Überlebens. Dieser unverzögerten Einschätzung geht keine begriffliche Situationsbewertung voraus, sondern diese findet während des laufenden Ereignisses statt. Während relevanter Ereignisse werden Gedächtnisstrukturen – emotionale Schemata – aufgebaut, die aus folgenden Elementen bestehen:

a) einer Abbildung dieses Ereignisses (bildhafte Ebene; andere Sinnessysteme können einbezogen sein) und
b) dadurch hervorgerufenen expressiven Reaktionen (körperliche/emotionale Repräsentation), die mit
c) automatisch einsetzender Erregung verbunden sind (körperliche/emotionale Repräsentation), sowie
d) einer begrifflichen Bewertung dieses Ereignisses (konzeptuelle Repräsentation).

Auf diese Weise werden emotionale Erfahrungen als Gedächtnisstrukturen kodiert. Dies gilt natürlich auch für traumatische Erfahrungen, die zur Ausbildung spezifischer, traumabedingter emotionaler Schemata führen.

Zunächst enthalten diese impliziten Schemata keine oder kaum kognitive Konzepte, aber durch Erfahrung und Lernen werden ihnen kognitive Konzepte über das Selbst hinzugefügt. Dies sind jene Strukturen auf höchstem Integrationsniveau, die uns sagen, wer wir sind und wie wir uns in unserer Umgebung aktuell am besten verhalten sollten (Gendlin, 1981), jene impliziten emotionalen Schemata, die weitgehend dafür verantwortlich sind, was und wie wir wahrnehmen.

Diese impliziten emotionalen Schemata oder Kernschemata über uns-in-der-Welt sind der Fokus der Psychotherapie. Da sie auf Erfahrungen basieren, können sie nur durch emotionale Erfahrungen geändert werden, die in der Gegenwart synthetisiert werden; durch Konzepte allein werden sie kaum oder gar nicht berührt bzw. sogar unzugänglich gemacht.

Emotionale Erfahrungen werden synthetisiert durch einander ergänzende Einzelinformationen (Bewegungsimpulse, Körperempfindungen, Gefühle, bildhafte sowie andere sinnliche Vorstellungen und Gedanken), die bisher nicht im Bewusstsein repräsentiert waren und die sich auf bestimmte Art und Weise zusammenfügen und organisieren. Durch *Nachspüren*, die gezielte Lenkung der Aufmerksamkeit auf die aktuellen inneren Erfahrungen, werden sie bewusst und können schließlich *symbolisiert* werden, indem der gespürten Erfahrung passende Symbole (Worte, Bilder usw.) hinzugefügt werden.

Sie sind nicht einfach eine Ansammlung von begrifflichen Konzepten (reinen Kognitionen), sondern enthalten integrierte kognitive, affektive, motivationale und auf menschliche Beziehungen ausgerichtete Handlungstendenzen und -pläne bezüglich spezifischer Situationen. Diese emotionalen Kernschemata über uns-in-der-Welt bestimmen in dialektischer Interaktion mit der jeweiligen Umwelt, in der wir uns befinden, unser Verhalten. Daher bilden diese emotionalen Kernschemata den Fokus der Psychotherapie, und nicht Kognitionen oder Reiz-Reaktions-Verbindungen.

*Emotionale Schemata zeigen also folgende zentrale Merkmale:*

1. Es handelt sich bei ihnen um komplexe integrierte biosoziale Strukturen von Kognitionen, Emotionen, Motivationen und die jeweils assoziierten Handlungstendenzen.
2. Sie operieren außerhalb des Bewusstseins, um „gefühlte Bedeutungen“ und Handlungstendenzen entstehen zu lassen.
3. Sie erzeugen emotionale Reaktionen durch die Bewertung von Situationen in Bezug auf aktuell zentrale Bedürfnisse und Interessen.
4. Sie rekonstruieren emotionale Erfahrungen in der Gegenwart, da Empfindungen und Gefühle nicht als solche im Gedächtnis gespeichert sind, sondern in der Gegenwart synthetisiert und symbolisiert werden müssen, um bewusst erfahrbar zu werden.

Ein kurzes Beispiel soll die Entstehung und Wirkung impliziter emotionaler Schemata veranschaulichen:

> Die Eltern von B. wollen nicht, dass ihr Sohn seinen Ärger laut und deutlich zeigt; er soll weder „trotzig“ noch „aggressiv“ sein. Sie verhalten sich entsprechend: Sie spiegeln seinen Ärger nicht, wenn er auftritt, sondern ignorieren oder bestrafen den Ausdruck von Ärger, wenn ihr Sohn ihn zeigt. B. lernt, dass Ärger zu haben oder auszudrücken „böse“, „schlecht“ und „unangemessen“ ist und dass jemand nicht akzeptiert und geliebt wird, der seinen Ärger laut und deutlich zum Ausdruck bringt, daher ist es besser, Ärger so wenig wie möglich zu spüren und auszudrücken (aus diesen Komponenten besteht das implizite emotionale Schema in Bezug auf Ärger bei B.).

Unsere emotionalen Schemata, die wir im Laufe unseres Lebens erworben haben, steuern, wie oben beschrieben, implizit unser Handeln. Das heißt: Sie sind uns im Allgemeinen nicht bewusst. Aber sie sind bewusstseins*fähig*. Emotionen können bewusst *werden*. Sie bewusst oder „verfügbar“ zu machen, um relevante emotionale Schemata zu verändern, ist eine zentrale Aufgabe der Psychotherapie.

Wie werden uns unsere emotionalen Erfahrungen bewusst? Emotionen entstehen im Organismus automatisch. Um sie jedoch bewusst zu erleben, müssen wir erstens unsere Aufmerksamkeit darauf lenken und sie zweitens bewusst symbolisieren. Dies bedeutet, dass emotionale Zustände in unterschiedlichen Graden von Bewusstheit existieren können:

- präsent, aber zurzeit außerhalb des Bewusstseins (lediglich als Potential auf der Körperebene vorhanden),
- präsent, aber zurzeit nur teilweise im Bewusstsein bzw. am Rande des Bewusstseins,
- präsent und erlebt, aber nicht verbal symbolisiert,
- erlebt und klar symbolisiert,
- erlebt, symbolisiert und vollständig verstanden bezüglich ihrer Ursachenzusammenhänge, ihrer Bedeutung und ihrer assoziierten Handlungstendenzen, Bedürfnisse und Wünsche

Die an unsere *primären Gefühle* (Freude, Trauer, Ärger, Angst, Ekel und Überraschung) gekoppelten Bedürfnisse und Wünsche können uns nur dann bewusst werden und zu unserer Orientierung zur Verfügung stehen, wenn wir sie klar erleben, genau symbolisieren und zu gegebener Zeit ausdrücken. Dieser organismische Vorgang kann auf verschiedenen Ebenen und aus verschiedenen Gründen unterbrochen werden, wie später zu zeigen sein wird.

Nach der Beschreibung von Charakteristika und der Funktionsweise impliziter emotionaler Schemata folgt nun die Erläuterung der zentralen Aufgabe im therapeutischen Prozess: die Des- und Reorganisation emotionaler Schemata.

### Des- und Reorganisation emotionaler Schemata

Die *Desorganisation* setzt ein, wenn die bis dahin starren emotionalen Schemata durch die Überwindung von Blockierungen im Erleben gelockert oder aufgelöst werden; dies geschieht durch die Synthese von Erfahrungselementen, die bisher nicht bzw. verzerrt symbolisiert gewesen sind.

Die Selbst-Struktur wird starr, d.h., es entstehen viele emotionale Schemata, die sich über die Zeit hinweg kaum verändern, wenn eine Person gewohnheitsmäßig ihr Erleben blockiert, indem sie primäre Emotionen und deren Bedeutungszusammenhänge vermeidet. Früher einmal adaptiv, führt dieses gewohnheitsmäßige Verhalten im Laufe der Zeit dazu, dass sich diese Person ihrer wichtigsten Informationsquellen, ihrer emotionalen Erfahrungen, beraubt. Emotionen werden blockiert und somit vermieden, indem die einzelnen Komponenten des Synthesevorgangs (emotionstypischer Körperausdruck, im Gedächtnis gespeicherte, also schematisch organisierte emotional bedeutsame Erfahrungen und Konzepte in Form von adäquaten Begriffen) nicht beachtet und auf diese Weise nicht symbolisiert werden (Greenberg & Safran, 1987) bzw. verzerrt und ungenau innerhalb der alten, starren Strukturen (Schemata) organisiert bleiben. Je mehr sich eine Person von ihrem eigenen Erleben auf diese Weise abschneidet, desto mehr ist sie auf starre Konzepte und Schemata über sich selbst und die Welt angewiesen, die ihre Selbst-Struktur formen (Rogers, 1983).

Blockierungen des Erlebens können überwunden werden, wenn KlientInnen in der Sicherheit der therapeutischen Beziehung ihre Aufmerksamkeit auf ihr aktuelles inneres Erleben richten; dieses Verhalten fördert die Synthese und Neustrukturierung von Erfahrungselementen, die bisher nicht oder verzerrt und ungenau symbolisiert gewesen sind (Rogers, 1983; Greenberg & Safran, 1987).

Je widersprüchlicher oder schwerer zu integrieren diese neu synthetisierten und neu strukturierten Informationen gegenüber den alten Schemata und Konzepten bezüglich des Selbst und der Welt sind, desto stärker werden die alten, starren Schemata gelockert und im Extremfall sogar nahezu aufgelöst (Rogers, 1983); die Desorganisation hat eingesetzt, indem neue Erfahrungen synthetisiert und alte Schemata aufgebrochen worden sind.

Die *Reorganisation* erfolgt durch eine Neustrukturierung der emotionalen Schemata; dies geschieht durch die Integration der neu synthetisierten Erfahrungselemente, der neu strukturierten Schemata sowie der neuen Erfahrungen, die aus der gegenwärtigen Situation entnommen werden. Resultat dieses Integrationsprozesses sind revidierte oder neue emotionale Schemata mit den entsprechenden neuen Handlungstendenzen.

Die Reorganisation der emotionalen Schemata entspricht einer Integration

a) der erstmals synthetisierten Erfahrungselemente, die vergangenen Situationen angehören und nicht schematisch organisiert waren,
b) der Erfahrungselemente aus den alten, aufgebrochenen Schemata, die sich durch die therapeutische Arbeit in ihrer Intensität bzw. Bedeutung verändert haben, und
c) der Erfahrungselemente, die der gegenwärtigen Situation entnommen werden, zu einer neuen Struktur (Greenberg & Safran, 1987).

Diese neu gebildeten Strukturen (Schemata) beeinflussen einander und resultieren in einer revidierten oder umfassend neu konfigurierten Selbst-Struktur. Der Vorgang der Des- und Reorganisation ist umso bedrohlicher, chaotischer und schmerzvoller, je umfassender er ausfällt (Rogers, 1983).

Die Desorganisation ist also notwendig, um bestehende Blockierungen im Erleben aufzulösen; die Reorganisation schafft neue Strukturen in unserer Erfahrung: neue emotionale Schemata mit assoziierten neuen Handlungstendenzen. Dieser Zusammenhang soll anhand unseres Beispiels kurz erläutert werden:

> B. hat in seiner Therapie gelernt, dass Erleben und Ausdruck von Ärger nicht notwendigerweise Ablehnung durch andere Menschen zur Folge haben; denn seine Therapeutin hat seinen Ärger verfügbar gemacht, gespiegelt und validiert, anstatt ihn zu ignorieren oder ablehnend darauf zu reagieren. Sein emotionales Schema in Bezug auf Ärger ist jetzt umgewandelt worden in die Überzeugung: Nicht alle Menschen lehnen mich ab, wenn ich meinen Ärger spüre und zeige; und wenn ich Ärger zeige, bekomme ich eher, was ich brauche, als wenn ich mich – wie früher – einfach zurückziehe.

Nun kann B. seinen Ärger auch in anderen Situationen wahrnehmen und zum Ausdruck bringen. Er wird in Konfliktsituationen jetzt eher handeln (sich behaupten, Grenzen setzen oder sagen, was er braucht) anstatt sich verängstigt zurückzuziehen.

## *1.4.2 Prozessbeginn*

Am Beginn des Prozesses steht eine Blockierung des Erlebens, erkennbar an starren emotionalen Schemata, die plötzlich durch unvereinbare Widersprüche oder den Verlust der Person-Umwelt-Passung (Umwelt- oder Personenvariablen ändern sich, so dass eine neue Anpassungsleistung nötig wird) bedroht, gelockert oder aufgelöst werden und nach Neustrukturierung drängen, weil sie dysfunktional geworden sind.

Blockierungen des Erlebens entstehen, wenn eine Person ihre aktuellen inneren Erfahrungen vermeidet (Perls et al., 1951; Greenberg et al, 1993), so dass diese nicht synthetisiert und nicht symbolisiert werden können. Menschen blockieren ihr Erleben, weil sie gelernt haben, dass es für den Erhalt des Selbst oder für den Erhalt der sozialen Beziehungen günstiger ist, bestimmte Gefühle nicht zu haben oder nicht zu zeigen. Und solange diese Bedingungen aufrecht erhalten bleiben, hat dieses Verhalten auch einen adaptiven Wert. Es hat diesen Wert und ist somit funktional, weil es zu einer an die gegebene Umwelt angepassten, wenn auch unflexiblen, Selbst-Struktur führt. Blockierungen des Erlebens, wurzelnd in spezifischen, individuellen Lernerfahrungen, leisten einen maßgeblichen Beitrag bei der Entwicklung und Aufrechterhaltung psychopathologischer Symptome (Perls et al., 1951; Greenberg et al., 1993).

Unvereinbare Widersprüche (z.B. die Erfahrung von B., in einer für ihn bedeutsamen Situation Ärger zu spüren, ihn aber nicht auszudrücken, weil das „schlecht" ist) bzw. der Verlust der Person-Umwelt-Passung (dissoziative emotionale Schemata werden teilweise dysfunktional und problematisch, sobald z.B. ein Opfer jahrelanger sexueller Gewalt schließlich sein Elternhaus verlässt) zwingen die betroffene Person, diese neuen Erfahrungen entweder nicht zu beachten (ihnen keine Aufmerksamkeit zu schenken und sie nicht zu symbolisieren) oder ihnen zu erlauben, sich zu entwickeln und neu zu strukturieren.

Zu diesem Zeitpunkt ist die Person bereit für eine Psychotherapie (Rogers, 1983; Greenberg & Safran, 1987). Die alten emotionalen Schemata sind nun dysfunktional geworden, weil sie nicht mehr mit den gegebenen Erfahrungen übereinstimmen; sie drängen nach *Neustrukturierung*.

Eine *Psychopathologie* entsteht, wenn Menschen ihre emotionalen Erfahrungen nicht synthetisieren und nicht symbolisieren können (durch passende Worte, Bilder oder andere Ausdrucksmittel) oder wenn sie *dysfunktionale emotionale Schemata* aktivieren, die aufgrund ihrer Lebenserfahrungen entstanden sind.

## Probleme mit der Generierung von emotionaler Bedeutung

Hier sind zwei Verarbeitungsebenen zu unterscheiden:

1. *Die konzeptuelle (rein kognitive) Ebene*: Auf dieser Ebene werden rein intellektuelle Bedeutungen (Konzepte) über das Selbst und relevante Ereignisse erzeugt, die erlernt sind und Richtig-Falsch-Urteile darstellen, welche nicht in der eigenen Erfahrung wurzeln.
2. *Die Erfahrungsebene*: Die Erfahrungsebene besteht aus der Körperebene und der schematischen Ebene. Auf dieser Ebene werden emotionale Bedeutungen aus noch nicht bewussten, präkonzeptuellen impliziten Komponenten der Erfahrung erzeugt.

Es findet ein Zusammenspiel der körperlichen (sensomotorischen, automatisch funktionierenden) Ebene mit der schematischen Ebene (strukturierte emotionale Gedächtnisinhalte) und der konzeptuellen Ebene statt, wenn emotionale Bedeutung generiert wird. Das heißt: Die Interaktion zwischen der Erfahrungs- und der konzeptuellen Ebene führt zur bewussten Wahrnehmung von Emotionen und deren Bedeutungen, die uns Orientierung ermöglichen. Während die körperliche Ebene automatisch adaptive Informationen zur Verfügung stellt, hängt dies auf der schematischen Ebene von den dort gespeicherten Erfahrungen und Handlungstendenzen ab.

Probleme entstehen, wenn Menschen ihre emotionalen Erfahrungen nicht beachten, nicht synthetisieren und nicht oder verzerrt symbolisieren. Dann sind sie allein auf ihre starren intellektuellen Konzepte angewiesen, die adaptives Handeln und Orientierung erschweren, weil sie nur wenige Informationsquellen einschließen, langsam und unflexibel arbeiten und nicht in der Erfahrung der jeweiligen Situation verankert sind. In der Psychotherapie geht es daher darum, KlientInnen für ihre inneren Erfahrungen zu öffnen und eine rein konzeptuelle Verarbeitung von Erfahrungen zu reduzieren.

## Schemagesteuerte Dysfunktionen

Dysfunktionale emotionale Schemata entstehen durch negative Erfahrungen mit adaptiven primären Gefühlen, auf die die Person im weiteren Verlauf ihres Lebens mit Angst reagiert. (Dies ist häufig bei Angststörungen und Depressionen zu sehen, siehe Greenberg, Elliot & Foerster, 1989). Dysfunktional ist vor allem die fortbestehende Angst, verlassen, verletzt oder enttäuscht zu werden, wenn man seine Gefühle spürt und zum Ausdruck bringt. Ist das aktuell aktivierte emotionale Schema dysfunktional, so wird auch das dadurch aktivierte Erleben und Verhalten mit großer Wahrscheinlichkeit dysfunktional sein. Problematisch sind nicht die in diesen Schemata enthaltenen primären Gefühle und Bedürfnisse, sondern die sekundären, die eine Person als Reaktion auf deren Frustration ausgebildet hat.

Am Beispiel von B. soll dieser Zusammenhang erläutert werden:

> In Situationen, in den sein Organismus mit Ärger (primäre adaptive Emotion) auf bestimmte Personen oder Umstände reagieren würde, wird sein implizites emotionales Schema in Bezug auf Ärger aktiviert: Ärger zu haben oder auszudrücken führt dazu, von anderen Personen abgelehnt zu werden. B. unterbricht die Synthese seines Ärgergefühls, weshalb sein Ärger für ihn gar nicht deutlich spürbar wird; statt dessen spürt er eine diffuse Spannung oder Hoffnungslosigkeit und Angst (sekundäre, nicht adaptive Gefühle), die sich nicht in Ärger auf seine Freundin oder auf seinen Vorgesetzten differenzieren. B. vermeidet den Konflikt und zieht sich zurück, ohne genau zu wissen, weshalb er sich so angespannt oder hoffnungslos und ängstlich fühlt, und nie bekommt, was er braucht. Er ist unzufrieden und handelt nicht in Situationen, die danach verlangen, dass er sich entscheidet und etwas tut, um seine Bedürfnisse zu erfüllen.

Unterschiedliche Probleme in der Umwelt einer Person führen in der Folge zu unterschiedlichen emotionalen Problemen. Dissoziative Störungen entstehen durch Spaltung und Separation dominanter emotionaler Schemata. Jede wiederholte, intensive emotionale Erfahrung (Liebe ebenso wie ein Trauma) führt zur Ausbildung eines emotionalen Schemas. Verhält sich eine Bezugsperson zu bestimmten Zeiten liebevoll, missbraucht das Kind jedoch zu anderen, so bildet dieses unabhängige, voneinander getrennte emotionale Schemata aus bezüglich des Selbst-in-Beziehung zu dieser Bezugsperson. Geschieht dies mit mehreren dominanten Emotionen, so entwickelt das Kind dissoziative Strukturen (Schemata) in seiner Persönlichkeit, die später unabhängig voneinander durch schemaassoziierte Auslöser aktiviert werden können. Oder die betroffenen traumatisierten Personen dissoziieren ihre emotionalen Reaktionen vollständig und verlieren dadurch den Zugang zu ihren Gefühlen. Die Spaltung der Persönlichkeit betrifft jene Schemata, die sich um den Missbrauch herum gebildet haben: Gut und Böse, Opfer und Täter, Verführer und Verführte usw.

*Zusammenfassend kann also gesagt werden:* Psychopathologie resultiert häufig aus der Unfähigkeit, primäre Emotionen zu akzeptieren, zu integrieren oder zu regulieren. Dysfunktionale emotionale Schemata entwickeln sich aufgrund fehlender empathischer Feinabstimmung zwischen dem Kind und seinen Bezugspersonen und Nichtbeachtung bzw. inkonsistenter oder frustrierender Reaktionen auf seine primären Emotionen und Bedürfnisse.

Psychische Störungen resultieren aus einer für die jeweilige Person spezifischen Kombination fundamentaler Probleme, emotionale Erfahrungen zu synthetisieren und sie zu symbolisieren, und aus den Problemen, die durch die Aktivierung sowie Interaktion dysfunktionaler Schemata oder schematischer Sequenzen entstehen.

### Warum ändern sich emotionale Schemata nur langsam?

Dysfunktionale emotionale Schemata bleiben häufig über lange Zeiträume unverändert. Dies kann eine Reihe von Gründen haben:

- Schemata ändern sich von Natur aus langsam; sie müssen änderungsresistent sein, um ihre Funktion – Chaos in der Informationsverarbeitung zu verhindern – erfüllen zu können.
- Aufgrund von selektiver Aufmerksamkeit findet bei schemagesteuerter Informationsverarbeitung ein negativer Rückkopplungsprozess statt, so dass vor allem schemakonsistente Informationen aufgenommen und verarbeitet werden.
- Werden neue Informationen aufgenommen, die das Schema verändern könnten, so werden diese häufig verzerrt symbolisiert, damit sie in das alte, existierende Schema passen.
- Ein Mangel an neuen Informationen/Erfahrungen verhindert ebenfalls eine Änderung des Schemas; dies ist vor allem dann der Fall, wenn innere Erfahrungen vermieden werden.
- Sehr intensive emotionale Reaktionen können mit Informationen interferieren, die in der Lage wären, das aktivierte emotionale Schema zu widerlegen oder zu verändern; in solchen Situationen verhalten sich Personen oft auch noch so, dass sie ihr eigenes, dysfunktionales Schema selbst bestätigen.

In der Psychotherapie – wie auch im normalen Leben – ist es jedoch möglich, bestimmte günstige Bedingungen zu schaffen, die eine Veränderung emotionaler Schemata wahrscheinlich machen.

**Veränderung emotionaler Schemata**

Bestimmte Bedingungen begünstigen eine Veränderung der emotionalen Schemata:

1. Reduktion von interpersoneller Angst durch empathische Feinabstimmung (die Fähigkeit, den inneren Zustand des Klienten bzw. der Klientin und die damit verbundenen Bedürfnisse jederzeit zu erkennen und darauf zu reagieren), bedingungslose Wertschätzung und Authentizität (in der therapeutischen Beziehung); dadurch werden Ressourcen für die Konzentration auf das aktuelle innere Erleben freigesetzt, die normalerweise nicht zur Verfügung stehen.
2. Aufmerksamkeitsfokussierung auf aktuelle Erfahrungselemente, die dem Schema angehören, bisher jedoch nicht symbolisiert worden sind; dadurch werden dem alten Schema neue Informationen hinzugefügt.
3. Stimulation und Wachrufen des emotionalen schematischen Gedächtnisses, um den alten Schemata (Erinnerungen) durch Symbolisierung bisher nicht symbolisierter Erfahrungen neue Informationen hinzuzufügen.
4. Ermutigung zur Kontaktaufnahme mit bisher vermiedenen Informationen und Erfahrungen, die das Schema ändern können.
5. Ausdruck von primären Gefühlen (auch dadurch, dass sie handelnd zum Ausdruck gebracht werden), um ganz neue Erfahrungen zu ermöglichen.
6. Ganz neue emotionale Erfahrungen innerhalb der therapeutischen Beziehung.
7. Schaffen ganz neuer emotionaler Schemata durch die Erfahrung zwischen KlientIn und TherapeutIn (Greenberg et al., 1993).

## *1.4.3 Veränderungsprozesse*

Die Bezugnahme auf das aktuelle innere Erleben, vor allem auf primäre Emotionen in ihren spezifischen Bedeutungszusammenhängen, ist Voraussetzung dafür, dass der Prozess in Gang kommt und zu Ende gebracht werden kann (inneres Erleben umfasst emotionale Erfahrungen, die symbolisiert oder auch noch nicht symbolisiert sein können).

Nur wenn wir unsere Aufmerksamkeit bewusst auf unsere aktuell ablaufenden inneren Erfahrungen richten, kann es uns gelingen, sie wahrzunehmen und zu symbolisieren. Ohne diese kontrollierte und bewusste Aufmerksamkeitszuwendung synthetisieren und symbolisieren wir unsere emotionalen Erfahrungen nicht oder nur ungenügend, so dass sie ihre Orientierungsfunktion im Organismus-Umwelt-Feld nicht erfüllen können (Greenberg et al., 1993). Um diesen Zusammenhang, vor allem in Bezug auf praktisches therapeutisches Handeln, zu verstehen, ist es wichtig, die verschiedenen Arten emotionaler Erfahrungen zu verstehen und zu differenzieren.

## Die Orientierungsfunktion primärer Emotionen

Emotionen erfüllen eine zentrale integrative Funktion, indem sie alle verfügbaren Informationen synthetisieren und auf diese Weise die Welt für uns sinnvoll und verständlich werden lassen. Emotionen sind unser Orientierungssystem im Organismus-Umwelt-Feld, und so ermöglichen sie fortlaufendes adaptives Handeln. Durch Experiencing werden sie zu scharf voneinander getrennten funktionalen Strukturen weiterentwickelt, die unseren Gefühlen ihre Bedeutung geben und uns darüber informieren, was wir wollen und brauchen (Gendlin, 1961).

Emotionen zeichnen sich darüber hinaus durch folgende zentrale Merkmale aus:

1. Emotionen sind weder instinktive Triebe noch erlernte Reaktionen; die primären Emotionen haben eine evolutionäre Basis und ermöglichen Orientierung und adaptives Verhalten. Erlernt werden Ausdrucksvarianten, Ausdifferenzierung und Regulation von Emotionen.
2. Es gibt keine lineare Verbindung zwischen Emotion, Kognition und Verhalten. Emotionen sind ein komplexes Orientierungssystem mit assoziierten Verhaltenstendenzen innerhalb des Organismus-Umwelt-Feldes, und sie beziehen sich immer auf etwas oder jemanden in der Außenwelt.
3. Emotionen werden immer in der Gegenwart synthetisiert.
4. Diese Synthese findet auf drei Ebenen statt:
   a) körperliche Ebene
   b) schematische Ebene
   c) konzeptuelle Ebene

Emotionale Schemata (gespeicherte emotional bedeutsame Erfahrungen) lenken die Aufmerksamkeit einerseits auf bestimmte Umweltaspekte, andererseits auf körperliche Vorgänge, vor allem auf spezielle Formen des Körperausdrucks. Die spezifische Kombination aus Umweltreizen, Körperausdruck, automatisch damit einhergehender Erregung und bildhaften Vorstellungen oder anderen Sinnesrepräsentationen wird im Bewusstsein zu einer ganzheitlichen Erfahrung vereinheitlicht. In einem weiteren Syntheseschritt wird dieser emotionalen Erfahrung eine konzeptuelle Bedeutung entnommen. Diese Bedeutung basiert auf dem Produkt der Informationen, welche auf der schematischen und der körperlichen Ebene generiert worden sind.

5. Ein großer Teil der Synthese von Emotionen findet unbewusst statt bzw. wird unbewusst blockiert, weil die meisten Vorgänge auf der körperlichen und der schematischen Ebene noch nicht im Bewusstsein repräsentiert sind.
6. Emotionen werden blockiert und somit vermieden, indem die einzelnen Komponenten des Synthesevorgangs nicht beachtet und auf diese Weise nicht synthetisiert werden.
7. Emotionen, Kognitionen und Verhalten sind immer miteinander verflochten.
8. Emotionen enthalten ein adaptives, zum großen Teil implizites Wissen, das dem Bewusstsein zugänglich ist, wenn sich die Person darauf konzentriert.
9. Emotionen erfüllen vor allem interpersonelle Funktionen, und sie sind stark mit unserer eigenen Identität verbunden.

*Fazit*: Emotionen sind im Kern Informationen über unsere Reaktionen auf bestimmte Situationen.

## Die integrative Funktion der Emotionen

Emotionen kombinieren Körperausdruck, emotionale Schemata und Gedanken so, dass wir in integrativer Weise fühlen, denken und handeln können (Kongruenz). Probleme entstehen, wenn diese Integration zerbricht: Das, was wir fühlen, denken und tun, läuft in verschiedene Richtungen auseinander (Inkongruenz).

Aber nicht all unsere Emotionen sind adaptiv und haben Orientierungsfunktion für uns; dies gilt lediglich für die *primären Emotionen. Sekundäre Emotionen* (Gefühle über Gefühle und Gefühle, die an negative Selbstbewertungen gekoppelt sind) sowie *instrumentelle Emotionen* (emotionaler Ausdruck, der gezeigt wird, um bestimmte Ziele in der Umwelt zu erreichen) dienen in aller Regel nicht der Orientierung, sondern erschweren diese. Daher ist es für die Psychotherapie wichtig, die unterschiedlichen Formen von Emotionen zu kennen und unterscheiden zu können.

## Diagnostische Einschätzung verschiedener Emotionen und emotionaler Zustände

Um adäquat intervenieren zu können, müssen folgende Formen unterschieden werden:

*Primäre Emotionen (Trauer, Ärger, Angst, Freude, Überraschung, Ekel):* Diese primären Emotionen mit ihren assoziierten Bedürfnissen sind die einzigen, die biologisch adaptiv sind. Sie sind keine erlernten Reaktionen. Sie müssen in der Therapie synthetisiert, ausgedrückt und symbolisiert werden. Primärer Ärger z.B. hilft, sich durchzusetzen, und er informiert uns darüber, was wir wollen; primäre Trauer ermöglicht uns den Abschied und erhält unsere Bindungsfähigkeit. Trauer „enthüllt uns uns selbst"; primäre Angst warnt uns vor Gefahren und bereitet den Körper auf Kampf oder Flucht vor. Sie gilt oft dem Unbekannten oder der Furcht, nicht zu existieren. Menschliches Erleben ist aber natürlich nicht an primäre Emotionen allein gebunden. Primäre Emotionen differenzieren sich durch entsprechende Erfahrungen mit der Umwelt (Lernen) in andere Gefühle aus, z.B. in Liebe, Glück, Kummer, Abneigung usw.

*Sekundäre Emotionen:* Es handelt sich um erlernte „Gefühle über Gefühle" oder Gefühle, die an negative Selbstbewertungen gekoppelt sind. Diese Gefühle sind nicht adaptiv (Scham, Schuld, Neid usw.). In der Therapie ist es meist sinnvoll, sie zu umgehen und „dahinter", „daneben" oder „darunter" nach ihrer Ursache, also nach den zugrunde liegenden primären Emotionen, zu suchen. Sekundäre Emotionen haben oft eine negative Selbstbewertung zum Ziel (in diesem Fall ist es hilfreich, sie durch andere, primäre Emotionen zu ersetzen) oder die Nicht-Akzeptanz primärer Emotionen (dann ist es wichtig, diese primären Emotionen verfügbar zu machen, also zu synthetisieren, auszudrücken und zu symbolisieren). Zu beachten ist aber, dass es in solchen Prozessen wichtig ist, auch diese sekundären Emotionen und Bewertungen zunächst einmal zu verstehen und sie so anzuerkennen, wie sie sich zeigen.

*Instrumentelle Emotionen:* Es handelt sich um erlernte emotionale Verhaltensmuster, die die Funktion haben, die Umwelt zu manipulieren (z.B. Weinen, um etwas zu bekommen; Ärger ausdrücken, um dominant zu wirken und einzuschüchtern). Diese Emotionen sollten in der Therapie direkt angesprochen und interpretiert werden.

*Schlecht angepasste Emotionen:* Es handelt sich um erlernte, nicht-adaptive Emotionen (z.B. Angst vor harmlosen Objekten). Diese Emotionen sollten modifiziert werden, weil sie keine Orientierungsfunktion erfüllen und adaptives Verhalten erschweren.

*Schlecht angepasste kognitiv-emotionale Sequenzen:* Es handelt sich um (Selbst)-Bewertungen, die emotional negativ getönt sind. In der Therapie ist es wichtig, diese Sequenzen emotional lebhaft verfügbar zu machen, um die zugrunde liegenden primären Emotionen zu aktivieren, so dass diese Sequenzen schließlich von innen heraus modifiziert werden können.

Da primäre Emotionen eine zentrale Orientierungsfunktion für unser Erleben und Verhalten haben, ist die Frage, wie sie verfügbar gemacht und verarbeitet werden können, zentral für den Prozess der Psychotherapie. Dieser Frage soll nun nachgegangen werden.

## Umgang mit primären Emotionen

Es lassen sich sechs verschiedene Veränderungsprozesse skizzieren:

*Anerkennen von Emotionen* (Erlauben und Akzeptieren): Hierbei werden einander ergänzende Informationen, die bisher nicht im Bewusstsein repräsentiert waren, durch den Synthesevorgang auf bestimmte Weise organisiert, so dass sie ins Bewusstsein gelangen und verfügbar werden. Oft ist diese Synthese die Folge der Erlaubnis, dass zuvor nicht akzeptierte Erfahrung nun synthetisiert und ins Bewusstsein gelangen kann, gefolgt von der Akzeptanz der synthetisierten Erfahrung. Ein Gefühl vollständig zu akzeptieren bedeutet auch, die damit verbundenen Wünsche und Handlungstendenzen zu akzeptieren.

*Entstehenlassen von Bedeutung:* Die Bedeutung unserer Gefühle lässt uns die Relevanz einzelner Erfahrungen erkennen. Bedeutungen entstehen durch „Focusing“, eine fortlaufende, zirkuläre Interaktion zwischen Erfahrungen und Konzepten. Die gefühlte Bedeutung leitet diesen Prozess. Gefühle, die nicht exakt symbolisiert werden, sowie Gedanken, die nicht mit Gefühlen verbunden sind, führen dazu, dass dieser Prozess nicht zu Ende geführt werden kann.

*Wecken und Ausdrücken von Emotionen:* Intensiver Affekt soll verfügbar gemacht, erlebt und ausgedrückt werden, um den natürlichen Ausdruck dieses Gefühls zu Ende zu führen, das Gefühl zu differenzieren und eine kognitive Änderung zu bewirken. Letztlich muss diese nun differenzierte Erfahrung anerkannt und validiert werden. Dauerhafte Veränderung resultiert aus der Kombination von Erleichterung durch den Ausdruck intensiven Affekts und der Bedeutung, die dieser Erfahrung hinterher beigemessen wird; Menschen geben ihren Erfahrungen automatisch eine persönliche Bedeutung. Emotionen werden aus drei Gründen geweckt:

1. um der Erfahrung Wichtigkeit zu verleihen,
2. um Verhalten zu ändern,
3. um primäre Emotionen zu synthetisieren, die bisher im Repertoire dieser Person kaum vorhanden waren und nun für adaptives Verhalten sorgen können.

*Verantwortung übernehmen:* Die Person akzeptiert, dass es ihre eigenen Gefühle sind, die sie spürt, anstatt dass diese Gefühle von außen „gemacht“ werden. Die Person eignet sich ihre Gefühle (wieder) an, indem sie erfährt, dass sie selbst diese Gefühle erzeugt, nicht eine Person oder Situation in der Außenwelt. Um dauerhafte emotionale Veränderung möglich zu machen, muss die Person erfahren und anerkennen, dass es ihre Gefühle sind und sie die Wahl hat, diese Gefühle zu akzeptieren oder zu modifizieren. Um diesen Prozess zu fördern, ist es wichtig, bei den inneren Erfahrungen zu bleiben, mit ihnen zu experimentieren und sie (handelnd) auszudrücken; so wächst durch Erfahrung allmählich die Gewissheit, Urheberin der eigenen Gefühle zu sein.

*Modifikation nicht adaptiver Emotionen:* Um diesen Prozess zu ermöglichen, sind, je nach Situation, unterschiedliche Vorgehensweisen sinnvoll:

1. eine spezielle Emotion durch eine andere ersetzen,
2. Verlagerung der Aufmerksamkeit,
3. Exposition,
4. bei sekundären Emotionen: Verfügbarmachen der zugrunde liegenden primären Emotion und Modifikation der damit verbundenen Struktur.

*Emotionaler Ausdruck in der therapeutischen Beziehung:* Wichtig ist die Erfahrung, dass die emotionalen Signale verstanden und beantwortet werden und dass der Therapeut/die Therapeutin fürsorglich und achtsam mit dem Klienten/der Klientin umgeht. KlientInnen können authentisch sein, ohne dass dies negative Konsequenzen, z.B. in Form von Bewertungen, nach sich zieht. Eine weitere wichtige Erfahrung ist die Validierung ihrer Gefühle. KlientInnen erfahren also neue Arten des Seins gemeinsam mit dem Therapeuten/der Therapeutin. Korrektive emotionale Erfahrungen werden möglich durch: Vertrauen, Wertschätzung, Empathie und Akzeptanz. Eine Kombination aus Akzeptanz und Stimulation schafft eine „ausreichend gute Umwelt", um emotionale Veränderungen möglich zu machen.

Emotionstypischer Körperausdruck, emotional bedeutsame schematische Erinnerungen und Konzepte sind hierarchisch strukturiert und ineinander verflochten und organisieren simultan die Synthese von Emotionen und emotionalen Bedeutungen. Die jeweilige Stärke der drei Komponenten bestimmt, wie rasch und klar die Emotion wahrgenommen wird und wie groß ihr kognitiver Anteil ist. Emotionale Erfahrungen werden in der Therapie vor allem durch körperliche und schematische Erinnerungen zugänglich gemacht, selten durch verbal-konzeptuelle Erinnerungen, die bereits im Bewusstsein repräsentiert sind. Affektiv-kognitive Schemata können nicht auf der konzeptuellen Ebene verändert werden, weil neue Erfahrung notwendig ist, um sie zu verändern.

Die therapeutische Arbeit, die geleistet werden muss, um emotionale und kognitive Änderungen zu bewirken, lässt sich mit Hilfe von vier *Grundmodalitäten*, also grundlegenden therapeutischen Vorgehensweisen, beschreiben. Therapeutische Arbeit wird vor allem geleistet durch

1. *Nachspüren/Bewusstheit,* das heißt durch die Konzentration auf Körperempfindungen, Gefühle, Wahrnehmungen und Handlungen,
2. die *erfahrungsgeleitete Suche* nach der persönlichen Bedeutung komplexer Gefühle und Ereignisse,
3. *aktiven Ausdruck*, um zu erfahren, was es ist, das man fühlt, um die mit dem Gefühl assoziierte Handlungstendenz zu beleben und um das Gefühl mit seinem Objekt in Verbindung zu bringen, so dass der natürliche Ausdruck des Gefühls zu Ende gebracht werden kann. Das implizite Wissen, das in dem zuvor unausgedrückten Gefühl enthalten war, wird auf diese Weise explizit gemacht und ist nun zugänglich geworden,

4. *interpersonellen Kontakt:* Entscheidend für das Gelingen der Therapie ist die emotional korrigierende Erfahrung, dass man in einer Beziehung zu einem anderen Menschen absolut man selbst sein kann.

Die jeweilige Art der Arbeit sowie der Interventionsstil hängen von den jeweiligen KlientInnen und vom jeweiligen Therapieverlauf ab. Die vier Grundmodalitäten sind immer aufeinander bezogen und beeinflussen einander zirkulär. Des- und Reorganisation der emotionalen Schemata wechseln einander ab und sind aufeinander bezogen.

Im Verlauf einer Psychotherapie werden mehrere emotionale Schemata des- und reorganisiert. Neu strukturierte Schemata (z.B. eine neue, liebende Einstellung gegenüber den toten Eltern nach erfolgreicher Trauerarbeit) sind in der Lage, andere, aktuelle Schemata (z.B. die Einstellungen und Gefühle gegenüber dem Partner/der Partnerin) zu ändern, wodurch dieses in Frage gestellt wird und nach Neustrukturierung drängt. Dieser Ablauf resultiert daraus, dass unsere schematisch strukturierten Erfahrungen in einem Netzwerk organisiert sind, dessen Komponenten einander ständig gegenseitig beeinflussen (Greenberg & Safran, 1990).

Nachdem die Grundvoraussetzungen für das Zustandekommen des therapeutischen Prozesses beschrieben worden sind, sollen nun die zentralen Veränderungsfaktoren und -prozesse in der Psychotherapie behandelt werden.

## Zentrale Veränderungsfaktoren und -prozesse

Des- und Reorganisation der emotionalen Schemata beschreiben sowohl den gesamten therapeutischen Prozess, dessen wichtigster Faktor eine empathische, akzeptierende, authentische und zugleich prozessfördernde therapeutische Beziehung ist, als auch spezielle therapeutische Veränderungsprozesse im Therapieverlauf. Relevante therapeutische Veränderungsprozesse sind u.a.:

1. Verstehen und Auflösen einer „problematischen Reaktion“
2. Entstehenlassen der gefühlten Bedeutung durch Focusing
3. Überwindung einer „Spaltung durch Selbstbewertung“
4. Überwindung einer „Spaltung durch Selbstunterbrechung“
5. „Abschließen unabgeschlossener Angelegenheiten“ oder das „Abschließen traumatischer Erfahrungen“ und
6. Überwindung „intensiver Verletzlichkeit“.

Des- und Reorganisation der emotionalen Schemata durch die Bezugnahme auf das eigene innere Erleben bilden den Rahmen des gesamten therapeutischen Prozesses. Damit sich KlientInnen optimal auf ihr inneres Erleben beziehen können, ist eine therapeutische Beziehung anzustreben, in der der Therapeut bzw. die Therapeutin auf der Grundlage von Akzeptanz, Empathie und Authentizität zu gegebener Zeit differentiell spezielle emotionale Prozesse fördert (Greenberg & Safran, 1987; Greenberg et al., 1993).

Im Folgenden sollen die spezifischen Möglichkeiten der Förderung emotionaler Veränderungsprozesse kurz zusammenfassend dargestellt werden, da sie neben der Hauptaufgabe, traumatische Erfahrungen abzuschließen, in der Therapie traumatisierter Menschen immer wieder eine wichtige Rolle spielen.

Im Kern geht es darum, dass durch die zu beschreibenden Veränderungsprozesse emotionale Schemata zugänglich gemacht, umstrukturiert und neu integriert werden. Diese Prozesse können auch in den Begriffen von Des- und Reorganisation emotionaler Schemata verstanden und beschrieben werden.

## Spezielle therapeutische Veränderungsprozesse

### 1. Verstehen und Auflösen einer „problematischen Reaktion" (PR)

*Bedeutung für die Therapie traumatisierter KlientInnen*
Traumatisierte Menschen erleben häufig „problematische Reaktionen", d.h. sie verstehen oft ihr Handeln, Denken und Fühlen in alltäglichen Situationen nicht. Daher kann es immer wieder hilfreich sein, solche problematischen Reaktionen, die von den KlientInnen selbst als verwirrend, überraschend oder selbstbehindernd erlebt werden, im Laufe ihrer Therapie zu bearbeiten.

*Was sollte sich ändern? – Das zugrunde liegende emotionale Problem*
Geändert werden sollten die dysfunktionalen Schemata, durch die die Erfahrungen in bestimmten alltäglichen Situationen gefiltert werden, so dass ungünstige interne oder externe Reaktionen auf diese Situationen resultieren. Ein solches Schema kann zum Beispiel die zutiefst gefühlte Überzeugung beinhalten: „Egal, was ich sage, ich werde niemals gehört!"

Diese Schemata sind ehemals aufgrund eines realen Erfahrungshintergrundes entstanden und stellten zur fraglichen Zeit eine folgerichtige Reaktion der Person auf belastende Interaktionen und Ereignisse dar. Gegenwärtig sind sie jedoch häufig nicht mehr angemessen und daher nicht zielführend, weil sich die äußeren Umstände längst geändert haben (z.B. wenn die traumatisierte

Person ihr ursprüngliches Umfeld verlassen hat). Die KlientInnen reagieren aber zumeist automatisch, also schemageleitet, so als befänden sie sich immer noch in ihrem ursprünglichen Umfeld, für welches ihre Reaktion adaptiv gewesen ist. Weil diese Reaktionen automatisch ablaufen, d.h. nicht auf bewussten Entscheidungen beruhen, und weil sie oft eigene aktuelle Ziele behindern, verstehen die KlientInnen selbst nicht, warum sie auf eine bestimmte alltägliche Situation in dieser Weise reagiert haben.

Die erforderlichen Grundmodalitäten für diese therapeutische Aufgabe sind vor allem *erfahrungsgeleitete Suche* und *Nachspüren.*

*Indikation*

Die KlientInnen berichten über ihre Reaktionen auf ein spezielles Ereignis, wobei sie ihre Reaktionen als überraschend, unverständlich, übertrieben, unvernünftig oder sonstwie problematisch empfinden.

*Wie findet Veränderung statt?*

Hier geht es um nicht adaptive (Handlungs-)Sequenzen, die automatisch immer wieder auf die gleiche Art und Weise ablaufen. Das Erleben einer alltäglichen gegenwärtigen Situation wird in extremer Weise durch Erfahrungen aus der Vergangenheit überlagert.

> Beispiel: Im Seminar reden wollen, es aber nicht tun, ohne genau zu wissen, warum das Reden so schwer fällt.

Um das schlecht angepasste Schema zu ändern, müssen diese Situationen genau nacherlebt werden, aber diesmal vollständig und unverzerrt, so dass neue Informationen, auf welche die Person in der Situation und auch gegenwärtig nicht achtet, dem alten Schema hinzugefügt werden können. Durch diese neuen Informationen verändert sich das alte Schema, das automatisch zu nicht adaptiven Emotionen, verzerrten Kognitionen und ungünstigem Verhalten geführt hatte. Als therapeutische Interventionen bieten sich in diesem Fall an: Verfügbarmachen des problematischen Schemas durch wachrufende Spiegelungen, verbindende Sprache und Imagination; auf diese Weise können die Details der entsprechenden Situation mitsamt den damit verbundenen (sensorischen) Erinnerungen lebhaft erfahren und schließlich symbolisiert werden. Dieser Prozess führt zu einer neuen Sicht der in Frage stehenden Situation und eröffnet auf diese Weise neue Handlungsalternativen. Wichtig ist hierbei, die von den KlientInnen als problematisch empfundenen Reaktionen nicht abzuwerten, sondern ihre damalige adaptive Funktion explizit zu machen und wertzuschätzen.

Beispiel: Die Klientin, die im Seminar nicht reden kann, ohne den Grund dafür zu kennen, erfährt durch das genaue Nacherleben dieser Situation, dass sie Angst hat, vor Menschen zu sprechen, weil ihre Meinungsäußerungen von ihren Eltern entweder abgewertet oder in extremer Weise ignoriert worden waren. Sie erfährt durch das Nacherleben jedoch ebenfalls, dass es in diesem Seminar nicht üblich ist, andere zu kritisieren, sondern dass man dort einander zuhört, auch wenn dies ganz sicher nicht für alle Studierenden gilt. Sie kann jetzt ihr Verhalten in dieser Situation realistischer einschätzen und versuchen, Vergangenheit und Gegenwart zu trennen, d.h. im Seminar ihre Meinung zu äußern, ohne allzu große Angst vor Kritik haben zu müssen. Sie kann dies nun umsetzen, weil sie gelernt hat, ihr Verhalten in dieser Situation zu verstehen.

*Intervention:*
In Anlehnung an Greenberg et al. (1993) soll diese Intervention im Folgenden kurz in leicht modifizierter Form dargestellt werden:

➜ *Indikation:* Klient/Klientin beschreibt eine eigene, unerwartete oder verwirrende Reaktion; Therapeut/Therapeutin prüft die Indikation, verifiziert den problematischen Aspekt und schlägt Exploration vor.
➜ *Wiedererleben:* Klient/Klientin erlebt die Szene wieder und erinnert und erlebt den Zeitpunkt, als die Reaktion ausgelöst wurde; Therapeut/Therapeutin beginnt kurz vor der Situation, stimuliert das Wiedererleben der Situation durch genaues Beschreiben und Visualisieren und lässt den Moment vor der Situation anschließend in Zeitlupe ablaufen, konkrete Bilder verwendend, um den Punkt zu finden, an dem die problematische Reaktion einsetzte. Wachrufende Spiegelungen sind an dieser Stelle hilfreich.
➜ *Salienz:* Klient/Klientin entdeckt den salienten Aspekt der Situation und exploriert Reaktion und Situation (lenkt die Aufmerksamkeit auf die emotionale Reaktion, dann auf die emotionale Bedeutung der Situation); Therapeut/Therapeutin fördert, falls nötig, die Suche nach Salienz durch tastende Fragen nach dem Kern der subjektiven Überzeugung bzgl. der Situation (nicht konzeptuell!).
➜ *Bedeutungsbrücke:* Klient/Klientin entdeckt die „Bedeutungsbrücke“, den Zusammenhang zwischen der inneren bzw. äußeren problematischen Reaktion auf die Situation und deren wahrgenommener Bedeutung (neue Sicht der gesamten Situation); Therapeut/Therapeutin hält die Aufmerksamkeit auf die emotionale Reaktion in der Situation gerichtet (Welche Qualität hat das Gefühl? Differenziere es!) und lenkt die Aufmerksamkeit

auf die emotionale Bedeutung der Situation (Differenziere diese Bedeutung, z.B. mit Hilfe des salienten Aspekts der Situation!), fährt fort, bis die Bedeutungsbrücke gefunden wird, anerkennt und verifiziert die Bedeutungsbrücke.

- ➜ *Generalisierung:* Klient/Klientin erkennt die nun symbolisierte Bedeutungsbrücke als Beispiel für die eigene Art und Weise, in der Welt zu agieren, die mit eigenen Wünschen und Bedürfnissen interferiert, exploriert die eigene Art und Weise, in der Welt zu agieren, und nimmt dabei eigene Gefühle und Bedürfnisse deutlich wahr, entdeckt, dass er/sie sich in ähnlichen Situationen ähnlich verhält; Therapeut/Therapeutin fördert erneute Überprüfung der vorherigen emotionalen Schemata, fördert deren tiefere und breitere Exploration in anderen, ähnlichen Situationen.
- ➜ *Rekonstruktion:* Klient/Klientin gewinnt eine neue Sicht der eigenen Art und Weise, in der Welt zu agieren, und fühlt sich gestärkt; Lösung: durch neue Bewusstheit und ein neues Verständnis der eigenen Art und Weise, in der Welt zu handeln, wodurch das ursprüngliche Schema geändert wird; Therapeut/Therapeutin erkennt an und fokussiert auf das neue Verständnis der eigenen von dysfunktionalen emotionalen Schemata geleiteten Reaktionen und fördert die Exploration für Implikationen in Bezug auf Veränderungen. Er/sie stellt die Frage, wie es dem Klienten bzw. der Klientin nun mit der ganzen Situation und den eigenen Reaktionen darauf geht.

*Ergebnis der Intervention*
Nach erfolgreicher Intervention ist es den KlientInnen möglich, bei realistischer Einschätzung der in Frage stehenden Situation, entsprechend ihrer tatsächlichen aktuellen Erfahrung zu handeln.

### 2. Entstehenlassen der gefühlten Bedeutung durch Focusing

*Bedeutung für die Therapie traumatisierter KlientInnen*
Grundannahmen: Focusing, die direkte Bezugnahme auf inneres Erleben, ist das Verhalten, durch welches eine gefühlte Bedeutung für persönlich wichtige Beziehungen, Situationen und Probleme, die impliziert war, verfügbar, d.h. explizit gemacht wird; dadurch entwickelt sich das Selbsterleben (Experiencing) in zielgerichteter Weise fort, bis aus kaum spürbaren oder vagen Empfindungen Bedeutungen und Absichten hervorgegangen sind (Gendlin, 1978).

Die gefühlte Bedeutung existiert auf der Körperebene unabhängig von ihrer Symbolisierung, aber durch „Experiencing" (erfahrungsgeleitete Verarbeitung) entwickelt sie sich weiter und kann schließlich anhand eines Begriffs, einer Metapher oder eines Bildes adäquat symbolisiert werden. Durch die Symbolisierung der gefühlten Bedeutung verändert sich diese.

Es besteht also eine zirkuläre Interaktion zwischen der körperlich gefühlten Bedeutung und dem Symbol. Die noch nicht symbolisierte gefühlte Bedeutung kann verstanden werden als implizites emotionales Schema, das durch die Symbolisierung explizit werden kann. Focusing kann als ganze oder als Teilaufgabe angewandt werden. Viel wichtiger als der technische Ablauf ist die Focusing-Haltung, nämlich geduldig auf das zu warten, was noch nicht ist, auf das noch nicht Benennbare.

Traumatisierte Menschen haben häufig das Problem, eine gefühlte Bedeutung nicht spüren zu können, bzw. sind sie nicht in der Lage sie zu symbolisieren. Sie haben, um sich zu schützen, ihre emotionalen Erfahrungen dissoziiert: entweder in Form von „selbstunterbrechenden Aktivitäten" (so dass sie keinen Zugang mehr haben zu ihren Gefühlen) oder durch Separation dominanter emotionaler Schemata, die um das Trauma herum entstanden sind (so dass dissoziative Strukturen ganzheitliches Erleben unmöglich machen). In beiden Fällen versagt die notwendige zirkuläre Interaktion zwischen der konzeptuellen und der Erfahrungsebene. Eine unklare gefühlte Bedeutung kann beispielsweise als Druck oder Schmerz im Bauch spürbar sein, ohne dass die Klientin einen Zusammenhang herstellt zwischen dieser Körperempfindung und Ereignissen in ihrem Leben. Eine fehlende gefühlte Bedeutung liegt zum Beispiel dann vor, wenn eine Klientin die Frage, ob sie mit einer anderen Person eine verbindliche (Liebes-)Beziehung eingehen will, für sich nicht klärt oder ihre Entscheidung aufgrund rationaler, rein kognitiver Kriterien trifft, ohne ihre Gefühle für die andere Person zu beachten.

Focusing ist gerade für traumatisierte KlientInnen ein sanfter und wenig bedrohlicher Weg, mit ihrem inneren Erleben in Kontakt zu kommen. Dies gilt sowohl in Bezug auf ihr aktuelles Erleben als auch in Bezug auf ihre traumatischen Erinnerungen (vor allem dann, wenn diese zunächst nur aus Körperempfindungen bestehen). Durch Focusing können sie außerdem erfahren, dass Gefühle nicht immer bedrohlich sein müssen, sondern Bedeutung und Orientierung ermöglichen können.

*Was sollte sich ändern? – Das zugrunde liegende emotionale Problem*

Entweder kann das implizite emotionale Schema nicht expliziert und somit auch nicht verändert werden, weil die gefühlte Bedeutung fehlt (wegen rein konzeptueller Verarbeitung, bei der die Erfahrungselemente nicht zugänglich sind), oder die gefühlte Bedeutung ist unklar (wenn die symbolischen Elemente des Schemas fehlen).

Im Falle einer fehlenden gefühlten Bedeutung besteht die anzustrebende Veränderung darin, das implizite Schema zugänglich und somit explizit zu machen, indem die fehlenden Erfahrungskomponenten bewusst erlebt und dem Schema hinzugefügt werden; im Falle einer unklaren gefühlten Bedeutung besteht die anzustrebende Veränderung darin, die unklare gefühlte Bedeutung zu symbolisieren. In beiden Fällen soll sich die gefühlte Bedeutung bzgl. einer bestimmten Situation einstellen, die dann als in der Erfahrung wurzelnde Orientierungsgrundlage für den zukünftigen Umgang mit der entsprechenden Situation dienen kann. Die gefühlte Bedeutung entsteht durch diesen Prozess, sie ist in dieser Form zuvor noch nicht vorhanden gewesen. Die beteiligten Grundmodalitäten in dieser therapeutischen Aufgabe sind vor allem *Nachspüren* und *erfahrungsgeleitete Suche.*

*Indikation*

Diese Intervention ist angezeigt bei

a) unklarer gefühlter Bedeutung: Die KlientInnen schildern eine aktuelle Erfahrung, die sie nicht artikulieren können und die ihnen Unbehagen und Stress verursacht.
b) Externalisierung: Die KlientInnen sprechen oft in Zirkeln über bestimmte Dinge, ohne dahin zu kommen, was emotional wichtig ist. Die Erfahrung des Zirkulierens ist unverzögert und aktuell. Empathische Spiegelungen allein haben nicht geholfen. Die KlientInnen bestätigen, dass sie sich an der Oberfläche des Prozesses befinden.
c) Steckenbleiben: Die KlientInnen wissen nicht mehr weiter und können nicht mehr weiter, weil sie innerlich leer (wirken meist depressiv) oder in viele Richtungen hin und her gerissen zu sein scheinen (wirken eher agitiert).

*Wie findet Veränderung statt?*

Die KlientInnen lernen, ihre Aufmerksamkeit nach innen zu richten, nachzuspüren und auf alle körperlichen und schematischen Informationen zu fokussieren, die bereits spürbar sind.

Aus den Informationen auf der körperlichen und der schematischen Ebene und dem anschließenden Hinundherschweifen zwischen der schematischen und der konzeptuellen Ebene entwickelt sich die gefühlte Bedeutung weiter.

Die KlientInnen werden instruiert, auf diese körperlich spürbare gefühlte Bedeutung zu hören, sie zu symbolisieren und evtl. mit einer Lebenssituation in Verbindung zu bringen. Die gefühlte Bedeutung ist anfangs nicht bewusst, sie besteht lediglich als Potential und wird durch den beschriebenen Prozess bewusst gemacht.

> Beispiel: Eine Klientin spürt einen Druck im Bauch, wenn sie an ihren Vater denkt. Durch Fokussieren auf diese Körperempfindung und Hinundherverlagern der Aufmerksamkeit zwischen dieser Empfindung und Worten, die mehr und mehr zu ihr passen, differenziert sie sich in das Gefühl der Angst. Sie fühlt sich von ihrem Vater bedroht; plötzlich sieht sie Erinnerungsbilder, in welchen er sie sexuell missbraucht. Jetzt weiß sie, dass auch ihr Vater zu den Tätern gehört hat, die sie missbraucht und gequält haben. Fassungslosigkeit und Schmerz kommen hinzu. Sie erkennt, dass sie in Wirklichkeit „niemals einen Vater" gehabt hat; anderenfalls hätte er sie nicht missbraucht und ihr Vertrauen zerstört.

*Intervention*

Wieder in Anlehnung an Greenberg et al. (1993) soll die Intervention im Folgenden kurz in leicht modifizierter Form dargestellt werden. Zu beachten ist, dass der hier vorgestellte Ansatz dem System Gendlins entspricht (siehe u.a. Gendlin, 1981, 1998). Inzwischen gibt es auch noch neuere Entwicklungen des Focusing.

- ➜ *Unbeteiligtsein:* Klient/Klientin bestätigt, eine unklare gefühlte Bedeutung zu spüren bzw. externalisiert oder blockiert zu sein, richtet aber die Aufmerksamkeit nicht nach innen, betreibt also kein Focusing (äußert er/sie eine unklare gefühlte Bedeutung und konzentriert sich darauf, dann ist es sinnvoll, gleich zum Focusing überzugehen); Therapeut/Therapeutin holt Bestätigung ein, dass er/sie externalisiert ist oder sich blockiert fühlt, holt sich die Zustimmung zur Intervention.
- ➜ *„Raum schaffen":* Klient/Klientin schafft sich einen imaginativen Raum, platziert die aktuellen Probleme dort und wählt das wichtigste aus; Therapeut/Therapeutin fördert Entspannung und Wohlbefinden, hilft, einen „Raum" zu schaffen, die Probleme dort aufzureihen und anschließend beiseite zu stellen, bittet um Auswahl des wichtigsten/dringendsten Problems.
- ➜ *Gefühlte Bedeutung:* Klient/Klientin konzentriert sich auf die ganze gefühlte Bedeutung dieses Problems, spürt ihr nach, bis sich eine globale ge-

fühlte Bedeutung gebildet hat; Therapeut/Therapeutin lenkt die Aufmerksamkeit nach innen und fragt: Wie fühlt sich das ganze Problem an? Hilft, die gefundene gefühlte Bedeutung mit der *ganzen* Aufmerksamkeit zu umgeben.

- ➜ *„Finden eines Griffs (Ankers)“:* Klient/Klientin sucht und testet passende Symbole (Worte, Bilder, Metaphern) für diese globale gefühlte Bedeutung, bis Symbol und gefühlte Bedeutung zueinander passen, prüft Resonanz zwischen gefühlter Bedeutung und Symbol, bis beides wirklich zusammenpasst; dadurch stellt sich das Gefühl ein, dass es stimmig ist; Therapeut/Therapeutin hilft, ein Symbol für die gefühlte Bedeutung zu finden, und zwar durch Spiegeln potentiell passender Symbole (weiterführende explorative Fragen stellen, wenn nötig); er/sie hilft, die „Resonanz“ zu überprüfen: durch Hinundherschweifen zwischen gefühlter Bedeutung und Symbol, bis es passt.
- ➜ *„Gefühlte Veränderung“:* Klient/Klientin richtet nun wieder die Aufmerksamkeit auf die *ganze* gefühlte Bedeutung des Problems, nicht nur auf das gefundene Symbol, exploriert die gefühlte Bedeutung tiefer, bis das körperliche Gefühl des Unbehagens nachlässt und das anfangs empfundene Gefühl der Vagheit oder Unklarheit bezüglich des Problems verschwunden ist, dies führt zu einer körperlich spürbaren gefühlten Veränderung, die begleitet wird von einer neuen Symbolisierung des Ursprungsproblems; Therapeut/Therapeutin fördert das Stellen explorativer Fragen an die gefühlte Bedeutung (generelle, Crux- oder forcierende Fragen, falls nötig).
- ➜ *„Weitertragen“:* Klient/Klientin entwickelt die Erfahrung aus der gefühlten Veränderung heraus weiter. Er bzw. sie bleibt bei dem neuen, geänderten Gefühl für das Problem oder die Situation (Empfangen) und exploriert die Implikationen, die sich aus dieser neuen gefühlten Bedeutung für sein bzw. ihr Leben ergeben könnten. Ist die endgültige Lösung für das Ursprungsproblem noch nicht gefunden worden, kann er/sie das Focusing von neuem beginnen; wurde sie gefunden, kann er/sie zur nächsten Aufgabe übergehen, wobei die gefundene Lösung die Erfahrung weitertragen kann; Therapeut/Therapeutin spiegelt die gefühlte Bedeutung abschließend, hilft, sie willkommen zu heißen, ohne sie zu bewerten, hört auf neue Verbindungen und neue Handlungstendenzen, die in Bezug auf das Ursprungsproblem aus der gefühlten Bedeutung entstanden sind, und spiegelt diese, damit die gefühlte Bedeutung die Erfahrung weitertragen kann.

*Ergebnis der Intervention*
Nach erfolgreicher Intervention sind die KlientInnen in der Lage, die zuvor abwesende bzw. unklare gefühlte Bedeutung einer Beziehung, eines Problems oder einer Situation zu symbolisieren und sich an ihr in ihrem Erleben und Verhalten zu orientieren.

### 3. Überwindung einer „Spaltung durch Selbstbewertung“

*Bedeutung für die Therapie traumatisierter KlientInnen*
Eine „Spaltung durch Selbstbewertung“ entspricht einem Konflikt zwischen gegensätzlichen Aspekten des Selbst. Die Klientin möchte sich beispielsweise einem Menschen, den sie liebt, körperlich und emotional nähern, kann dies aber nicht tun, weil sie sich für wertlos, zutiefst schlecht und schuldig hält (häufig als Folge der Überzeugung, für die an ihr begangene sexuelle Gewalt [mit]verantwortlich zu sein). Diese Konflikte sind gerade bei hoch dissoziativen traumatisierten KlientInnen häufig, und sie sind oft mitverantwortlich für viele Probleme in alltäglichen Situationen.

*Was sollte sich ändern? – Das zugrunde liegende emotionale Problem*
Es geht um interne Spaltungen, bei denen eine Seite meist eine bestimmte Art von Selbstkritik beinhaltet (vorwiegend erlernte, kognitive Komponenten), während die andere Seite mehr adaptive, emotionale Komponenten enthält.

Bei Vorliegen dieser Art von Spaltung werden durch interne oder externe Ereignisse automatisch zwei Arten von Schemata oder Gruppen von Schemata aktiviert, die vollkommen gegenläufig sind. Dies verwirrt die Person und macht sie entweder handlungsunfähig oder lässt sie derart handeln, dass dadurch ihre Bedürfnisse nicht erfüllt werden. Durch Integration der gegenläufigen Schemata muss eine neue Lösung gefunden werden, die der Person nicht zur Verfügung steht, solange die Spaltung anhält.

Die beteiligten Grundmodalitäten in dieser therapeutischen Aufgabe sind vor allem *Nachspüren*, *emotionaler Ausdruck* und *erfahrungsgeleitete Suche*.

*Indikation*
Diese Intervention ist angezeigt, wenn zwei Aspekte des Selbst in Opposition zueinander stehen. Folgende Anzeichen lassen auf eine Spaltung durch Selbstbewertung schließen:

- Verbale Äußerung eines Konflikts zwischen einer kritischen inneren Stimme (z.B. „Ich sollte unbedingt ...“) und adaptiven Gefühlen und Bedürfnissen (z.B. „Aber eigentlich möchte ich lieber ...“).
- Implizite Merkmale: Eine oder beide Äußerungen deuten indirekt einen Konflikt an (z.B. „Ich bin eine Versagerin. Ich sollte härter arbeiten. Ich bin wertlos“).
- Außenattribution: Eine Seite des Konflikts wird nicht auf das Selbst, sondern auf eine andere Person attribuiert (z.B. „Ich würde gern für ein Jahr verreisen, aber mein Vater möchte, dass ich zunächst das Studium beende“).

*Wie findet Veränderung statt?*
Die beiden gegensätzlichen Seiten (Schemata) werden zunächst voneinander getrennt, dann in Kontakt miteinander gebracht und durchlebt, um anschließend integriert werden zu können. Sie werden durchlebt, also erfahrbar gemacht, nicht durchgesprochen.

Das Ereignis beginnt damit, dass zwei emotional bedeutsame Aspekte der Erfahrung im Konflikt miteinander oder extrem widersprüchlich sind. Ein Erfahrungsaspekt enthält mehr konzeptuelle Komponenten (sekundäre Emotionen, soziokulturell erworbene Bewertungen und Standards), der andere enthält mehr schematische und körperliche Komponenten (primäre Emotionen, die oft erst synthetisiert werden müssen). Häufig müssen beide Erfahrungsaspekte vollständig ins Bewusstsein gebracht werden, wobei der konzeptuelle Aspekt meist leichter zugänglich ist. Nachdem beide Seiten bewusst geworden sind, werden sie voneinander getrennt, indem die konzeptuellen Komponenten den körperlichen und schematischen Komponenten gegenübergestellt werden. Die konzeptuell betonte Seite empfindet die schematisch-körperliche Seite als schlecht oder nicht akzeptabel. Durch Assimilation und Akkommodation (Begegnung der beiden Schemata und Austausch der darin enthaltenen Informationen) kommt es nun zu einer neuen Synthese von Emotionen und zur Integration der beiden Seiten in ein neues Schema. Der Wendepunkt liegt dort, wo die kritische innere Stimme (die konzeptuelle Seite) weicher wird und beginnt, *Verständnis* und *Mitgefühl* für die emotionale Seite (schematisch-körperlich) zu empfinden. Diese neue Erfahrung ist leitend bei der Bildung des neuen Schemas. Dieses neue Schema stellt die Lösung des Konflikts oder Widerspruchs dar.

Beispiel: Die Klientin möchte sich anderen Menschen emotional und körperlich nähern (primäres Bedürfnis), kann dies aber nicht tun, weil sie sich

„schlecht" und „schmutzig" fühlt (bewertende Seite). Indem diese beiden Seiten in ihr in einen Dialog miteinander gebracht werden, differenzieren sie sich immer weiter aus. Bald spürt sie ihre Trauer und ihren tiefen und berechtigten Wunsch nach Kontakt und Zugehörigkeit, ebenso wie ihr Gefühl, „schlecht und schmutzig" zu sein in dem Augenblick, da der Täter sie berührt hatte. Und vielleicht wird diese innere Stimme, die ihr sagt, sie sei schlecht und schmutzig, genau in dem Moment etwas weicher, in dem sie erkennt, dass dieses Gefühl in ihr mit einer grenzüberschreitenden Berührung von außen begonnen hat. Denn sie begreift, dass ihr Gefühl, schlecht und schmutzig zu sein, durch den Täter verursacht worden ist. Danach ist die Wahrscheinlichkeit groß, dass sie ihre Trauer und ihre Sehnsucht nach Kontakt endlich zulassen kann.

Greenberg et al. (1993) haben zur Überwindung solcher Konflikte die Intervention des „Zwei-Stuhl-Dialogs" differenziert ausgearbeitet; hierbei werden die gegensätzlichen oder widersprüchlichen Aspekte des Selbst explizit getrennt durch die Verwendung unterschiedlicher Stühle für die jeweilige Seite. Der Klient bzw. die Klientin wechselt die Plätze jeweils in dem Augenblick, in welchem die andere Seite als stärker präsent erlebt wird. Dieses Vorgehen erleichtert die Trennung der beiden Seiten. Die Methode kann aber auch angewandt werden, ohne dass der Klient oder die Klientin die Plätze wechselt. Dieses Vorgehen ist meist weniger intensiv.

*Intervention*

In Anlehnung an Greenberg et al. (1993) soll diese Intervention im Folgenden kurz in leicht modifizierter Form dargestellt werden:

→ *Opposition:* Klient/Klientin beschreibt eine Spaltung durch Selbstbewertung: Ein Aspekt des Selbst akzeptiert einen anderen Aspekt des Selbst nicht oder übt Zwang auf ihn aus (Spaltung); er oder sie spielt die beiden gegensätzlichen Seiten zunächst, bevor die innere Beteiligung zunimmt, entwickelt eine „bewertende Seite" (zunächst sehr hart und allgemein, wird sie allmählich spezifischer in ihren Aussagen) und entwickelt eine „Erfahrungs-Seite" (diese zeigt zunächst sekundäre Emotionen, die allmählich ausdifferenziert werden), spürt, wie die beiden Seiten einander gegenüberstehen, differenziert beide Seiten aus, bis die gegenläufigen Kernschemata auftauchen; Therapeut/Therapeutin holt Zustimmung zur Intervention ein, erklärt das Experiment, hilft, die beiden Seiten klar zu identifizieren (durch Spiegeln beider Seiten, bis gegensätzliche Kernschemata auftauchen), hilft, die beiden Seiten zu trennen – fortgesetztes Spiegeln und explorative Fragen einsetzend – bis die jeweiligen Kernschemata sicher identifiziert wurden.

- ➜ *Kritik:* Klient/Klientin äußert von der bewertenden Seite aus konkrete Selbstkritik und konkrete Erwartungen gegenüber der Erfahrungs-Seite; Therapeut/Therapeutin verstärkt die bewertende Seite so lange, bis die Erfahrungs-Seite mit primären Emotionen auf die härter und spezifischer werdende Kritik antwortet (zeigt sich an der Stelle eine Diffusion der beiden Seiten, so wird der Konflikt nicht erlebt, sondern gespielt oder kognitiv analysiert), hilft, die beiden Seiten getrennt zu halten und in Kontakt miteinander zu bringen (Dialog zwischen den beiden Seiten), hilft durch Stimulation des Erlebens, Verantwortung für beide Seiten zu übernehmen (im Falle einer attributionalen Spaltung: Enactment, also handelndes Darstellen, der anderen Person).
- ➜ *Kontakt durch primäre emotionale Reaktion:* Klient/Klientin reagiert auf diese Kritik mit primären Gefühlen, verbunden mit den assoziierten Bedürfnissen, er/sie differenziert die bewertende Seite aus, bis sie sich an Gefühle koppelt und mehr und mehr die innere Erfahrung repräsentiert; Therapeut/Therapeutin fördert den Kontakt zwischen beiden Seiten, immer wieder die eine nutzend, um die andere zu stimulieren, hilft, die tieferen Gefühle auf der Erfahrungs-Seite sowie die *eigenen* Werte auf der bewertenden Seite verfügbar zu machen, sorgt bei strikter Trennung der beiden Seiten dafür, dass alle expliziten und impliziten Erfahrungsaspekte auf beiden Seiten ausgedrückt werden, so dass sie sich ausdifferenzieren, fördert den direkten Ausdruck der Selbstkritik gegenüber der Erfahrungs-Seite (gezielte Fragen, Verstärkung des Ausdrucks, Identifikation der Kernkritik), fördert primäre Emotionen auf der Erfahrungs-Seite (nachdem sich die bewertende Seite voll entwickelt hat) durch Spiegeln, Ermutigung zum Nachspüren und Antworten, intensiviert die negativen Selbstaussagen, bis primäre Gefühle ganz zugänglich geworden sind, sorgt dafür, dass diesen schmerzhaften Gefühlen die volle Aufmerksamkeit geschenkt wird, hilft, die damit assoziierten Bedürfnisse zu formulieren und der bewertenden Seite mitzuteilen, spiegelt und verifiziert *eigene* Werte auf der bewertenden Seite, sobald diese auftauchen.
- ➜ *Weicherwerden:* Klient/Klientin drückt die an die primären Gefühle gebundenen Bedürfnisse und Wünsche klar aus; Therapeut/Therapeutin fokussiert die auf der bewertenden Seite auftauchenden Gefühle, bis die kritische innere Stimme weicher wird, sorgt dafür, dass die bewertende Seite dies der Erfahrungs-Seite mitteilt.

➜ *Integration:* Klient/Klientin akzeptiert seine bzw. ihre Gefühle und Bedürfnisse: Die bewertende Seite drückt Mitgefühl und Zuneigung gegenüber der Erfahrungs-Seite aus (Integration durch Selbstakzeptanz), oder sie gesteht ihre eigene Angst ein, nicht mehr zu existieren oder von den Gefühlen der Erfahrungs-Seite überwältigt zu werden (Integration durch die Akzeptanz der Angst vor Vernichtung oder Kontrollverlust durch die stärker gewordene Erfahrungs-Seite und ihre Versicherung, die andere Seite nicht zu vernichten oder zu überwältigen); Therapeut/Therapeutin fokussiert die bewertende Seite auf innere Erfahrungen und fördert deren Ausdruck gegenüber der Erfahrungs-Seite, bis die kritische innere Stimme weicher geworden ist, fördert den intensiven Ausdruck von Gefühlen und Bedürfnissen auf beiden Seiten – die sich allmählich vermischen – bis zur Integration in ein neues Schema.

➜ *Verständnis:* Klient/Klientin hat ein klares Verständnis dafür entwickelt, wie sich die verschiedenen Gefühle, Wünsche und Bedürfnisse miteinander verschränkt haben und auf welche Weise die zuvor gegenläufigen Aspekte des Selbst jetzt miteinander vereinbar sind; Therapeut/Therapeutin hilft, die Bedeutung dieser neuen Erfahrung zu spüren und zu symbolisieren (falls noch nicht geschehen).

*Ergebnis der Intervention*

Die Lösung des Konflikts zeigt sich in gesteigerter Selbstakzeptanz und Integration vormals gegensätzlicher oder widersprüchlicher Aspekte des Selbst in ein neues Schema, das an einer neuen Sicht des Ursprungsproblems zu erkennen ist.

### 4. Überwindung einer „Spaltung durch Selbstunterbrechung“

*Bedeutung für die Therapie traumatisierter KlientInnen*

„Selbstunterbrechung“ der Entstehung und Entwicklung emotionaler Erfahrungen ist das Hauptproblem jener traumatisierten Menschen, die sich weitestgehend von all ihren emotionalen Erfahrungen zurückgezogen haben (Greenberg et al., 1993). Sie mussten sich „depersonalisieren“, um das Trauma zu überleben, d.h. sie haben gewohnheitsmäßig ihr inneres Erleben in dem Moment unterbrochen, in welchem es in ihr Bewusstsein gedrungen wäre. Dieser Vorgang muss umgekehrt werden, damit sie wieder fähig sind, einen Zugang zu ihren primären Gefühlen zu bekommen und zu wissen, wer sie sind und was sie brauchen. Solche KlientInnen wissen dies nämlich oft nicht;

sie fühlen sich leer, verwirrt, gefühllos oder tot. Sie sagen zum Beispiel: „*Ich* habe *mich* damals umgebracht.“ Oder: „Ein Teil von *mir* schaltet *meine* Gefühle aus.“

*Was sollte sich ändern? – Das zugrunde liegende emotionale Problem*
Menschen, die die Synthese und den Ausdruck ihrer Gefühle unterbinden, fühlen sich machtlos, verwirrt und leer. Sie kennen ihre eigenen Bedürfnisse nicht und können daher nicht adäquat handeln, um zu bekommen, was sie wirklich brauchen.

Im Unterschied zur ersten Form der Spaltung, die durch negative Selbstbewertungen hervorgerufen wird, geht es hier um eine Form, die durch Aktivitäten erzeugt wird, welche die Synthese und den Ausdruck eigener, primärer Emotionen verhindern.

Das Problem besteht in einer Überregulation primärer Emotionen. Der natürliche Ausdruck von adaptiven Gefühlen und damit verbundenen Bedeutungen und Bedürfnissen wird durch nonverbale und verbale Aktivitäten automatisch unterbrochen. Die emotionalen Schemata werden aktiviert, aber die emotionalen Erfahrungen und deren Ausdruck werden automatisch, aufgrund erlernter Reaktionen, unterbrochen. Geschieht ein solches Verhalten generell und habituell, kommt es zu einer weitgehenden Selbstentfremdung und Depersonalisation. Diese Menschen fühlen sich, als seien sie (längst) tot, oder sie erleben sich selbst als Automaten oder Roboter.

*Indikation*
Diese Intervention ist angezeigt, wenn ein Teil des Selbst einen anderen Teil des Selbst kontrolliert, um Selbstausdruck zu verhindern. Dies wird entweder am Verhalten der KlientInnen deutlich (z.B. Zurückdrängen von Tränen, flaches Atmen, Anspannen der Muskulatur usw.) oder an verbalen Äußerungen wie „Ich erlaube mir nicht zu weinen“ oder „Etwas in mir hält mich davon ab zu fühlen“. Dies ist natürlich keine bewusste Entscheidung, sondern ein automatisch ablaufender Prozess. Unspezifische Merkmale sind Anzeichen für Macht- und Hoffnungslosigkeit (die aber mit den KlientInnen exploriert werden müssen, um zu prüfen, ob sie aufgrund einer Spaltung durch Selbstunterbrechung entstanden sind).

Im Falle einer *attributionalen Spaltung* (die so erlebt wird, dass eine andere Person „macht“, dass man selbst nicht fühlen oder sich emotional nicht ausdrücken kann), muss diese zunächst (durch Enactment dieser anderen Person) in eine als internal erlebte Spaltung umgewandelt werden.

Die beteiligten Grundmodalitäten in dieser therapeutischen Aufgabe sind vor allem *Nachspüren*, *emotionaler Ausdruck* und *erfahrungsgeleitete Suche*.

*Wie findet Veränderung statt?*
Das Ziel bei dieser therapeutischen Aufgabe besteht darin, die automatisch ablaufende Selbstunterbrechung emotionaler Erfahrungen und damit ihres Ausdrucks unter bewusste Kontrolle zu bringen, so dass Erleben und Ausdruck von Emotionen akzeptiert und in adaptives Handeln umgesetzt werden können. Dies geschieht, indem beide Schemata – die noch nicht synthetisierte und symbolisierte Erfahrung auf der einen Seite und die selbstunterbrechenden Aktivitäten auf der anderen Seite – bewusst gemacht und anschließend in Kontakt miteinander gebracht werden, bis die KlientInnen erfahren, dass sie selbst es sind, die sich von ihren emotionalen Erfahrungen abschneiden, nicht das Schicksal oder andere Personen. Auf diese Weise werden Ohnmacht und Hoffnungslosigkeit in das Erleben von bewusster Kontrolle über die eigenen Gefühle transformiert, was die Angst vor dem Zulassen und Ausdrücken primärer Emotionen reduziert.

Einander ergänzende Informationen, die bisher nicht im Bewusstsein repräsentiert waren, werden durch den Synthesevorgang auf eine bestimmte Weise organisiert, so dass sie ins Bewusstsein gelangen und verfügbar werden. Oft ist diese Synthese die Folge der Erlaubnis, dass zuvor nicht akzeptierte Erfahrung nun synthetisiert und ins Bewusstsein gelangen kann, gefolgt von der Akzeptanz der synthetisierten Erfahrung. Ein Gefühl vollständig zu akzeptieren bedeutet auch, die damit verbundenen Wünsche und Handlungstendenzen annehmen zu können.

Beispiel: Die Klientin weiß nicht, wer sie ist, sie fühlt sich verwirrt, leer und tot. Fragen nach ihren Gefühlen zu bestimmten Ereignissen kann sie nicht beantworten. Etwas in ihr habe (vielleicht vor sehr langer Zeit) all ihre Gefühle abgeschaltet, getötet. Sie berichtet darüber mit ausdrucksloser Stimme, und während sie dies sagt, hält sie den Atem an und sitzt starr und bewegungslos da (erste Seite, die durch selbstunterbrechende Aktivitäten die Synthese ihrer Gefühle verhindert). Wenn sie dem Vorschlag folgt, einmal ganz bewusst auf diese Aktivitäten zu achten und sie noch zu verstärken, um sich im Wechsel damit zu fragen, wie sich das anfühlt, spürt sie allmählich, dass sie selbst es ist, die sich daran hindert zu fühlen und sich abtötet. Wenn sie ermutigt wird und dem Vorschlag folgt, sich weiterhin aktiv am Fühlen zu hindern, ist es sehr wahrscheinlich, dass die andere Seite in ihr (die zweite Seite in Form ihrer dissoziierten Gefühle) mit Trauer,

Ärger oder Angst reagieren wird. Wenn dem so ist, wird sie ermutigt, diese Gefühle auszudrücken und zu teilen. Dabei spürt sie die mit ihren Gefühlen verbundenen Bedürfnisse und teilt sie mit (z.B. ihr Bedürfnis nach Kontakt, Abgrenzung oder Schutz und Geborgenheit). In dem Moment ist sie wieder verbunden mit ihrem eigenen Erleben, ist nicht mehr psychisch „tot" oder abgeschnitten von ihren Gefühlen – zumindest in diesem Moment nicht. Und weil sie nun weiß, dass sie selbst es ist, die sich am Fühlen hindert, entwickelt sie allmählich ein Gefühl der Kontrolle und Sicherheit im Umgang mit ihren Gefühlen; also kann sie nun beginnen, ihre Gefühle zuzulassen und zu akzeptieren. Denn nun hat sie die Wahl, sich in entsprechenden Situationen durch die ihr nun zugänglicher und bewusster gewordenen selbstunterbrechenden Handlungen zu schützen oder ihre emotionalen Reaktionen zuzulassen und ggf. auch auszudrücken.

Veränderung findet statt

a) aufgrund der Erfahrung und der Erkenntnis, sich von den eigenen emotionalen Erfahrungen abgeschnitten zu haben,
b) durch den Ausdruck des neu gefühlten Bedürfnisses.

Auf diese Weise können primäre Gefühle zugänglich gemacht werden, in manchen Fällen zum ersten Mal im Leben.

Greenberg et al. (1993) haben in Bezug auf den Umgang mit dieser Art von Spaltung die Intervention des „Zwei-Stuhl-Enactment" differenziert beschrieben; auch hierbei werden die unterschiedlichen Seiten durch unterschiedliche Stühle repräsentiert, und der Klient bzw. die Klientin wechselt die Plätze jeweils in dem Augenblick, in dem die andere Seite als stärker präsent erlebt wird. Auch diese Methode kann angewandt werden, ohne dass er bzw. sie die Plätze wechseln muss, und wird dann meist weniger intensiv erlebt.

*Intervention*
Wieder in Anlehnung an Greenberg et al. (1993) soll diese Intervention im Folgenden kurz in leicht modifizierter Form dargestellt werden:

➜ *Automatische Selbstunterbrechung:* Klient/Klientin agiert gegen sich selbst, um emotionalen Ausdruck zu verhindern, oder berichtet, wie ein Teil des Selbst einen anderen im Ausdruck von Emotionen unterbricht, er/sie spielt zunächst beide Seiten, die aktive Selbstunterbrechung und die passive Erfahrung, die unterbrochen wird, bevor die innere Beteiligung allmählich zunimmt; Therapeut/Therapeutin holt sich die Zustimmung zur Intervention, strukturiert das Experiment, sagt, dass eine Seite des Selbst mit der anderen etwas zu „machen“ scheint, und schlägt vor, dies jetzt einmal zu *tun* und zu sehen, wie sich das von der anderen Seite (der Erfahrung) aus anfühlt.

➜ *Enactment:* Klient/Klientin handelt aktiv, konkret und spezifisch, um die eigenen emotionalen Erfahrungen zu kontrollieren bzw. zu unterbrechen, agiert verbal und nonverbal aus, wie er/sie sich aktiv von inneren Erfahrungen abschneidet, bis ihm/ihr bewusst wird, was durch diese Handlungen unterbrochen werden sollte; Therapeut/Therapeutin trennt die beiden Seiten, um sie anschließend in Kontakt miteinander zu bringen, verstärkt alle Ausdrucksaspekte auf der Seite der Selbstunterbrechung und fördert deren aktiven Ausdruck gegen die Seite der Erfahrung,
FRAGE: WAS TUST DU?

➜ *Reaktive sekundäre Gefühle:* Klient/Klientin kommt mit Gefühlen von Passivität und Resignation in Kontakt und differenziert sie aus durch Nachspüren und Identifikation, bis sie sich in das transformieren, was unterbrochen werden sollte, und die Person spürt, dass sie selbst ihre Gefühle unterbricht. Therapeut/Therapeutin fördert den Dialog zwischen beiden Seiten durch die Ermutigung, auf die selbstunterbrechenden Aktivitäten zu antworten (Ich-Aussagen, wenn er/sie von einer der beiden Seiten aus spricht, Du-Aussagen, wenn er/sie der anderen Seite antwortet),
FRAGE: WAS FÜHLST DU?
verstärkt und spiegelt Körperausdruck auf beiden Seiten, fährt fort, die Selbstunterbrechung zu stimulieren, bis das Gefühl auftaucht, das unterbrochen werden sollte.

➜ *Primäre Gefühle in Reaktion auf Selbstunterbrechung:* Klient/Klientin drückt deutlich die zuvor unterbrochene Emotion aus (die sich von einem diffusen, unangenehmen Gefühl in eine klare, primäre Emotion transformiert hat, meist Ärger oder Trauer); Therapeut/Therapeutin stimuliert weiter die Selbstunterbrechung, bittet ihn/sie, das Wichtigste daran in Worte zu fassen und es der Seite der Erfahrung zu sagen, differenziert die Selbstunterbrechung aus durch die Frage, was sie/er mit der Erfahrung tut und wie er/sie dies tut, ermutigt zum Experimentieren mit der Selbstunterbrechung, bis ihm/ihr bewusst wird, dass er/sie sich selbst unterbricht, fragt die Erfahrung, was sie in Reaktion darauf fühlt, lenkt die Aufmerksamkeit nach innen und fördert Hinundherschweifen, differenziert das primäre Gefühl und seine Bedeutung durch Focusing aus, bis Bedeutung und Handlungstendenz auftauchen.

➔ *Primäres Bedürfnis:* Klient/Klientin drückt deutlich das mit diesem Gefühl verbundene Bedürfnis aus und experimentiert damit; Therapeut/Therapeutin stimuliert das Beharren auf dem primären Bedürfnis,
FRAGE: WAS BRAUCHST DU?
(wenn die Frage nicht reicht: beide Seiten intensivieren, bis das Bedürfnis auftaucht).

➔ *Kontakt:* Klient/Klientin fühlt sich stärker und stellt sich nun vor oder plant, wie er bzw. sie das Bedürfnis in seiner bzw. ihrer persönlichen Umwelt am besten erfüllen kann; Therapeut/Therapeutin hilft, das Bedürfnis auszudrücken, zu spezifizieren und damit zu experimentieren, um es in Kontakt mit der Umwelt zu bringen,
FRAGE: WER UND WIE?

*Ergebnis der Intervention*
Nach erfolgreicher Intervention fühlen sich die KlientInnen lebendiger; sie sind nun besser in der Lage, ihre eigenen Erfahrungen wahrzunehmen, zu verstehen und auszudrücken. Sie sind sich selbst nicht länger entfremdet.

### 5. „Abschließen unabgeschlossener Angelegenheiten“

*Bedeutung für die Therapie traumatisierter KlientInnen*
Jedes nicht verarbeitete Trauma ist eine unabgeschlossene Angelegenheit. Es abzuschließen kann die Hauptaufgabe in der Therapie dieser KlientInnen sein (Voraussetzungen dafür sind, dass sie stabil genug sind und dies wollen). Entsprechende Interventionen für das Abschließen traumatischer Erfahrungen werden in Teil 3 dieses Buches ausführlich beschrieben. Gerade für traumatisierte Menschen ist es oft zusätzlich wichtig, unabgeschlossene Beziehungen abzuschließen, z.B. zu den Eltern, um sich endlich von ihnen lösen zu können.

*Was sollte sich ändern? – Das zugrunde liegende emotionale Problem*
Unabgeschlossene Angelegenheiten beinhalten aktuell erlebte belastende Gefühle und Vorbehalte gegenüber wichtigen Bezugspersonen, also unabgeschlossene Beziehungen, und traumatische Erfahrungen. Sowohl unabgeschlossene Beziehungen als auch traumatische Erfahrungen können lange zurückliegen.

Im Gedächtnis – auf der körperlich-schematischen, teilweise auch auf der kognitiven Ebene – ist ein emotionales Schema gespeichert, das eine ungelöste, unabgeschlossene Interaktion mit der Umwelt beinhaltet, in welcher ein zentrales Bedürfnis verletzt oder nicht erfüllt wurde. Dieses Schema mit den darin enthaltenen unabgeschlossenen Gefühlen wird in Situationen aktiviert, die der Ursprungssituation ähneln, und die alten Gefühle drängen danach, ausgedrückt und zu ihrem natürlichen Ende gebracht zu werden. Solange diese Gefühle unausgedrückt bleiben, erlebt die Person auch die assoziierten Handlungstendenzen nicht, und sie tut nichts, um das zentrale Bedürfnis in der Gegenwart zu erfüllen. Die Klientin beispielsweise, deren Mutter jahrelang tatenlos zusah, wie ihr Vater sie missbraucht hat, oder ihr sogar die Schuld daran gab, wird ihr eigenes Bedürfnis nach Schutz und Geborgenheit erst dann zulassen und spüren können, nachdem sie die schmerzhaften Gefühle im Zusammenhang mit dem Verrat durch die Mutter zugelassen und ausgedrückt hat.

Die beteiligten Grundmodalitäten in dieser therapeutischen Aufgabe sind vor allem *Nachspüren*, *emotionaler Ausdruck* und *erfahrungsgeleitete Suche*.

*Indikation*
Diese Intervention ist angezeigt, wenn KlientInnen in der Therapie über vergangene Beziehungen und Erfahrungen in ihrem Leben sprechen, auf die sie immer noch mit belastenden Gefühlen reagieren, vor allem mit Verletztheit und Vorwürfen. Aber auch Resignation und Hoffnungslosigkeit sind Hinweise, die zeigen, dass die Person vergeblich versucht hat, mit ihren Gefühlen in der Situation umzugehen. Ungelöste Trauer ist ein weiteres Zeichen für eine unabgeschlossene Situation, in diesem Fall ein Anhaltspunkt für einen noch nicht verarbeiteten Verlust. Ebenso können Gefühle von Sehnsucht auf unabgeschlossene Angelegenheiten hindeuten.

*Wie findet Veränderung statt?*
Das Intensivieren und Ausdrücken von Gefühlen gegenüber einer wichtigen (Bezugs-)Person, die in der Ursprungssituation nicht ausgedrückt und zu Ende gebracht werden konnten, hilft, die Situation abzuschließen, indem die KlientInnen die Beziehung/Situation mit all ihren Facetten akzeptieren, wie sie ist oder war, verbunden mit der Akzeptanz der eigenen Bedürfnisse in dieser Beziehung/Situation.

Beispiel: Die Klientin spricht immer wieder darüber, dass ihre Mutter jahrelang zugesehen hat, wie ihr Vater und andere Männer sie missbraucht haben, ohne etwas dagegen zu unternehmen. Sie erträgt den Gedanken nicht, dass ihre Mutter ihr nicht geholfen hat. Wenn sie ermutigt wird und dem Vorschlag folgt, ihrer (imaginierten) Mutter immer konkreter und immer deutlicher zu sagen, was sie empfindet, was sie von ihr gebraucht hätte und nicht bekommen hat, kann sie die damals unterbrochenen Gefühle bis zu ihrem natürlichen Ende ausdrücken und sich danach aus dieser Bindung lösen. Vielleicht „hört“ sie im Laufe dieses Prozesses eine „Antwort“ von ihrer (vorgestellten) Mutter, und sie beginnt zu sehen, wie hilflos, schwach oder verantwortungslos diese damals gewesen ist. Entweder kann sie ihr dann verzeihen, oder sie ist jetzt in der Lage, den Kontakt zu ihr innerlich abzubrechen und sie für ihr Fehlverhalten verantwortlich zu machen.

Traumatische Erfahrungen werden zum Abschluss gebracht, indem sie durchlebt und die einst unausgedrückten Gefühle zu Ende ausgedrückt werden; dies hat zur Folge, dass die mit den Gefühlen verbundenen Bedürfnisse im Heute gesehen und akzeptiert werden. Eine Auseinandersetzung mit dysfunktionalen Vorstellungen darüber, wie Bedürfnisse erfüllt und Erfahrungen abgeschlossen werden, kann Teil dieses Prozesses sein. Er gelingt aber nur in der Sicherheit der authentischen, akzeptierenden therapeutischen Beziehung.

In der Regel spielen hier unausgedrückte Gefühle gegenüber bestimmten Personen in unabgeschlossenen Situationen eine zentrale Rolle. In dieser therapeutischen Aufgabe geht es daher darum, einen Dialog zwischen dem Klienten bzw. der Klientin und den in Frage kommenden Personen anzuregen. Diese Art des Dialogs fördert folgende Veränderungen:

1. Das Bewusstwerden neuer Informationen und assoziierter Bedeutungen bezogen auf alte emotionale Erfahrungen. Es handelt sich um Informationen, die wegen selbstunterbrechender Aktivitäten ursprünglich nicht zugänglich gewesen waren.
2. Die Erleichterung und Reduktion von Anspannung, die dem Ausdruck von Gefühlen folgt, scheint das Finden der emotionalen Bedeutung, die die alte Situation für das Leben der KlientInnen hat, zu fördern.
3. Der Dialog hilft, das alte, fixierte emotionale Schema neu zu strukturieren, und zwar aufgrund einer neuen Sicht des Selbst und/oder der anderen beteiligten Person(en). Eine neue Sicht des Selbst wird erlangt durch Selbstbestätigung, vor allem der damals nicht ausgedrückten zentralen Bedürfnisse; eine neue Sicht der anderen Person(en) wird erlangt durch Versöhnung, oder indem die anderen als weniger mächtig erlebt und deutlich für

ihr Fehlverhalten verantwortlich gemacht werden. Die Veränderung der Sichtweise des Selbst und der anderen Person(en) ist stets ein reziproker Prozess; das eine ist abhängig vom anderen. Das ganze emotionale Schema mit all seinen Facetten muss aktiviert werden, um, auch unter Nutzung aller gegenwärtigen Ressourcen, neu strukturiert werden zu können.

Während des Dialogs werden die KlientInnen wieder, wie gewohnt, den Ausdruck der zentralen Gefühle unterbrechen. Ziel dieser therapeutischen Aufgabe ist es, diesen Unterbrechungsprozess durch den vollen Ausdruck der Gefühle aufzuheben, so dass die mit den Gefühlen verbundenen Bedürfnisse bewusst werden. Es ist die Akzeptanz dieses Bedürfnisses, welche Trennung und Abschluss ermöglicht. Das Bedürfnis muss in Kontakt gebracht werden mit seinem Objekt, um eine neue Lösung zu erreichen.

Aufgabe bei dieser Intervention ist das Ausdrücken von Gefühlen und Bedürfnissen und weitaus weniger der Dialog mit den anderen Menschen, die in der Ursprungssituation eine wichtige Rolle gespielt haben.

In dieser therapeutischen Aufgabe sind vier Lösungskomponenten identifiziert worden (Greenberg & Foerster, 1996), die anzeigen, dass ein Abschluss stattgefunden hat:

- intensiver Ausdruck von Gefühlen
- intensiver Ausdruck der in diesen Gefühlen enthaltenen Bedürfnisse
- eine veränderte Sicht der anderen Person(en)
- Selbstbestätigung oder Verständnis für die andere Person bzw. für die anderen Personen

Veränderung findet statt, indem das alte Schema aktiviert, die alte unabgeschlossene Situation durchlebt und die darin enthaltenen Gefühle bis zu ihrem natürlichen Ende ausgedrückt werden, um das Schema zu restrukturieren und einen Abschluss erreichen zu können.

Greenberg et al. (1993) haben am Beispiel der Arbeit mit dem „leeren Stuhl" beschrieben, wie unabgeschlossene Situationen und Beziehungen zum Abschluss gebracht werden können. Bei dieser Intervention wird der leere Stuhl nur selten besetzt, nämlich einmal zu Beginn, um die Präsenz der anderen Person wachzurufen, und am Ende, falls die imaginierte andere Person der Klientin bzw. dem Klienten „antwortet". Aber auch diese Methode ist nicht unbedingt an die Verwendung eines zweiten Stuhls gebunden, der ja lediglich ein technisches Hilfsmittel darstellt, um sich die andere Person darin vorzustellen und sie als präsent zu erleben. Wichtig ist, dass es in diesem Fall weniger um einen Dialog zwischen dem Selbst (des Klienten bzw. der Klientin) und der anderen Person geht als um das Ausdrücken und Zu-Ende-Leben unabgeschlossener Gefühle dieser anderen Person oder einer spezifischen Situation gegenüber.

*Intervention*
In Anlehnung an Greenberg et al. (1993) soll diese Intervention im Folgenden kurz in leicht modifizierter Form dargestellt werden:

➜ *Wachrufen der „anderen Person“:* Klient/Klientin („Selbst“) beschuldigt eine andere Person, klagt sie an oder drückt Verletztheit bzw. Sehnsucht nach ihr aus (löst, falls erforderlich, zunächst die Spaltung durch Selbstbewertung oder Selbstunterbrechung), „Selbst“ erlebt das nachklingende Gefühl und drückt Klage/Vorwurf aus, entwickelt über den Körper und die Sinneskanäle ein Gefühl für die „andere Person“; Therapeut/Therapeutin holt sich die Zustimmung zur Intervention und strukturiert das Experiment, ruft über die Sinneskanäle die Präsenz der „anderen Person“ hervor
FRAGE: KANNST DU SIE JETZT SEHEN/HÖREN/SPÜREN? UND WAS FÜHLST DU JETZT?
und ermutigt, falls diese Fragen nicht ausreichen, Enactment der „anderen Person“, bis deren Präsenz wachgerufen worden ist.

➜ *Wachrufen der sekundären Gefühle:* Klient/Klientin tritt in Kontakt mit dieser anderen Person und drückt unabgeschlossene Gefühle ihr gegenüber aus, häufig in Form von Vorwürfen oder Verletztheit; Therapeut/Therapeutin fördert Kontakt zwischen „Selbst“ und „anderer Person“ (bittet ihn/sie, aus dem Gefühl heraus zu der „anderen Person“ zu sprechen), hilft, das darunter liegende primäre Gefühl, meist Ärger oder Trauer, zu identifizieren, fördert die Übernahme von Verantwortung für die primären Gefühle (z.B. Ich-Aussagen).

➜ *Differenzierung und Ausdruck der primären Gefühle:* Klient/Klientin differenziert die (An-)Klage in die darunter liegenden Gefühle, meist Trauer oder Ärger; drückt diese Gefühle zunächst graduell, dann intensiv gegenüber der „anderen Person“ aus, symbolisiert sie schließlich und fügt diese Worte dem Dialog hinzu, hält die Balance zwischen Ausdruck und Nachspüren, drückt die assoziierten primären Bedürfnisse der „anderen Person“ gegenüber ganz aus; Therapeut/Therapeutin macht die Gefühle in Reaktion auf die „andere Person“ verfügbar

FRAGE: WAS WAR DIE SCHLIMMSTE VERLETZUNG/DER SCHLIMMSTE VORWURF?;
Wiederholen und Übertreibungen einsetzen), fördert (durch Wiederholen/Übertreiben) die Darstellung der „anderen Person" und deren Präsenz, um Emotionen zu stimulieren, fördert eine spezifische Erinnerung durch Beschreiben oder Enactment, hilft, die aufkommenden Gefühle sowie deren Vermeidung zu spüren und zu differenzieren (Spiegeln des Ausdrucks), umgeht sekundäre Emotionen und fördert primäre Emotionen bis zu ihrem vollen Ausdruck gegenüber der „anderen Person" (durch graduelles Experimentieren), hilft, die Balance zwischen Ausdruck und Nachspüren zu bewahren (falls verloren gegangen: Aufmerksamkeit nach innen richten, dann die Gefühle auf die „andere Person" fokussieren), fördert den Ausdruck des assoziierten primären Bedürfnisses gegenüber der „anderen Person"
FRAGEN: WAS BRAUCHST/BRAUCHTEST DU VON IHM/IHR? MÖCHTEST DU ES IHM/IHR JETZT SAGEN?

➜ *Selbstvalidierung:* Klient/Klientin erlebt das mit den Gefühlen verbundene Bedürfnis als berechtigt, drückt es aus und macht es als sein bzw. ihr Recht geltend; Therapeut/Therapeutin bittet ihn/sie nun wieder, die „andere Person" darzustellen und sich ausdrücken zu lassen, fördert (falls notwendig) eine veränderte Sichtweise der „anderen Person" gegenüber, ohne irgendeine Richtung vorzugeben.

➜ *Neubewertung:* Klient/Klientin sieht die „andere Person" nun auf andere Weise – entweder positiver oder weniger mächtig – als einen Menschen, der seine eigenen Probleme hat(te), drückt als „andere Person" Zuneigung oder Schuld gegenüber ihm/ihr aus; Therapeut/Therapeutin hilft, auf dem neu gefundenen primären Bedürfnis zu beharren und unerfüllbare Erwartungen loszulassen (falls notwendig,
FRAGEN: WAS KANNST DU TUN, UM VON IHM/IHR ZU BEKOMMEN, WAS DU BRAUCHST? SAG: ICH WERDE NIEMALS AUFHÖREN, DARAUF ZU WARTEN, DASS DU MIR GIBST, WAS ICH BRAUCHE! WIE FÜHLT SICH DAS AN?,
stärkt ihn/sie, fragt, was er/sie sonst noch tun kann, um das unerfüllte Bedürfnis zu erfüllen oder loszulassen.

➜ *Abschluss:* Klient/Klientin fühlt sich in seinen bzw. ihren Gefühlen und Bedürfnissen bestätigt und kann die zuvor unabgeschlossenen Gefühle jetzt loslassen; entweder, indem er bzw. sie der anderen Person verzeiht, oder sie verantwortlich macht für ihr Versagen und ihr Fehlverhalten, weiß nun, dass er/sie nicht schuld daran ist, dass das unerfüllte Bedürfnis von der Bezugsperson nicht erfüllt worden ist; Therapeut/Therapeutin schließt den

Kontakt mit der „anderen Person“ durch Abschied angemessen ab, fördert (falls noch notwendig) das Auftauchen der gefühlten Bedeutung bzgl. der nun abgeschlossenen Beziehung/Situation, prüft, ob noch weitere Arbeit oder evtl. eine Handlung in der Umwelt nötig ist, um endgültigen Abschluss zu erreichen.

*Ergebnis der Intervention*
Nach erfolgreicher Intervention sind die KlientInnen in der Lage, den Menschen, denen ihre unabgeschlossenen Gefühle galten, zu verzeihen oder sie für ihr Fehlverhalten verantwortlich zu machen. Außerdem wird die Abgrenzungsfähigkeit gestärkt, sie können sich nun aus den alten Bindungen lösen.

### 6. Überwindung intensiver Verletzlichkeit durch „empathisches Bestätigen“

*Bedeutung für die Therapie traumatisierter KlientInnen*
Momente extremer Verletzlichkeit sind häufig bei traumatisierten KlientInnen, weil traumatische Erfahrungen großen Schmerz, tiefe Verzweiflung und intensive Schamgefühle zur Folge haben sowie die Angst, aufgrund der traumatischen Erfahrungen oder derart intensiver Gefühle verrückt, für andere Menschen unzumutbar oder abgrundtief schlecht zu sein.

Durch „empathisches Bestätigen“ können diese KlientInnen lernen, dass ihre Befürchtungen unbegründet waren; sie können beginnen, ihre eigenen Erfahrungen und Gefühle zu akzeptieren (weil dies eine andere Person getan hat), wodurch sie sich weniger isoliert und fragmentiert fühlen. Ein solcher Moment kann zum Beispiel gegeben sein, wenn eine Klientin darüber zu reden versucht, dass sie sich immer wieder mit einem Messer und anderen Gegenständen selbst verletzt. Vielleicht macht sie nur eine Andeutung in diese Richtung. Oder sie beginnt darüber zu sprechen, blickt dann zu Boden und schweigt.

*Was sollte sich ändern? – Das zugrunde liegende emotionale Problem*
Wenn KlientInnen in bestimmten Momenten in Bezug auf das eigene Selbst extrem verletzlich sind, macht es keinen Sinn, die dazugehörigen Gefühle zu explorieren, deren Ausdruck aktiv zu fördern oder nach deren Bedeutung zu suchen. In Augenblicken übergroßer Verletzlichkeit (tiefer Schmerz, tiefe Verzweiflung über Vergangenes, Gegenwärtiges oder Zukünftiges, extreme

Scham usw.) ist es am wichtigsten, die Person so anzunehmen, wie sie gerade ist, und sie in ihrem Selbstsein rückhaltlos zu bestätigen.

Das Schema, demzufolge andere Menschen intensive schmerzhafte oder negative Gefühle/Handlungen nicht aushalten oder ablehnen, sowie die Überzeugung, nicht normal bzw. falsch oder schlecht zu sein, wenn man solche Gefühle/Handlungen empfindet bzw. zeigt, sollte verändert werden. Die beteiligte Grundmodalität in dieser therapeutischen Aufgabe ist vor allem interpersoneller Kontakt.

*Indikation*

Diese Intervention ist angezeigt, wenn sich auf Seiten der KlientInnen folgende Hinweise zeigen:

- Die KlientInnen drücken ein starkes, selbstbezogenes negatives Gefühl (oder eine entsprechende Handlung) aus und fühlen sich dabei sehr verletzlich, d.h. sie haben Angst, vom Therapeuten/der Therapeutin kritisiert oder abgelehnt bzw. von den eigenen starken Gefühlen überwältigt zu werden.
- Selbst wenn das Gefühl/die Handlung durch äußere Ereignisse ausgelöst worden sein sollte, ist offensichtlich, dass es von Dauer war und viele vergangene und gegenwärtige wichtige Erfahrungen gefärbt hat.
- Es besteht eine große Zurückhaltung, das Gefühl/die Handlung mitzuteilen, eine Empfindung, dass dies riskant ist. Verbal und vor allem nonverbal (Stimme, Körperausdruck) wird deutlich, dass die KlientInnen das Gefühl bzw. das Gespräch über die Handlung zurückhalten, und oft auch, dass sie zum ersten Mal versuchen, es mit einer anderen Person zu teilen.
- Die TherapeutInnen spüren nonverbale (oft nicht einmal sichtbare) Signale großer Verletzlichkeit auf Seiten der KlientInnen; die KlientInnen scheinen ein großes Risiko einzugehen oder völlig am Ende zu sein (haben z.B. eine „tote Stimme“ oder äußern, „es“ nicht sagen zu können/nie gesagt zu haben).

Zeigen KlientInnen Anzeichen für große Verletzlichkeit, so hat dies zu jedem Zeitpunkt Vorrang vor allen anderen therapeutischen Aufgaben. Jedes andere therapeutische Geschehen sollte unterbrochen werden, wenn KlientInnen signalisieren, dass sie sich im Augenblick sehr verletzlich fühlen, um zunächst diesem Zustand die ganze Aufmerksamkeit zu schenken.

*Wie findet Veränderung statt?*

Veränderung findet statt, indem der Therapeut/die Therapeutin die KlientInnen in ihrer Verletzlichkeit rückhaltlos akzeptiert, anstatt Trost oder Lösungen anzubieten. Durch diese Akzeptanz können sie die Erfahrung machen, wertvoll und „richtig" zu sein in all ihren Facetten, und sie können die zuvor nicht annehmbaren Gefühle jetzt zulassen und akzeptieren, wodurch Fragmentierung und Desintegration überwunden werden können.

Beispiel: Der Klientin fällt es sehr schwer auszusprechen, dass sie sich immer wieder mit einem Messer selbst verletzt, weil sie den Schmerz „verdient"; sie ist verzweifelt, denn eigentlich möchte sie das nicht tun; sie kann es aber auch nicht verhindern. Sie schämt sich, weil sie so „schwach" und „verrückt" ist, und hat Angst, von der Therapeutin abgelehnt oder in eine Klinik eingewiesen zu werden. Weil die Therapeutin sie stattdessen in ihrer Verzweiflung und in ihrer Scham annimmt, wie sie ist, beruhigt sich die Klientin, fühlt sich wieder stärker und kann explorieren, welche positiven Funktionen ihr selbstverletzendes Verhalten erfüllt und wie sie auf andere Art und Weise bekommen kann, was sie braucht.

*Intervention*

Wieder in Anlehnung an Greenberg et al. (1993) soll diese Intervention im Folgenden kurz in leicht modifizierter Form dargestellt werden:

- ➜ *Verletzlichkeit:* Klient/Klientin empfindet ein intensives, selbstbezogenes negatives Gefühl (evtl. bezogen auf eine bestimmte Handlung oder auf einen bestimmten Impuls), das ihn/sie extrem belastet oder verstört; Angst, Verzweiflung oder große Scham hindern ihn/sie daran, es auszudrücken; Therapeut/Therapeutin erkennt jederzeit Anzeichen für intensive Verletzlichkeit aufgrund der empathischen Feinabstimmung und guter Prozessdiagnostik, reagiert immer darauf (ggf. auch während einer anderen wichtigen therapeutischen Aufgabe), hört oder spürt den zentralen Aspekt der bedrohlichen, negativen Erfahrung heraus und lässt sich diesen bestätigen.
- ➜ *Bestätigen:* Klient/Klientin empfindet als Folge der empathischen Bestätigung des Gefühls weniger Angst, dieses zuzulassen und mitzuteilen; Therapeut/Therapeutin kommuniziert eine authentische, nicht korrigierende, sondern vollkommen akzeptierende Haltung gegenüber dieser Erfahrung, bestätigt und spiegelt diese Erfahrung so, dass er/sie sich vollkommen erkannt, verstanden, akzeptiert und wertgeschätzt fühlt in seiner/ihrer mo-

mentanen Verletzlichkeit, unternimmt keinen Versuch, sie/ihn zu „pushen" oder zu beruhigen.

➔ *Exploration:* Klient/Klientin zeigt als Folge der reduzierten Angst Anzeichen für die Bereitschaft zur Exploration dieses Gefühls (womit die intensive Verletzlichkeit überwunden worden ist), exploriert das Gefühl; Therapeut/Therapeutin setzt die Spiegelungen fort und folgt ihm/ihr in die Exploration, die emotionale Intensität der Spiegelungen an den Grad der augenblicklichen Verletzlichkeit anpassend (Ende der Intervention).

➔ *Vertiefung/Intensivierung:* Klient/Klientin vertieft stattdessen als Folge des empathischen Bestätigens die Erfahrung, ist weiterhin verstört durch die Tiefe oder Intensität des Gefühls (oft Angst, Scham oder tiefe Verzweiflung), oder er/sie versucht angestrengt, das Gefühl zurückzudrängen, die Angst vor dem Teilen und Zulassen der Erfahrung dominiert noch; Therapeut/Therapeutin setzt die Spiegelungen in gleicher Weise konsistent fort.

➔ *Ausdruck:* Klient/Klientin drückt das selbstbezogene negative Gefühl als Folge des fortgesetzten empathischen Bestätigens immer intensiver aus, bis er/sie den tiefsten Punkt der Erfahrung erreicht und den bedrohlichsten oder schmerzhaftesten Aspekt davon in seiner ganzen Intensität und Bedeutung empfindet und zum Ausdruck bringt; Therapeut/Therapeutin ist emotional absolut präsent, unterstützt den vollen Ausdruck und die Akzeptanz dieser Erfahrung.

➔ *Abschluss:* Klient/Klientin beginnt, sich ruhiger zu fühlen und nicht mehr länger fragmentiert und desintegriert, fühlt sich stärker und handlungsfähiger, spürt Erleichterung und kann die negative Erfahrung jetzt akzeptieren und integrieren (weshalb sie nicht mehr bedrohlich ist); Therapeut/Therapeutin setzt bis zu diesem Punkt die Spiegelungen in gleicher Weise konsistent fort.

*Ergebnis der Intervention*

Nach erfolgreicher Intervention fühlen sich die KlientInnen in ihrem Selbstsein bestätigt; sie fühlen sich hoffnungsvoller und stärker, auch wenn die Ursachen für ihre Gefühle der Angst, Verzweiflung, Scham usw. (noch) nicht beseitigt werden können.

### Abschließende Bemerkungen

Die hier vorgestellten Interventionen sind immer Angebote an die KlientInnen, die sie annehmen, aber auch ablehnen, unterbrechen oder beenden können. Es geht um eine einladende Haltung, nicht um Pflichtprogramme, die absolviert werden müssen.

Auch wenn die einzelnen Interventionen zusammenhängend dargestellt wurden, ist zu beachten, dass sie selten in einer einzigen Therapiestunde abgeschlossen werden können. Dies gilt insbesondere für das „Abschließen traumatischer Erfahrungen", das sich erfahrungsgemäß über Monate oder Jahre erstrecken kann.

## *1.4.4 Prozessende*

Am Ende des Prozesses stehen neue bzw. revidierte emotionale Schemata, die eine größere, besser miteinander verbundene und exakter symbolisierte Menge an Informationen integrieren. Mit dem Begriff „Informationen" sind keine kognitiven Handlungsanweisungen (Pläne) gemeint, sondern zutiefst körperlich repräsentiertes Wissen.

Durch die oben beschriebenen Veränderungsprozesse in therapeutischen Aufgaben – im Rahmen einer authentischen, akzeptierenden therapeutischen Beziehung – haben sich am Ende des Prozesses neue oder revidierte emotionale Schemata gebildet. Sie funktionieren auf höherem Integrationsniveau als die vorhergenden Schemata, weil sie jetzt die neu synthetisierten, neu strukturierten und zu neuen Bedeutungen symbolisierten Erfahrungselemente enthalten, die dem Bewusstsein der Person zuvor nicht zugänglich waren. Diese neuen oder revidierten emotionalen Schemata integrieren also eine größere und genauer symbolisierte Anzahl von Erfahrungselementen, die für die Orientierung in der Umwelt sowie für adaptives Handeln vielfältigere und differenziertere Informationen zur Verfügung stellen.

B. beispielsweise hat ein neues emotionales Schema in Bezug auf Ärger gebildet. Er fühlt sich in entsprechenden Situationen eher berechtigt und ermutigt, seinen Ärger zuzulassen und auszudrücken. Dies hat zur Folge, dass er sich gleichzeitig besser abgrenzen und mit größerer Wahrscheinlichkeit eher das erreichen kann, was er braucht.

Da die neuen oder revidierten emotionalen Schemata die bisher nicht oder verzerrt symbolisierten Erfahrungselemente jetzt enthalten und auf diese Weise die Erfahrung von Orientierung durch Emotionen und emotionale Bedeutungen ermöglichen, haben sich Blockierungen und Verzerrungen im Erleben reduziert oder aufgelöst; primäre Emotionen und gefühlte Bedeutungen können ihre Orientierungsfunktion für das Erleben und Verhalten (wieder) erfüllen.

Starre emotionale Schemata sind das Resultat des erlernten, gewohnheitsmäßigen Verhaltens gewesen, innere Erfahrungen zu vermeiden, die mit einer gewissen Wahrscheinlichkeit das Schema verändert hätten. Durch die besondere Art der therapeutischen Beziehung, welche die interpersonelle Angst reduziert und emotionale Prozesse fördert, hat sich der Klient/die Klientin auf ihre emotionalen Erfahrungen konzentriert, sie synthetisiert, symbolisiert und schließlich in neue und revidierte emotionale Schemata über sich-in-der-Welt integriert.

Der Klient/die Klientin hat erlebt, dass das Zulassen, Synthetisieren, Symbolisieren und Integrieren von inneren Erfahrungen zwar manchmal schmerzhaft und bedrohlich sein kann, letztendlich aber dazu führt, dass er bzw. sie sich an seinen/ihren eigenen Gefühlen und Bedürfnissen in Bezug auf das ihr jeweilige Umfeld besser orientieren kann und nun eher verwirklichen kann, was er oder sie braucht. Diese Erfahrung wirkt sich auf den Umgang der Klientin bzw. des Klienten mit seinen bzw. ihren inneren Erfahrungen im Allgemeinen aus, so dass er bzw. sie von nun an auf seine/ihre primären Emotionen und gefühlten Bedeutungen achtet und diese als Orientierung für sein/ihr Erleben und Verhalten nutzt.

# 2. Das Trauma und seine Folgen

## 2.1 Was unterscheidet ein Trauma von einem belastenden Lebensereignis?

Es gehört fast schon zum allgemeinen – und leider oft auch zum therapeutischen – Sprachgebrauch, jedes belastende Lebensereignis als „Trauma“ zu bezeichnen. Belastende Lebensereignisse und Traumata lassen sich jedoch anhand klarer Kriterien voneinander unterscheiden:

*Häufigkeit:* Belastende Lebensereignisse betreffen alle Menschen, wenn auch in unterschiedlicher Konstellation und mit unterschiedlicher Schwere

(Beispiele: familiäre Auseinandersetzungen/Trennungen, Verlust eines geliebten Menschen, Krankheit, Arbeitslosigkeit, Übergang in den Ruhestand, auch positive Ereignisse wie Schuleintritt, Eheschließung usw. können als belastend erlebt werden).

Traumata hingegen betreffen nur einen Teil der Menschen

(Beispiele: sexueller und emotionaler Missbrauch in der Kindheit, schwere emotionale/körperliche Vernachlässigung in der Kindheit, schwere Kindesmisshandlung, Folter, Vergewaltigung im Erwachsenenalter, gewaltsamer Tod im Rahmen von Kriegshandlungen oder Gewaltverbrechen, schwere Naturkatastrophen oder Unglücksfälle, die auf technisches oder menschliches Versagen zurückzuführen sind).

*Reaktion des Organismus:* Der Organismus nutzt alle vorhandenen Ressourcen (primäre Emotionen, Wissen und Fähigkeiten, soziale Unterstützung), um das belastende Lebensereignis zu bewältigen. Im Falle eines Traumas hingegen aktiviert der Organismus Notfallressourcen (alle Formen der Dissoziation), um das Trauma physisch und psychisch zu überleben; der Zusammenbruch des Informationsverarbeitungssystems macht eine Bewältigung des Traumas im Augenblick des Geschehens unmöglich. Ein belastendes Lebensereignis kann bewältigt werden, wenn die betroffene Person ihre vorhandenen Ressourcen nutzt; ein Trauma kann dagegen zur Zeit des Geschehens aufgrund seiner Lebensbedrohlichkeit nur überlebt werden.

*Folgen:* Kurz- oder langfristige belastende Lebensereignisse mitsamt ihren gelungenen und misslungenen Bewältigungsversuchen sind Teil unserer Biographie geworden; sie sind in unserem biographischen Gedächtnis repräsentiert, und wir können sie, z.B. durch Worte, symbolisieren. Unverarbeitete kurz- oder langfristige Traumata sind (noch) kein kohärenter und integrierter Bestandteil unserer persönlichen Biographie geworden; wir erinnern sie nicht bzw. nur in fragmentierter Form.

Ein Trauma lässt sich also im Augenblick des Geschehens nicht bewältigen, sondern nur überleben. Es ist nicht auszuhalten, weil die Person weder vor dem Trauma fliehen noch dagegen ankämpfen kann, daher bricht ihr Informationsverarbeitungssystem zusammen und es kommt zu einer Dissoziation mit all ihren bekannten Facetten. Die Dissoziation schützt die betroffene Person im Augenblick der Traumatisierung vor dem vollständigen Erleben von (Todes-)Angst, extremer Hilflosigkeit und unerträglichem Schmerz. Auf diesem Zusammenhang basiert auch die folgende Definition des Traumas:

**Definition des Traumas**

Ein *Trauma* (im psychologischen Sinn) ist ein kurz oder lang andauerndes extrem (lebens)bedrohliches Ereignis, auf das eine Person zunächst mit intensiver Furcht, Hilflosigkeit oder Schrecken reagiert; die Person kann weder vor der traumatischen Situation fliehen noch gegen sie ankämpfen, was eine Überflutung ihres Informationsverarbeitungssystems zur Folge hat. (vgl. March, 1993 und Saß et al., 1996)

Man unterscheidet von Menschen gemachte und beabsichtigte gegenüber zufälligen Traumata, kurzfristige gegenüber langfristigen sowie Traumata, die in der Kindheit beginnen, gegenüber solchen, die sich im Erwachsenenalter ereignen. Die schwersten Symptome stellen sich ein bei langfristigen, in der Kindheit beginnenden und von Menschen herbeigeführten und intendierten Traumatisierungen.

## 2.2 Langfristige Auswirkungen des Traumas

### *2.2.1 Welche allgemeinen Faktoren bestimmen Ausmaß und Intensität posttraumatischer Symptomatik?*

Ein multifaktorieller Ansatz zur Erklärung von Genese und Verlauf der PTBS (Posttraumatische Belastungsstörung) und anderer posttraumatischer Störungen ist notwendig, um der Komplexität von Genese und Verlauf posttraumatischer Entwicklungen gerecht zu werden. Jedes eindimensionale, lineare Modell zur Erklärung von Genese und Verlauf posttraumatischer Entwicklungen muss versagen, weil es auf die jeweilige Kombination von Trauma-, Schutz- und Risikofaktoren in der jeweiligen Lebensumwelt der betroffenen Person ankommt, welche den Entwicklungsverlauf nach einer Traumatisierung oder einer Kette von Traumatisierungen bestimmt.

*Traumabezogene Faktoren* (z.B. Schwere, Ausmaß an Dissoziation während des Traumas, Chronizität, Plötzlichkeit), *Schutzfaktoren* (Kohärenzsinn, emotionale Unterstützung, Bewältigungsprozesse, Reife zur Zeit des Traumas) und *Risikofaktoren* (Alter, Geschlecht, frühere belastende Erfahrungen oder Traumata, frühere psychische Störungen, soziale Schichtzugehörigkeit) interagieren miteinander und bestimmen Quantität und Qualität der posttraumatischen/dissoziativen Symptomatik.

Besonders schwer und nachhaltig sind die Auswirkungen der Traumatisierung im Falle früher, chronischer und schwerer Traumatisierungen von Kindern. Putnam (1997) unterscheidet in diesem Zusammenhang vier Formen der Kindesmisshandlung, d.h. chronischer Traumatisierungen in der Kindheit: Vernachlässigung (körperlich und emotional), körperlichen Missbrauch, sexuellen Missbrauch und emotionalen Missbrauch.

Kindesmisshandlung stellt die größte und alltäglichste Quelle traumatischer Erfahrungen für Kinder dar. Die meisten kindlichen und jugendlichen Insassen in psychiatrischen Einrichtungen sind misshandelt worden (auf eine oder mehrere der vier oben genannten Arten). Laut Putnam finden sich folgende Folgesymptome (1997):

**Folgesymptome nach Kindesmisshandlung (Putnam, 1997)**

1. Körperliche Verletzungen: nach körperlichem Missbrauch häufig, nach sexuellem Missbrauch seltener zu beobachten
2. Dissoziative Symptome
3. DSM-IV-Diagnose (Saß, Wittchen & Zaudig, 1996) für PTBS: Diese Kategorie ist selten angemessen für Kinder, denn die meisten schwer oder akut traumatisierten Kinder erfüllen die Kriterien für eine voll ausgeprägte PTBS nicht.
4. Depression: stark erhöht bei kindlichen und erwachsenen Opfern mit einer Geschichte von Traumatisierungen in der Kindheit; sie drückt sich vor allem in einem negativen Selbstbild und Gefühlen von Hilf- und Hoffnungslosigkeit (Ohnmacht dem Leben gegenüber) aus
5. Angststörungen: Auch die Rate an Angststörungen ist in dieser Population erhöht.
6. Suizidversuche und selbstverletzendes Verhalten: auch schon bei jüngeren Kindern zu finden
7. Sexualisiertes Verhalten: auch und gerade bei jüngeren Kindern zu finden
8. Somatisierung: häufig positiv korreliert mit Dissoziation
9. Verhaltensprobleme: In einigen Fällen ist situationsunangemessenes, aggressives oder antisoziales Verhalten zu beobachten.
10. Kognitive Probleme: sprachliche Fähigkeiten, Spiel-Niveau und die Fähigkeit zur Realitätstestung sind häufig unterentwickelt im Verhältnis zum Alter und IQ des Kindes; bestimmte Fähigkeiten können nach akuter Traumatisierung plötzlich verloren gehen, oder sie entwickeln sich erst gar nicht.
11. Aufmerksamkeitsdefizite und Hyperaktivität können vorkommen.
12. Schul- und Studienprobleme sind häufiger als bei anderen Jugendlichen und Erwachsenen.
13. Die Selbst-Entwicklung ist vor allem in Bezug auf integrative Fähigkeiten und Selbstbild eingeschränkt.
14. Psychobiologische Defizite: Nach chronischer Traumatisierung kommt es zu Dysregulationen im Nerven- und Immunsystem, an denen verschiedene Neurotransmitter und Hormone beteiligt sind. Diese Dysregulationen führen wahrscheinlich zu chronisch erhöhter Stressanfälligkeit und Somatisierung bei den Betroffenen.

## 2.2.2. *Die „zentrale Dialektik" des Traumas*

In den posttraumatischen Symptomen spiegelt sich ein Grundkonflikt wider, der das Erleben und Verhalten vieler traumatisierter Menschen nachhaltig beeinflusst; Judith Herman (1993) spricht in diesem Zusammenhang von der „Dialektik des Traumas". Diese „zentrale Dialektik" – man könnte auch sagen: der „zentrale Konflikt" – des traumatischen Erlebens besteht ihr zufolge in dem Konflikt, selbst erlebte schreckliche Ereignisse zugleich verleugnen und aussprechen zu wollen. Diesem Konflikt entspringen auch die Symptome, insbesondere die Triade Erstarrung – Flashback – Dissoziation.

Die Vergangenheit muss verstanden werden, bevor Gegenwart und Zukunft (zurück)erobert werden können, d.h. die Wiederentdeckung der Geschichte geht der Erklärung des psychischen Traumas voraus. Den aktuellen Symptomen muss eine Bedeutung im Lichte der vergangenen Erlebnisse gegeben werden, so Herman.

Der beschriebene Grundkonflikt zwischen Verleugnung (genauer: Dissoziation) des Traumas und dem Bedürfnis, es auszusprechen und mit anderen Menschen zu teilen, ist im Erleben, und oft auch im Verhalten, traumatisierter Menschen ständig präsent. Er bestimmt die Merkmale posttraumatischer Störungen.

Ähnlich argumentieren Elliott, Davis & Slatick (1998). Sie beschreiben ihr Verständnis posttraumatischer Symptome und Probleme vor dem Hintergrund der Prozess- und erfahrungsorientierten Psychotherapie (Greenberg et al., 1993). Sie erklären die drei Symptomgruppen der PTBS folgendermaßen:

1. *Wiedererleben:* Das Wiedererleben traumaassoziierter Aspekte entspringt dem organismischen Bedürfnis, zentrale unabgeschlossene Elemente des traumatischen Geschehens abzuschließen und zu integrieren. Dies ist der wiedererlebende Teil des Selbst; er ist bestrebt, das Trauma abzuschließen und zu integrieren, um die blockierte Entwicklung der Person (wieder) in Gang zu setzen.
2. *Vermeidung:* Die Vermeidung traumaassoziierter Aspekte entspringt dem organismischen Bedürfnis nach Schutz vor solchem Schmerz, der Gefahr signalisiert, sowie dem Bedürfnis, noch vorhandene Ressourcen zu bewahren. Vermeidung kann bewusst geschehen (zum Beispiel durch gezielte Ablenkung oder Vermeidung bestimmter Orte und Aktivitäten) oder automatisch in Form von Dissoziation, emotionaler Betäubung und dem Rückzug aus menschlichen Beziehungen. Dies ist der vermeidende Teil des

Selbst; er ist bestrebt, die Person vor den Prozessen des Wiedererlebens zu schützen, um ihre physische und psychische Integrität zu bewahren. Daher unterbricht der vermeidende Teil des Selbst den wiedererlebenden Teil des Selbst (siehe „Spaltung durch Selbstunterbrechung"). Dieser Konflikt erzeugt eine dauerhafte Anspannung, wenn das Trauma nicht verarbeitet werden kann.

3. *Übererregung:* Die Symptome der Übererregung sind der physische und psychische Ausdruck für die empfundene Vulnerabilität in Bezug auf weitere Bedrohungen. Außerdem spiegelt sich in der Übererregung die Anspannung wider, die durch den ungelösten traumabedingten emotionalen Konflikt hervorgerufen wird.

Die Autoren beschreiben zudem spezifische posttraumatische emotionale Schemata, deren Kenntnis ihres Erachtens einen wichtigen Beitrag zum Verständnis von traumatisierten KlientInnen leisten kann:

- Die Welt ist nicht sicher (gefährlich, unberechenbar).
- Andere Menschen sind böswillig (mächtiger als ich selbst, oder sie werden zu Tätern an mir).
- Andere Menschen sind nicht hilfreich (emotional nicht zugänglich und nicht bereit oder nicht in der Lage, mich zu schützen).
- Das Selbst ist verletzlich (schwach, hilflos, machtlos, fragmentiert oder schuldig/schlecht).

Für die Autoren ergeben sich aus der Kombination des typischen traumabedingten emotionalen Konflikts und der traumaspezifischen emotionalen Schemata spezielle Schwierigkeiten bei der Verarbeitung traumatischer Erfahrungen:

- Die schemagesteuerte emotionale Verarbeitung läuft hochgradig automatisch ab, was die emotionalen Schemata oft schwer zugänglich macht.
- Die (vollständige) Verarbeitung der traumatischen Erfahrungen und ihrer Folgen wird durch emotionale Betäubung oder Dissoziation verhindert.
- Das Trauma bzw. die traumatische Geschichte unterbricht oder zerstört die Selbstexploration und die Fähigkeit zur Generierung von emotionaler Bedeutung sowie einer kontinuierlichen persönlichen Lebensgeschichte.

### *2.2.3 Zentrale Merkmale posttraumatischer Störungen*

Nach Herman (1993) lassen sich über die verschiedenen posttraumatischen Störungsbilder hinweg kurz- und langfristig folgende zentrale Merkmale des (post)traumatischen Erlebens erkennen:

**Angst**

Vernichtungsangst, Hilflosigkeit und die Sinnlosigkeit jeden Handelns prägen das Erleben des Traumas. Wer Vernichtungsangst und absolute Ausweglosigkeit erlebt, muss Schutzstrategien aktivieren, um das psychische bzw. physische Überleben zu sichern. Die erste und wichtigste dieser Schutzstrategien ist die kurz- oder langfristige Zerschlagung innerpsychischer Verbindungen (Dissoziation).

**Nichtzugehörigkeit**

Traumata zerstören das Urvertrauen (falls bereits eines vorhanden war); traumatisierte Menschen fühlen sich häufig als Fremde, sowohl in ihrem eigenen Körper als auch in der Gesellschaft bzw. in ihrer eigenen sozialen Umgebung und in ihren Beziehungen zu anderen Menschen. Selbstbild und Wertesystem werden häufig durch dissoziierte implizite emotionale Schemata bestimmt, die um das Trauma herum entstanden sind (z.B. Opferidentität; die Überzeugung, schlecht und schuldig zu sein usw.). Diese impliziten emotionalen Schemata verstärken das Gefühl des Andersseins und der Nichtzugehörigkeit.

**Das zerstörte Selbst**

Das Trauma zerstört den Glauben, in Beziehungen zu anderen das eigenständige Selbst bewahren zu können. Scham, Zweifel und Schuldgefühle dominieren häufig. Enge Bindungen werden zugleich gefürchtet und verzweifelt gesucht. Die Beziehungen sind oft ambivalent, intensiv und instabil, fallen von einem Extrem ins andere. Wenn sich die Betroffenen in extremer Weise von ihren emotionalen Reaktionen dissoziiert haben, kann es unmöglich geworden sein, tiefe Bindungen zu anderen Menschen einzugehen.

## Verwundbarkeit und Widerstandsfähigkeit

Jeder Mensch kann eine posttraumatische Störung entwickeln. Art und Ausmaß der Symptomatik hängen aber u.a. von der Kindheitsgeschichte, emotionalen Konflikten und Anpassungsstrategien ab. Besonders verwundbare Menschen sind häufig sozial isoliert, machtlos und jung (Kindheit, Jugend). Besonders widerstandsfähige Menschen sind überdurchschnittlich kommunikativ, handeln (auch in bedrohlichen Situation) aktiv und problemorientiert, sie verfügen über eine interne Kontrollüberzeugung und sind sozial eingebunden. Psychische Störungen vor dem Trauma beeinflussen ebenfalls Art und Ausmaß der resultierenden posttraumatischen Störung.

## Gefangenschaft

Chronisches Trauma geschieht nur in physischer bzw. psychischer Gefangenschaft. Dabei sind zwei Stationen zu beobachten: erstens die Aufgabe von Bindungen, Werten und innerer Autonomie. Gefühle, Gedanken, Initiative und Urteilsvermögen werden völlig abgekapselt. Zweitens folgt die Aufgabe des Lebenswillens. Am Ende dieses Prozesses steht die „absolut passive Haltung“. Abhängigkeit in Beziehungen und eine „traumatische Bindung“ an den Täter sind häufig zu beobachten.

## Merkmale im Zusammenhang mit Kindesmissbrauch

*Isolation*
Familien, in denen Kindesmissbrauch vorkommt, sind oft sozial isoliert. Die Macht der Eltern ist willkürlich und absolut, manchmal auch zwanghaft-rituell.

*Spaltung*
Spaltung ist das zentrale Persönlichkeitsmerkmal chronisch missbrauchter Kinder. Bewusstseinsspaltung verhindert die übliche Integration von Wissen, Gedächtnis, Gefühlen und körperlichen Erfahrungen. Die Spaltung der inneren Selbstbilder, die im Extremfall zur Dissoziativen Identitätsstörung (DIS) führt – früher als Multiple Persönlichkeitsstörung (MPS) bezeichnet –, verhindert die Integration der Identität. Die Spaltung der inneren Bilder von anderen Menschen verhindert die Herausbildung von innerer Unabhängigkeit im Rahmen zuverlässiger Bindungen. Drei Schutzstrategien sind häufig:

1. Dissoziation: Das Kind fühlt sich zutiefst böse und gibt sich selbst die Schuld an dem Missbrauch, um sich Sinn, Hoffnung und die Bindung an die Eltern zu bewahren.
2. Das Kind idealisiert den Missbrauch.
3. Chronisch missbrauchte Kinder entwickeln kein Bild einer zuverlässigen Beziehung, daher sind sie auch nicht in der Lage, emotionale Kontrolle zu erlangen.

*Angriffe auf den Körper*

Viele Körperfunktionen sind durch traumatische Erfahrungen und Übererregung gestört. Auch die Regulierung emotionaler Zustände wird durch Traumata gestört, welche immer wieder Terror, Wut und Trauer auslösen. Diese Emotionen verschmelzen schließlich zur *Dysphorie*: Verwirrung, Unruhe, Leere und das Gefühl absoluter Einsamkeit kommen dabei zusammen. Chronische Angst und Depression im Erwachsenenalter sind häufig zu beobachten. Wird Dissoziation oft genutzt, geht sie meist zu weit, und die Betroffenen erleben ein Losgelöstsein von anderen Menschen bis hin zur totalen Vernichtungsangst.

Selbstverletzendes Verhalten wird zur Befreiung von unerträglichem emotionalem Schmerz eingesetzt und meist als erleichternd und selbsterhaltend erlebt. Auch anderes selbstschädigendes Verhalten wie Essstörungen und Sucht, zwanghaftes sexuelles Verhalten u.a.m. wird eingesetzt, um die chronische Dysphorie zeitweise nicht erleben zu müssen.

Dissoziative Abwehr, die Entwicklung einer gespaltenen Identität und eine pathologische Regulierung emotionaler Zustände ermöglichen Anpassung und Überleben chronisch traumatisierter Menschen.

*Wenn das Kind erwachsen ist*

Das Opfer sexueller Gewalt und schwerer Vernachlässigung in der Kindheit ersehnt Flucht und Freiheit. Dies gelingt aber nur selten, da es Schwierigkeiten hat mit Urvertrauen, Autonomie und Initiative. Wahrnehmung, Gedächtnis, Identität, die Fähigkeit, für sich selbst zu sorgen und stabile Beziehungen einzugehen, sind schwer gestört. Intime Beziehungen der Opfer sind oft geprägt von der Sehnsucht nach Geborgenheit und der Angst, verlassen oder ausgenutzt zu werden. Konflikte können intensive Angst, Depression oder Wut auslösen.

*Die eigenen Grenzen*
Das Opfer hat Probleme mit den eigenen Grenzen. Neuinszenierungen der Traumata sind häufig, entweder wieder als Opfer, manchmal aber auch als Täter (häufiger bei Männern).

### Zusammenbruch

Brechen die bisherigen Bewältigungsstrategien zusammen und tritt die Spaltung offen zutage, können alle manifesten psychischen Störungen auftreten; häufig sind hier Dissoziative Störungen azutreffen. Viele Betroffene fürchten in diesem Augenblick, verrückt zu werden oder zu sterben.

## 2.3 Das Kontinuum posttraumatischer Störungen

Inzwischen gehen einige Autoren (z.B. Herman, 1993; Ross, 1997) von der Existenz eines Kontinuums posttraumatischer Störungen aus, das sich anhand der Dimensionen Schwere des Traumas, Chronizität des Traumas, Alter bei Beginn der Traumatisierung sowie Grad der Dissoziation während des Traumas und in der Zeit danach abbilden lässt.

An dem einen Ende des Kontinuums liegt die leichte, akute PTBS, am anderen Ende die komplexe Dissoziative Identitätsstörung (DIS/MPS) mit hoch fragmentierter Persönlichkeitsstruktur, in der Mitte ist die Borderline-Störung anzusiedeln. Insgesamt umfasst dieses angenommene Kontinuum posttraumatischer Störungen in aufsteigender Reihenfolge folgende Störungsbilder:

- akute Posttraumatische Belastungsstörung
- chronische Posttraumatische Belastungsstörung
- komplexe Posttraumatische Belastungsstörung
- Borderline-Störung
- Dissoziative Störung (NNB = nicht näher bezeichnete)
- Dissoziative Identitätsstörung (DIS/MPS)
- komplexe Dissoziative Identitätsstörung (mit polyfragmentierter DIS/MPS)

Im Folgenden sollen die genannten posttraumatischen Störungen in Bezug auf ihr klinisches Erscheinungsbild und weitere wichtige Faktoren kurz dargestellt werden.

## *2.3.1 PTBS: Posttraumatische Belastungsstörung*

### Nosologie

Die Posttraumatische Belastungsstörung wird laut DSM-IV den Angststörungen zugeordnet; dagegen lassen sich die folgenden Einwände erheben:

1. Den Angststörungen liegt kein äußeres Ereignis von einem Ausmaß zugrunde, das bei fast jedem Menschen zur Ausprägung einer psychischen Störung führen würde.
2. Angst während eines Traumas ist eine primäre Emotion, nämlich eine Reaktion des Organismus auf drohende psychische/physische Vernichtung; demgegenüber handelt es sich bei der Angst im Rahmen von Angststörungen in aller Regel um nicht-adaptive sekundäre emotionale Reaktionen.
3. Angst ist ein Epiphänomen vieler psychischer Störungen; auch bei der PTBS überwiegen bei vielen Betroffenen dissoziative Symptome gegenüber Angstreaktionen (vgl. z.B. Ross, 1997).

Aus diesen Gründen sollte die PTBS nicht als Angststörung klassifiziert, sondern in ein Kontinuum posttraumatischer Störungen integriert werden, wie es einige Autoren (z.B. Ross, 1997, s.o.) vorgeschlagen haben.

### Ätiologie der PTBS

Eine akute PTBS mit unterschiedlichem Schweregrad ist meist die Folge einer einmaligen, nicht lange zurückliegenden Traumatisierung im Erwachsenenalter (Unfall, Naturkatastrophe, Gewaltverbrechen/Vergewaltigung, Krieg, Folter). In ca. einem Drittel der Fälle (Maercker, 1997) geht sie in einen chronischen Verlauf über.

Die chronische PTBS kann allerdings auch Bestandteil einer komplexeren posttraumatischen Störung sein, wie z.B. der Borderline-Störung oder einer Dissoziativen Störung wie der Dissoziativen Identitätsstörung.

### Merkmale der PTBS

Nach Maercker (1997) zeichnet sich die PTBS durch folgende Merkmalszusammenhänge aus:

1. Die Person hat ein Trauma erlebt.
2. Sie erlebt Intrusionen (Erinnerungsdruck).
3. Sie vermeidet Auslösereize, die sie an das Trauma erinnern könnten, oder sie erlebt emotionale Betäubung.
4. Sie erlebt anhaltendes physiologisches Hyperarousal.
5. Zeitkriterium für PTBS je nach Klassifikationssystem (Symptomdauer länger als ein Monat).

Herman (1993) beschreibt die drei Hauptsymptomgruppen der PTBS, Übererregung, Intrusion und Konstriktion, sowie deren Beziehungen untereinander auf folgende Weise:

*Übererregung:* Durch das erlebte Trauma ist das menschliche Schutzsystem in ständiger Bereitschaft Gefahren abzuwehren; tagsüber zeigen sich Angst, Unruhe, Schreckhaftigkeit, nachts massive Schlafstörungen. Das vegetative Nervensystem ist tief greifend verändert.

*Intrusionen:* Dies sind Prägungen durch das Trauma. Traumatische Erinnerungen sind nicht linear-verbal gespeichert, sondern in Form intensiver Gefühle und deutlicher Bilder, ähnlich den Erinnerungen von Kleinkindern. Traumatische Alpträume sind immer wiederkehrend, handeln vom realen Trauma und werden klar und erschreckend gegenwärtig erlebt. Reinszenierungen des Traumas zeigen sich, offen oder verdeckt, im Handeln bei Erwachsenen und im zwanghaften, iterativen Spiel bei Kindern. Wiedererleben und Flashbacks sind erfolglose Heilungsversuche des Organismus, der das Trauma emotional und kognitiv überwinden möchte, indem er es integriert.

*Konstriktion:* Der Versuch, Intrusionen zu vermeiden, führt zur Verschlimmerung der PTBS, denn er kann zu einer Einengung des Bewusstseins, zum Rückzug aus sozialen Beziehungen und zu emotionaler Verarmung führen.

*Verwundung* durch das Trauma bedeutet vor allem *Ohnmacht.* Erstarrung wird ausgelöst durch einen veränderten Bewusstseinszustand; die Wahrnehmung kann eingeschränkt oder verzerrt, das Zeitgefühl verloren oder gedehnt sein. Das Erleben ist distanziert (aus dem Körper gehen, keine Schmerzempfindung haben, Spaltung usw.). Ein Trauma aktiviert die Fähigkeit zu Dissoziation und Trance, dem spontanen Lösen von der Realität. Dissoziation und Erstarrung verhindern das Aufkommen starker Emotionen und das Eindringen des Traumas in das Bewusstsein; das Lebensspektrum wird dadurch aber eingeschränkt und Zukunftsperspektiven werden beschnitten, wodurch sich das Trauma verewigt. Auf der körperlichen Ebene zeigt sich dies durch eine dauerhafte Veränderung des Nervensystems, das ständig in Alarmbereitschaft bleibt.

Die Dialektik des Traumas besteht im oszillatorischen Rhythmus zwischen den gegensätzlichen Zuständen Intrusion – Konstriktion; beides verhindert Integration. Traumatisierte Menschen schwanken zwischen den Extremen hin und her und verlieren ihre Stabilität. Zunächst dominieren intrusive Symptome, nach Jahren dominieren konstriktive Symptome. Die Trennung zwischen dem realen Ereignis und seiner Bedeutung für die Person sowie die verzerrte Realitätswahrnehmung bleiben meistens bestehen.

Eine Kohärenz des Störungsbildes ist gegeben, jedoch haben sich „Vermeidung" und „emotionale Betäubung" als unterschiedliche Faktoren erwiesen, weshalb sie getrennt betrachtet werden sollten (Maercker, 1997).

**Die DSM-IV-Kriterien für die PTBS (Saß, Wittchen & Zaudig, 1996)**

**Diagnostische Kriterien für 309.81 (F43.1) Posttraumatische Belastungsstörung**

A. Die Person wurde mit einem traumatischen Ereignis konfrontiert, bei dem die beiden folgenden Kriterien vorhanden waren:
   1. die Person erlebte, beobachtete oder war mit einem oder mehreren Ereignissen konfrontiert, die tatsächlichen oder drohenden Tod oder ernsthafte Verletzung oder eine Gefahr der körperlichen Unversehrtheit der eigenen Person oder anderer Personen beinhalteten.
   2. Die Reaktion der Person umfaßte intensive Furcht, Hilflosigkeit oder Entsetzen.
      **Beachte:** Bei Kindern kann sich dies auch durch aufgelöstes oder agitiertes Verhalten äußern.

B. Das traumatische Ereignis wird beharrlich auf mindestens eine der folgenden Weisen wiedererlebt:
   1. wiederkehrende und eindringliche belastende Erinnerungen an das Ereignis, die Bilder, Gedanken oder Wahrnehmungen umfassen können.
      **Beachte**: Bei kleinen Kindern können Spiele auftreten, in denen wiederholt Themen oder Aspekte des Traumas ausgedrückt werden.
   2. Wiederkehrende, belastende Träume von dem Ereignis.
      **Beachte**: Bei Kindern können stark beängstigende Träume ohne wiedererkennbaren Inhalt auftreten.

3. Handeln oder Fühlen, als ob das traumatische Ereignis wiederkehrt (beinhaltet das Gefühl, das Ereignis wiederzuerleben, Illusionen, Halluzinationen und dissoziative Flashback-Episoden, einschließlich solcher, die beim Aufwachen oder bei Intoxikationen auftreten.)
   **Beachte**: Bei kleinen Kindern kann eine traumaspezifische Neuinszenierung auftreten.
4. Intensive psychische Belastung bei der Konfrontation mit internalen oder externalen Hinweisreizen, die einen Aspekt des traumatischen Ereignisses symbolisieren oder an Aspekte desselben erinnern.
5. Körperliche Reaktionen bei der Konfrontation mit internalen oder externalen Hinweisreizen, die einen Aspekt des traumatischen Ereignisses symbolisieren oder an Aspekte desselben erinnern.

C. Anhaltende Vermeidung von Reizen, die mit dem Trauma verbunden sind, oder eine Abflachung der allgemeinen Reagibilität (vor dem Trauma nicht vorhanden). Mindestens drei der folgenden Symptome liegen vor:
1. bewußtes Vermeiden von Gedanken, Gefühlen oder Gesprächen, die mit dem Trauma inVerbindung stehen,
2. bewußtes Vermeiden von Aktivitäten, Orten oder Menschen, die Erinnerungen an das Trauma wachrufen,
3. Unfähigkeit, einen wichtigen Aspekt des Traumas zu erinnern,
4. deutlich vermindertes Interesse oder verminderte Teilnahme an wichtigen Aktivitäten,
5. Gefühl der Losgelöstheit oder Entfremdung von anderen,
6. eingeschränkte Bandbreite des Affekts (z. B. Unfähigkeit, zärtliche Gefühle zu empfinden),
7. Gefühl einer eingeschränkten Zukunft (z. B. erwartet nicht, Karriere, Ehe, Kinder oder normal langes Leben zu haben).

D. Anhaltende Symptome erhöhten Arousals (vor dem Trauma nicht vorhanden). Mindestens zwei der folgenden Symptome liegen vor:
1. Schwierigkeiten ein- oder durchzuschlafen,
2. Reizbarkeit oder Wutausbrüche,
3. Konzentrationsschwierigkeiten,
4. übermäßige Wachsamkeit (Hypervigilanz),
5. übertriebene Schreckreaktion.

E. Das Störungsbild (Symptome unter Kriterium B, C, und D) dauert länger als 1 Monat.

F. Das Störungsbild verursacht in klinisch bedeutsamer Weise Leiden oder Beeinträchtigungen in sozialen, beruflichen oder anderen wichtigen Funktionsbereichen.

*Bestimme,* ob:
**Akut:** Wenn die Symptome weniger als 3 Monate andauern.
**Chronisch:** Wenn die Symptome mehr als 3 Monate andauern.
*Bestimme,* ob:
**Mit Verzögertem Beginn:** Wenn der Beginn der Symptome mindestens 6 Monate nach dem Belastungsfaktor liegt.

## Epidemiologie

- Lebenszeitprävalenz: 1 %–7,8 % (Maercker, 1997)
- Drei Arten von Traumatisierungen, die am stärksten pathogen wirken: Vergewaltigung, Kriegsteilnahme, Misshandlung und sexueller Missbrauch in der Kindheit
- Komorbidität wurde festgestellt mit allen Angststörungen, Depression, Suizidalität, Medikamenten-, Alkohol- und Drogenmissbrauch oder -sucht, Somatisierungsstörungen, Herz-Kreislauf-Erkrankungen (50–100 %)

## Störungsverlauf

Dem traumatischen Ereignis folgt eine Schockphase, in der Apathie und emotionale Betäubung vorherrschen. Danach kann sich eine PTBS ausbilden, wenn das traumatische Ereignis nicht adäquat verarbeitet werden konnte. Eine Spontanheilung findet sich bei einem Drittel der Betroffenen nach einem Jahr, bei einem weiteren Drittel nach zehn Jahren, in einem Drittel der Fälle kommt es zu einem chronischen Verlauf, falls keine Behandlung stattfindet. Ein verzögerter Beginn der PTBS ist selten.

## Therapieforschung zur PTBS

Als effektiv bei einfacher PTBS haben sich erwiesen: Verhaltenstherapie (konfrontative Verfahren, EMDR), kognitive Verhaltenstherapie, psychodynamisch-kognitive Therapie, Prozess- und erfahrungsorientierte Psychotherapie (Elliott et al., 1998) und Hypnotherapie. Die Befunde sind jedoch uneinheitlich. Die Behandlung im Rahmen der (kognitiven) Verhaltenstherapie hatte zudem kaum oder keine Auswirkungen auf emotionale Betäubung, Entfremdungsgefühle und den eingeschränkten Affekt-Spielraum (u.a. Herman, 1993; Maercker, 1997; Davidson & Parker, 2001).

## 2.3.2 *Komplexe Posttraumatische Belastungsstörung*

### Nosologie

Die Komplexe Posttraumatische Belastungsstörung (siehe z.B. Ross, 1997; Herman, 1993) ist ein heterogenes Störungsbild, das sich nach chronischer Traumatisierung, auch im Erwachsenenalter, entwickeln und weite Bereiche der Persönlichkeit betreffen kann. Diese Diagnose hat allerdings bislang keinen Eingang in das ICD- bzw. DSM-System zur Klassifikation psychischer Störungen gefunden.

### Ätiologie

Die komplexe PTBS ist eine posttraumatische Störung bei Menschen, die, auch im Erwachsenenalter, schwer und anhaltend traumatisiert worden sind, wie dies zum Beispiel bei den Opfern der faschistischen Konzentrationslager der Fall gewesen ist. Diese posttraumatische Störung führt zu Persönlichkeitsveränderungen.

### Merkmale der komplexen Posttraumatischen Belastungsstörung(en)

1. gestörte Affekt- und Impulsregulation (Ärger und Zorn)
2. dissoziative Tendenzen
3. Somatisierungsstörungen und Erkrankungen
4. beeinträchtigtes Identitätsgefühl (beschädigtes Leben)
5. interpersonelle Störungen (Beziehungen, Kontakt)
6. Reviktimisierungsneigung
7. allgemeiner Sinnverlust

Nach Herman (1993), die auch die Somatisierungsstörung und die schweren Dissoziativen Störungen zum Erscheinungsbild der komplexen PTBS zählt, zeichnet sich die komplexe PTBS durch folgende Symptomkombination aus:

- lang anhaltende, schwere Traumata
- Störungen der Affektregulation: anhaltende Dysphorie, chronische Suizidgedanken, Autoaggression, aufbrausende oder extrem unterdrückte Wut (evtl. alternierend), zwanghafte oder extrem gehemmte Sexualität (evtl. alternierend)

- Bewusstseinsveränderungen: Amnesie oder Hypermnesie bezüglich der Traumata, dissoziative Phasen, Depersonalisation/Derealisation, Wiederholungen des traumatischen Geschehens (Intrusionen oder grüblerische Beschäftigung)
- gestörte Selbstwahrnehmung: Ohnmachtsgefühle, Lähmung der Initiative, Scham- und Schuldgefühle/Selbstbezichtigung, Gefühle der Beschmutzung und Stigmatisierung, das Gefühl, sich von anderen Menschen grundlegend zu unterscheiden
- gestörte Wahrnehmung des Täters/der Täter: Nachdenken über die Beziehung zum Täter, unrealistische Einschätzung des Täters als allmächtig, Idealisierung oder paradoxe Dankbarkeit bezüglich des Täters, das Gefühl einer besonderen oder übernatürlichen Beziehung zum Täter, Übernahme des Überzeugungssystems des Täters
- Beziehungsprobleme: Isolation und Rückzug, gestörte Intimbeziehungen, wiederholte Suche nach einem Retter (evtl. alternierend mit Isolation und Rückzug), anhaltendes Misstrauen, wiederholt erfahrene Unfähigkeit zum Selbstschutz
- Veränderung des Wertesystems: Verlust fester Glaubensinhalte, Hoffnungslosigkeit/Verzweiflung

### *2.3.3 Die Borderline-Störung*

#### Nosologie

Laut DSM-IV gilt die Borderline-Störung als Cluster-B-Persönlichkeitsstörung (neben der Antisozialen, Histrionischen und Narzisstischen Persönlichkeitsstörung). Einige AutorInnen (z.B. Herman, 1993; Ross, 1997) zählen die Borderline-Störung nicht zu den Persönlichkeitsstörungen, sondern betrachten sie als chronische, in der Kindheit erworbene posttraumatische Störung.

Ross (1997) schlägt eine Reorganisation des DSM-Systems in dem Sinne vor, dass einige bisher anders klassifizierte Störungen zu einer Kategorie der „Posttraumatischen Störungen“ zusammengefasst werden sollten. Demnach sind Posttraumatische und Dissoziative Störungen bisher im DSM-System zu wenig und nicht korrekt systematisiert. Ein reorganisiertes DSM-System sollte eine Kategorie mit speziellen Trauma-Syndromen enthalten; kodiert werden sollte jeweils, ob sie akut oder chronisch sind, ob ihr Beginn in der Kindheit oder im Erwachsenenalter lag und ob dissoziative Symptome vorliegen oder nicht. Diese Kategorie sollte enthalten: Akutes Stress-Syndrom, Anpassungsstörung, PTBS, Borderline-Störung, Dissoziative Störungen einschließlich der Dissoziativen Identitätsstörung.

Auch Putnam (1997) betont den engen Zusammenhang zwischen traumatischen Erfahrungen und bestimmten psychischen Störungen:

- DIS/MPS: 85–100 % geschätzte Rate an Traumatisierten
- Borderline-Störung: 50–81 % geschätzte Rate an Traumatisierten
- Essstörungen: 30–50 % geschätzte Rate an Traumatisierten
- Somatisierungsstörungen: 30% geschätzte Rate an Traumatisierten

Ross fasst im direkten Vergleich zur Dissoziativen Identitätsstörung, der sein Hauptinteresse gilt, seine Überlegungen zur Borderline-Störung wie folgt zusammen: Die Borderline-Störung ist keine Persönlichkeitsstörung, sondern eine chronische posttraumatische Störung mit Beginn in der Kindheit. Spaltung ist eine Unterkategorie von Dissoziation. Borderline-PatientInnen „switchen" (engl. to switch = wechseln) zwischen verschiedenen Ich-Zuständen, und sie sind auf der affektiven und der Verhaltensebene amnestisch für den jeweils anderen Ich-Zustand, nicht aber auf der kognitiven Ebene. Würden die Amnesie-Barrieren komplett sein, und würden die einzelnen Ich-Zustände ausgearbeitet werden, so hätten wir es mit „Alters" (alternativen Innen-Personen) zu tun. Phänomenologisch sind „Alters" Ausarbeitungen der Borderline-Spaltung.

Anders ausgedrückt: DIS/MPS-PatientInnen dissoziieren alle BASK-Komponenten (Braun, 1984): B = Behavior, A = Affect, S = Sensation, K = Knowledge; Borderline-PatientInnen hingegen alle außer der K-Komponente (dem Wissen um die Ereignisse als solche); jedoch ist bei einigen Borderline-PatientInnen auch diese Funktion zeitweise geschwächt. Daher ist die Kontinuität ihrer Identität schwer beeinträchtigt.

DIS/MPS und Borderline-Störung sind überlappende Trauma-Syndrome (50–70 % der DIS/MPS-KlientInnen haben auch eine Borderline-Störung).

## Ätiologie der Borderline-Störung

In den Kindheitsgeschichten dieser Menschen sind körperlicher und sexueller Missbrauch, Vernachlässigung, feindselige Konflikte sowie früher Verlust oder frühe Trennung von den Eltern häufig zu finden, außerdem ein sog. „invalidierendes Umfeld" (siehe z.B. Linehan, 1993); das heißt, die Bezugspersonen validieren (spiegeln und bestätigen) die Gefühle der Kinder nicht, sondern reagieren unangemessen auf deren emotionale Signale. Dies führt sehr häufig zu einer unsicheren Bindung an die primären Bezugspersonen. Erfahren die Kinder vor dem Hintergrund einer unsicheren oder gestörten Bindung an die Eltern chronische Traumatisierungen und Vernachlässigung, über die sie nicht kommunizieren können, kann eine Borderline-Störung die Folge sein.

### Merkmale der Borderline-Störung

Das Hauptmerkmal der Borderline-Störung ist ein tief greifendes Muster von Instabilität in zwischenmenschlichen Beziehungen, im Selbstbild und in den Affekten sowie von deutlicher Impulsivität. Sie wird im frühen Erwachsenenalter sichtbar und zeigt sich in verschiedenen Situationen.

Personen mit Borderline-Störung neigen dazu, sich genau zu dem Zeitpunkt selbst zu untergraben, wenn ein Ziel (z.B. eine gute Beziehung; ein Schul- oder Ausbildungsabschluss) gerade verwirklicht werden könnte. Einige Betroffene entwickeln in Zeiten starker Belastung psychoseähnliche Symptome (z.B. Halluzinationen, Verzerrungen des Körperbildes, Beziehungsideen, hypnagoge Phänomene). Sie fühlen sich unter Umständen im Kontakt mit Tieren oder leblosen Gegenständen sicherer als in zwischenmenschlichen Beziehungen.

### Die DSM-IV-Kriterien für die Borderline-Persönlichkeitsstörung (Saß et al., 1996)

**Diagnostische Kriterien für 301.83 (F60.31) Borderline-Persönlichkeitsstörung**

Ein tiefgreifendes Muster von Instabilität in zwischenmenschlichen Beziehungen, im Selbstbild und in den Affekten sowie von deutlicher Impulsivität. Der Beginn liegt im frühen Erwachsenenalter und manifestiert sich in den verschiedenen Lebensbereichen.

Mindestens fünf der folgenden Kriterien müssen erfüllt sein:

1. verzweifeltes Bemühen, tatsächliches oder vermutetes Verlassenwerden zu vermeiden.
   **Beachte:** Hier werden keine suizidalen oder selbstverletzenden Handlungen berücksichtigt, die in Kriterium 5 enthalten sind).
2. ein Muster instabiler, aber intensiver zwischenmenschlicher Beziehungen, das durch einen Wechsel zwischen den Extremen der Idealisierung und Entwertung gekennzeichnet ist.

3. Identitätsstörung: ausgeprägte und andauernde Instabilität des Selbstbildes oder der Selbstwahrnehmung.
4. Impulsivität in mindestens zwei potentiell selbstschädigenden Bereichen (Geldausgaben, Sexualität, Substanzmißbrauch, rücksichtsloses Fahren, „Freßanfälle").
   **Beachte:** Hier werden keine suizidalen oder selbstverletzenden Handlungen berücksichtigt, die in Kriterium 5 enthalten sind.
5. Wiederholte suizidale Handlungen, Selbstmordandeutungen oder -drohungen oder Selbstverletzungsverhalten.
6. Affektive Instabilität infolge einer ausgeprägten Reaktivität der Stimmung (z. B. hochgradige episodische Dysphorie, Reizbarkeit oder Angst, wobei diese Verstimmungen gewöhnlich einige Stunden und nur selten mehr als einige Tage andauern).
7. Chronische Gefühle von Leere.
8. Unangemessene, heftige Wut oder Schwierigkeiten, die Wut zu kontrollieren (z. B. häufige Wutausbrüche, andauernde Wut, wiederholte körperliche Auseinandersetzungen).
9. Vorübergehende, durch Belastungen ausgelöste paranoide Vorstellungen oder schwere dissoziative Symptome.

## Epidemiologie

Die Prävalenz in der Allgemeinbevölkerung beträgt ca. 2 %, bei ambulanten Patienten ca. 10% und bei stationären Patienten ca. 20 %. Häufige komorbide Störungen sind affektive Störungen, Störungen im Zusammenhang mit psychotropen Substanzen, Essstörungen (besonders Bulimie), Posttraumatische Belastungsstörung, Dissoziative Störungen sowie Aufmerksamkeits-Defizit-/Hyperaktivitätsstörung.

## Störungsverlauf

Die Borderline-Störung verläuft häufig chronisch, wobei die Instabilität im Erleben und Verhalten im jungen Erwachsenenalter am stärksten ausgeprägt ist.

Wie oben beschrieben wird angenommen, dass es sich bei der Borderline-Störung um eine chronische Posttraumatische Störung in der Mitte des Kontinuums dieser Störungsbilder handelt. Im Folgenden wird es um die schwersten Störungen am Ende dieses vermuteten Kontinuums gehen: um die schweren Dissoziativen Störungen bis hin zur Dissoziativen Identitätsstörung. Bevor diese Störungsgruppe beschrieben werden kann, ist es jedoch wichtig, Erscheinungsformen und Funktionen der Dissoziation, des Hauptmerkmals dieser Störungen, zu verstehen. Daher wird dieser Themenkomplex der Beschäftigung mit den Dissoziativen Störungen vorangestellt.

### *2.3.4 Dissoziation*

Dissoziation ist eine Unterbrechung von integrativen Funktionen des Bewusstseins, des Gedächtnisses, der Identität oder der Wahrnehmung der Umgebung.

Wie bereits erwähnt ist die Dissoziation der wichtigste peri- und posttraumatische Schutzmechanismus, den der Organismus aktiviert, um das Trauma und seine Folgen so unbeschadet wie nur irgend möglich zu überstehen. Im Moment des Traumas adaptiv, kann chronische Dissoziation jedoch später für die betroffene Person zum Problem werden.

**Ein Kontinuum der Dissoziation, geordnet nach Schweregrad**

- Dissoziation im Alltag, z.B. Absorption, Trancezustände (im Allgemeinen nicht pathologisch).
- Amnesie (Erinnerungsverlust, meist als Folge traumatischer Ereignisse).
- Derealisation: betrifft die Wahrnehmung der Außenwelt (die raum-zeitlich als unwirklich oder verzerrt wahrgenommen wird).
- Depersonalisation: betrifft die Wahrnehmung innerer Zustände und des Körpers (die raum-zeitlich als tot, unwirklich oder verzerrt und losgelöst wahrgenommen werden; hierher gehören auch Erfahrungen der eigenen Nicht-Existenz oder das Verlassen des Körpers während eines Traumas).
- Fugue: dissoziativer Ortswechsel (teilweise verbunden mit Amnesien für persönlich wichtige Informationen).
- Identitätsstörungen:
  a) Ego-State-Disorders (es gibt zwar eine einheitliche Identität, aber Ich-Zustände, die deutlich voneinander getrennt sind; Amnesie im Tagesbewusstsein und Switches fehlen)
  b) Dissoziative Identitätsstörung, Typ B (es gibt gegenwärtig eine einheitliche Persönlichkeit, die im Alltag funktioniert, sie ist entstanden und hat sich entwickelt, nachdem die Traumatisierung aufgehört hatte – diese Identität ist oft ängstlich, zwanghaft und passiv und kann sich an die Zeit vor dem Trauma und an lange Perioden der

Kindheit nicht erinnern; daneben gibt es mehrere Teilidentitäten, die oft viel Persönlichkeitssubstanz enthalten. Die Identität(en), die sich an das Trauma erinnert/n, sind verborgen, und es handelt sich meist um einen schmalen Persönlichkeitsbereich, in dem die Erinnerungen angesiedelt sind. Diese Personen waren unmittelbar nach dem Trauma multipel, gegenwärtig fehlen Amnesien im Tagesbewusstsein, und zumindest zu Beginn der Therapie fehlen meist auch offensichtliche Switches. Im Verlauf der Therapie können die anderen Identitäten gefunden und belebt werden, und dann kann es vorübergehend auch zu Switches kommen. Bei dieser Störung müssen die anderen Identitäten durch die funktionstüchtige einheitliche Persönlichkeit integriert werden, alles geht durch sie hindurch. Diese spezielle Form der DIS/MPS ist im DSM-IV nicht explizit kategorisiert.

c) Dissoziative Identitätsstörung: Es gibt keine einheitliche Persönlichkeit mehr, die Identitätslockerung ist weiter vorangeschritten, im Extrem bis zum völligen Persönlichkeitszerfall; oft gibt es eine sog. „Gastgeberin“, den „host“, der nach außen hin funktioniert, aber nicht immer die Kontrolle über den Körper hat. In der Regel existieren sechs bis zwölf Kernpersönlichkeiten, um die sich die anderen Identitäten gruppieren. Die unterschiedlichen Identitäten übernehmen abwechselnd die Kontrolle über Bewusstsein und Körper, so dass es zu Amnesien im Tagesbewusstsein und offensichtlichen Switches kommt, die zu mehreren Zeitpunkten beobachtbar sind. Hier wäre die Integration über eine Persönlichkeit eine Überforderung. Die Arbeit läuft über Gruppen von Identitäten, z.B. „inneren Teams“. 5 % der Betroffenen wissen, dass sie multipel sind; 25 % ahnen es; 70 % haben keine Ahnung; 80 % der Betroffenen hören Stimmen, auch andere Halluzinationen kommen vor; 50 % der Betroffenen haben Namen für ihre verschiedenen Identitäten (Huber, 2000).

Bevor die posttraumatischen Dissoziativen Störungen beschrieben werden, ist es wichtig, Phänomenologie und Funktion der Dissoziation näher zu betrachten. Alle Formen pathologischer Dissoziation sind mit großer Wahrscheinlichkeit auf ein psychisches oder körperliches Trauma zurückzuführen (siehe u.a. Putnam, 1997). Amnesie (vollständig oder partiell), Fugue, Derealisation und Depersonalisation können sowohl als selbständige Störungsbilder nach traumatischen Erfahrungen auftreten als auch Bestandteil anderer (posttraumatischer) psychischer Störungen sein.

Dissoziation ist eine allgemeine menschliche Fähigkeit. Sie existiert auf einem Kontinuum von normaler zu pathologischer Dissoziation (Putnam, 1997). Putnam beschreibt ihre positiven Funktionen und weist auf ihren besonderen Stellenwert bei der Persönlichkeitsentwicklung traumatisierter Kinder hin:

**Die Abwehr-/Schutzfunktionen von Dissoziation**

*Automatisierung von Verhalten:* kann lebensrettend sein, vor allem in akut lebensbedrohlichen Situationen

(Beispiel: ein schwer verletztes Unfallopfer verlässt, ohne diese Handlung bewusst geplant zu haben und ohne die Verletzungen wahrzunehmen, sein Fahrzeug, bevor dieses in Flammen aufgeht und explodiert.)

*Trennung von Informationen und Affekt:* Kognitives Wissen und Erfahrung werden nicht integriert, damit überwältigende Gefühle und Erinnerungen isoliert bleiben; dies ist der Grund dafür, dass traumatische Erfahrungen oft jahrzehntelang nicht verarbeitet werden, trotz häufigen Wiedererlebens.

*Änderungen der Identität und Entfremdung vom Selbst:* Dieser Mechanismus soll vor erlebter physischer bzw. psychischer Vernichtung schützen; er findet sich bei KlientInnen mit DIS/MPS, Depersonalisationsstörung und Borderline-Störung.

PTBS und Dissoziation sind nicht dasselbe, sondern überlappen einander. 50 % der KlientInnen mit PTBS haben sehr hohe DES-Werte, d.h. dissoziative Symptome, die mit der „Dissociative Experiences Scale (DES)" (Bernstein & Putnam, 1986) gemessen wurden, während 50 % dieser Population normale DES-Werte aufweisen. Borderline-KlientInnen, die sehr dissoziativ sind (hohe DES-Werte), zeigen mehr suizidales und selbstdestruktives Verhalten als Borderline-KlientInnen mit niedrigen DES-Werten.

Dissoziation kann für die traumatisierte Person direkte und indirekte (anders ausgedrückt: primäre, sekundäre und tertiäre) Folgen haben, wie Putnam (1997) in seiner Taxonomie dissoziativer Symptome anmerkt:

1. *primäre dissoziative Symptome:* a) Amnesien, Zeitverlust und Fugue; b) Prozess-Symptome: Depersonalisation/Derealisation, passive Beeinflussung, dissoziative auditive Halluzinationen, Trancezustände, „Alters", Switching, dissoziative Denkstörungen (assoziiert mit typischen PTBS-Symptomen)
2. *sekundäre dissoziative Symptome:* Depression, Angst, Somatisierung, negatives Selbstwertgefühl
3. *tertiäre dissoziative Symptome:* Substanzmissbrauch, Suizidversuche und selbstverletzendes Verhalten, sexuelles Ausagieren

In welcher Beziehung stehen Dissoziation und Trauma, und wie wirkt sich beides auf das menschliche Gedächtnis aus? Um diese Fragen soll es im Folgenden gehen.

## Trauma, Dissoziation und Gedächtnis

Das menschliche Gedächtnis kann (z.B. nach Putnam, 1997) grob in ein „explizites", auf bewussten Inhalten beruhendes, und ein „implizites" Gedächtnis unterteilt werden. Traumatische Erinnerungen sind oft nicht im „expliziten" Gedächtnis repräsentiert. Wiederholte oder schwere Traumata schwächen das Gedächtnis und die kognitiven Fähigkeiten.

Die traumatischen Erinnerungen weisen folgende Besonderheiten auf:

1. im Falle (teilweise) vorhandener Erinnerungen: große Lebhaftigkeit der Erinnerungen, oft in Form einer körperlich spürbaren Qualität oder vage und als traumähnlich bzw. fremd erlebte Erinnerungsfragmente
2. teilweise oder vollständige Amnesien (10–42 % Amnesien bei sexuellem Kindesmissbrauch)
3. neurologische Besonderheiten: Enkodierung in Anwesenheit trauma-/stressassoziierter Transmitter und Hormone

Kinder erinnern die zentralen Elemente des Traumas; für die peripheren Elemente ist ihre Erinnerung oft eher schwach. Menschen mit DIS/MPS trennen aufgenommene Informationen nicht vollständig zwischen ihren verschiedenen Identitäten (synonym: Innenpersonen, „Alters" oder Persönlichkeitsanteile), aber die Trennung nimmt zu bei emotional geladenen und widersprüchlichen Informationen.

Personen mit DIS/MPS, aber auch viele andere in der Kindheit sexuell missbrauchte Opfer weisen Lücken in der Chronologie ihrer Autobiographien auf. Wenn sie das Trauma erinnern, dann fühlen sich diese Erinnerungen oft depersonalisiert an, fremd, als sei es einer anderen Person geschehen. Neues Material wird hingegen oft sehr lebhaft erinnert. Chronische Depersonalisierung und Selbstentfremdung sind wahrscheinlich verantwortlich dafür, dass schwer Traumatisierte zunächst häufig nicht unterscheiden können, ob ihre Erinnerungen den Tatsachen entsprechen oder geträumt bzw. phantasiert sind.

Die Dissoziation traumatischer Erinnerungen spiegelt sich selbstverständlich auch auf der physiologischen Ebene wider. Die Frage lautet auf dieser Ebene: Wie werden traumatische Erinnerungen im menschlichen Gehirn gespeichert, und welche Auswirkungen hat die spezielle Art ihrer Speicherung auf das posttraumatische Erleben und Verhalten?

## Die Psychobiologie traumatischer Erinnerungen

Auf der physiologischen Ebene gibt es zwei grob unterscheidbare Gedächtnissysteme, die neuronale Verbindungen untereinander aufweisen: den Hippocampus, unser biographisches Alltagsgedächtnis, und die Amygdala, der eine Schlüsselrolle bei der Wahrnehmung und Verarbeitung von emotionaler Erfahrung zugeschrieben wird. Laut Iversen, Kupfermann & Kandell (2000) erfüllt die Amygdala eine doppelte Funktion: Sie vermittelt sowohl die Speicherung und das Erleben unbewusster emotionaler Zustände, also den autonom gesteuerten Ausdruck von Emotionen, als auch deren „Übersetzung" in bewusstes emotionales Erleben, das die kognitive Komponente der emotionalen Erfahrung einschließt.

### Unterschiede zwischen Hippocampus und Amygdala

| | |
|---|---|
| Der *Hippocampus* entwickelt sich langsam, ist mit ca. drei Jahren myelinisiert und erst mit ca. fünf Jahren voll funktionsfähig, schaltet sich während eines Traumas aus, speichert Material biographisch auf einem Raum-Zeit-Kontinuum – verbal, logisch und narrativ. | Die *Amygdala* ist bei der Geburt voll funktionsfähig, funktioniert bis zum Exitus und schaltet sich niemals ab, speichert Material fragmentarisch ohne raum-zeitliche Einordnung: nonverbal in Form von Sinneseindrücken, Empfindungen und starken Gefühlen. |

Die Tatsache, dass wir nicht einen Körper haben, sondern ein Körper *sind*, spiegelt sich daher auch in der Psychobiologie traumatischer Erinnerungen wider, wie sie u.a. von Van der Kolk et al. (1997; 1998) beschrieben wird. Danach weisen traumatische Erfahrungen und ihre Behandlung u.a. folgende physiologische Korrelate auf:

- rechtsseitige Aktivierung der Amygdala und verwandter Strukturen
- Abnahme der linken inferioren Präfrontalaktivität zur Zeit der Aktivierung
- verringerte Größe des Hippocampus bei chronischer PTBS
- verringerte P300-Aktivierung in Reaktion auf nicht-traumatische Stimuli
- unterschiedliche Aktivierung des Cingulum als Antwort auf potentiell bedrohliche Stimuli
- gesteigerte Cingulum- und L-Präfrontalaktivierung nach effektiver Behandlung, nach Behandlung keine Abnahme der Amygdala-Aktivierung, wenn über das Trauma gesprochen wird
- Veränderungen der Hypothalamus-Hypophysen-Nebennierenrinden-Achse: Während und kurz nach dem Trauma ist der Kortisolspiegel aufgrund der Stresserfahrung erhöht; bei chronifizierten traumatischen Störungen ist er jedoch erniedrigt

Traumatische Erinnerungen werden zunächst als sensorische Empfindungen oder als affektive Zustände gespeichert, nicht aber als persönliche autobiographische Geschichten. Die Unfähigkeit, diese Informationen symbolisch zu verarbeiten, scheint zentral für die Ausbildung posttraumatischer Störungen zu sein.

Menschen sind offenbar unfähig, sinnlose Erfahrungen zu akzeptieren; daher versuchen sie, ihre Gefühle zu verstehen, die Fragmentierung zu überwinden und das Bild zu vervollständigen, so van der Kolk. Bei der Behandlung posttraumatischer Störungen kommt es daher darauf an, eine Sprache zu finden, in der die KlientInnen ihre Erfahrungen verstehen und anderen Menschen mitteilen können. Hierbei kann es wichtig sein, eine relative Abnahme der linken hemisphärischen Prozesse (Broca-Zentrum) zu kompensieren.

Empirische Evidenz für diesen Zusammenhang zeigen Shin et al. (1999) in einer Studie mit einem bildgebenden Verfahren (Positronenemissionstomographie, PET). Sie fanden, dass das Sprachzentrum von erwachsenen Opfern sexuellen Kindesmissbrauchs, die unter PTBS-Symptomen litten, beim imaginativen Nacherleben der traumatischen Erfahrungen stärker deaktiviert war als bei einer Vergleichsgruppe von erwachsenen Opfern sexuellen Kindesmissbrauchs, die keine PTBS-Symptome aufwiesen.

## Was passiert im Gehirn während der Speicherung traumatischer Erinnerungen?

Der Hippocampus schaltet sich vermutlich aus oder reduziert seine Aktivität, während die Informationen fragmentarisch und ohne raum-zeitliche Struktur (wahrscheinlich in der Amygdala) gespeichert werden. Auch während eines Flashbacks schaltet sich der Hippocampus wahrscheinlich aus. Es wird angenommen, dass sich der Hippocampus während eines traumatischen Ereignisses abschaltet, während er im Falle eines belastenden Lebensereignisses aktiviert bleibt.

Der Hippocampus ist integrativ verbunden mit beiden Hemisphären, dem Thalamus und den Sprachzentren. Die Amygdala scheint solche Verbindungen zu blockieren, wenn während eines Traumas Adrenalin, Noradrenalin und Cortisol ausgeschüttet werden und sich der Hippocampus zum Schutz vor Überflutung abschalten muss. Das führt dazu, dass das traumatische Material in der Amygdala in seinem ursprünglichen Zustand gespeichert bleibt und nicht in den Hippocampus gelangt, wo es als biographisches Ereignis gespeichert werden könnte. Dadurch wird die Integration des Traumas in den restlichen Organismus verhindert, anders ausgedrückt: die Erinnerung wird dissoziiert. (Partielle) Amnesie und andere posttraumatische und dissoziative Symptome können die Folge sein. In der Psychotherapie kann das Trauma in den Organismus integriert werden, indem das in der Amygdala gespeicherte Material allmählich in den Hippocampus überführt wird.

Traumatische Erfahrungen werden also vor allem in Form von Einzelbildern, somatisch und als intensive affektive Zustände gespeichert. Sie werden nicht integriert und bleiben daher unverändert, weil sie nicht symbolisch repräsentiert sind und sich aus diesem Grunde nicht ins semantische (explizite) Gedächtnis einfügen können.

Die Folgerung für die Praxis lautet daher: Das Trauma muss eine „*Sprache*“ und eine *Bedeutung* bekommen, muss also symbolisch repräsentiert werden, damit es integriert und ins semantische Gedächtnis eingefügt werden kann. Aus somatosensorischen Erinnerungen kann durch den Vorgang der Symbolisierung eine semantische, autobiographische Erinnerung im Kontext der Lebensgeschichte werden; erst wenn dies gelungen ist, verliert sich der Zwang, die Traumata zu wiederholen.

Posttraumatische Störungen, darunter vor allem die posttraumatische Dissoziation, sind also keineswegs „nur“ „psychische Störungen“, sondern es handelt sich für die betroffene Person um ein zutiefst körperliches Problem.

Dieses körperliche wie psychische Problem kann im Extremfall zur völligen Dissoziation von den eigenen emotionalen Reaktionen oder zur Aufspaltung der Identität führen. Obwohl sich diese Formen der Dissoziation als Schutzmechanismen in Notsituationen entwickelt haben (und es oft über viele Jahre hinweg bleiben mussten) erscheint es gerechtfertigt, in diesen Fällen von „pathologischer Dissoziation" zu sprechen, denn sie führt im Leben der betroffenen Menschen zu erheblichen Problemen. Die meisten leiden unter dem Verlust ihrer Fähigkeit, (einheitlich) erleben und handeln zu können, auch wenn ihre Fähigkeit zu dissoziieren für viele aktuelle Situationen weiterhin einen wirksamen Schutzfaktor darstellt.

Wie lässt sich pathologische Dissoziation beschreiben, wie entsteht sie, und wie entwickelt sie sich? Putnam (1997) hat sich dieser Frage gewidmet.

## Pathologische Dissoziation und ihre Entwicklungsbasis (nach Putnam, 1997)

„Alters" (Innenpersonen) in Multiplen sind diskrete, unterschiedliche Bewusstseinszustände mit einem spezifischen, assoziierten Verhaltensrepertoire. „Alters" unterscheiden sich durch physiologisch messbare Parameter, z.B. unterschiedliche EEGs und unterschiedliche Sehkraft der Teilidentitäten. „Switches" bilden die Übergänge zwischen den unterschiedlichen Identitäten. Die psychophysiologischen Unterschiede der Teilidentitäten repräsentieren diese unterschiedlichen Bewusstseinszustände.

Die meisten Bewusstseinszustände sind nicht dissoziativ und die meisten dissoziativen Bewusstseinszustände sind nicht pathologisch. Pathologische dissoziative Bewusstseinszustände zeichnen sich dadurch aus, dass sie sich durch psychobiologische Besonderheiten extrem von anderen dissoziativen Bewusstseinszuständen unterscheiden, die stärker normalen Bewusstseinszuständen ähneln, nur von kurzer Dauer und leicht zu unterbrechen sind.

Schon das Verhalten des Neugeborenen ist in diskreten Bewusstseinszuständen organisiert (Tiefschlaf, REM-Schlaf, ruhige Aufmerksamkeit, beginnende Aktivität/beginnendes Schreien und schließlich das Schreien selbst). Die Übergänge zwischen den einzelnen Bewusstseinszuständen sind kürzer als die Bewusstseinszustände selbst. Mit der Zeit entwickelt das Kind immer neue Bewusstseinszustände, schafft neue Verbindungen zwischen ihnen und elaboriert die bereits existierenden Bewusstseinszustände durch die Aufnahme und Verarbeitung neuer Erfahrungen. Allmählich lernt das Kind auch, seine unterschiedlichen Bewusstseinszustände selbst zu modulieren, nachdem dies in der allerersten Zeit mit Hilfe der Eltern geschehen ist; die Synchronizität der Bewusstseinszustände zwischen Eltern und Kind im Sinne von Empathie ist hierbei die entscheidende Variable. Die Angleichung und Integration der unterschiedlichen Bewusstseinszustände ist eine weitere zentrale Entwicklungsaufgabe der frühen Kindheit (der Transfer von Informationen und Verhalten über die unterschiedlichen Bewusstseinszustände entwickelt sich zwischen dem 1. und 5. Lebensjahr; der Transfer von Informationen für ein kohärentes und über verschiedene Kontexte gleich bleibendes Selbst entfaltet sich zwischen dem 2. und 4. Lebensjahr). Die unterschiedlichen Bewusstseinszustände werden also normalerweise in zunehmendem Maße einander angeglichen und in ein einheitliches Selbst integriert. Sie beeinflussen einander nicht linear, sondern zirkulär. Eltern und Kinder beeinflussen ihre jeweiligen Bewusstseinszustände von Anfang an gegenseitig, dies gilt vor allem für die affektiven Bewusstseinszustände.

Misshandlung/Traumata beeinflussen die kindliche Entwicklung auf folgende Weise:

1. *Häufige Wiederholung von traumatischen Bewusstseinszuständen (verbunden mit Notfallreaktionen, Angst und Schmerz):* sensibilisiert das Kind neurologisch und psychologisch für solche Zustände; deren Verbindungen untereinander werden gestärkt, während die Verbindungen zwischen normalen, nicht pathologischen Bewusstseinszuständen abgeschwächt oder unterbrochen werden können.
2. *Störungen des Aufbaus der Fähigkeit zur Selbstregulation unterschiedlicher Bewusstseinszustände:* Vor allem die Fähigkeit zur Affektregulation und der damit zusammenhängenden Bindungsfähigkeit (80 % Typ-D-Bindung, also desorganisiertes/desorientiertes Bindungsverhalten bei Traumatisierten; Main, 1995) wird nur sehr unzureichend entwickelt.
3. *Schlecht angepasste Stile der Selbstmodulation:* Dies drückt sich zum Beispiel durch ausgeprägtes Vermeidungsverhalten auf vielen Ebenen und durch Substanzmissbrauch aus.
4. *Störungen der metakognitiven integrativen Funktionen:* Selbstentfremdung und fehlende Integration des Selbst sind die Folgen.

## Das Modell der diskreten Bewusstseinszustände und dissoziativer Symptome

Normale und pathologische dissoziative Bewusstseinszustände sind im „Bewusstseinsraum" sehr weit voneinander entfernt – dissoziiert –, weil sie sich in ganz bestimmten Variablen sowie in Bezug auf die Verfügbarkeit bestimmter Informationen stark voneinander unterscheiden. Traumatische Bewusstseinszustände zeichnen sich u.a. durch eine bestimmte Herz- und Atemfrequenz, Transmitter- und Hormonausschüttung, Flucht- und Kampftendenzen und extreme Affekte aus.

1. *Dissoziative Amnesie:* extreme Zustandsabhängigkeit beim Zugriff auf Informationen, weil dieser Zustand weit entfernt und isoliert ist von den anderen, normalen Bewusstseinszuständen
2. *Depersonalisation:* Störung/Unterbrechung der metakognitiven integrativen Funktionen
3. *DIS/MPS:* Die Teilidentitäten sind unterschiedliche dissoziative Bewusstseinszustände, induziert durch akute, schwere Traumata, die mit der Zeit elaboriert, ausdifferenziert und zu getrennten Entitäten mit einer eigenen Lebensgeschichte weiterentwickelt werden. Es wird anfangs kein intaktes Selbst zerstört, sondern die metakognitiven integrativen Funktionen versagen, und die unterschiedlichen dissoziativen Bewusstseinszustände entwickeln sich parallel, getrennt voneinander, zu unterschiedlichen Identitäten. Die Angleichung und Integration aller Bewusstseinszustände in ein stabiles und kohärentes Selbst findet nicht statt, sondern es entstehen parallele Selbst-Systeme.

### Die Entwicklungsbasis der Dissoziation und Dissoziativer Störungen

Je schwerer das Trauma war, desto schwerer ist in der Regel die Ausprägung der pathologischen Dissoziation. Je unterschiedlicher die Formen der Traumatisierung waren, desto differenzierter wird die pathologische Dissoziation in Erscheinung treten (z.B. in Form komplexerer Systeme von Teilidentitäten). Pathologische Dissoziation bei Kindern wird befördert durch:

1. Nicht verarbeitete Traumata und Dissoziative Störungen der Eltern, die unfeinfühlig, inkonsistent, ängstigend und unberechenbar auf das Kind reagieren, und dies führt häufig zu

2. Typ-D-Bindungsverhalten bei den Kindern (desorganisiert/desorientiert): „D"-Verhalten ist nach Main (1995) der Zusammenbruch von Aufmerksamkeits- und Verhaltensstrategien bei Kindern, die durch ihre (verängstigenden oder verängstigten) Bindungspersonen selbst verunsichert werden und deshalb in belastenden Situationen trotz Anwesenheit der Bezugspersonen keine Handlungen oder Verhaltensstrategien zur Verfügung haben. Unfähig, Angst oder Kummer zu unterdrücken (wie vermeidend gebundene „A"-Kinder) oder bei Angst und Kummer die Nähe der Eltern zu suchen (wie sicher gebundene „B"- und unsicher-ambivalent gebundene „C"-Kinder) haben diese Kinder keine Lösung, keinen Ausweg aus ihrer Verzweiflung, und sie scheinen in ihrem Kummer und in ihrer Angst ganz allein zu sein. Wenn sie gestresst sind, zeigen diese Kinder, so die Autorin, den „look of fear with nowhere to go". Da das „D"-Verhalten eine Unterbrechung des organisierten Verhaltens darzustellen scheint und nicht eine neue Form der Verhaltensorganisation ist, wird der „D"-Kategorie gleichzeitig die ihr zugrunde liegende traditionelle Bindungsklassifikation (also A, C oder B) zugeordnet.
3. Extreme Ausbildung von Phantasiewelten und -gefährten bei Kindern, die sonst nirgendwo Unterstützung und Geborgenheit finden; diese imaginativen Gefährten sind nicht spielerisch und freundlich, sondern oft gebieterisch und feindselig. Kinder, die in solche inneren Welten eintauchen, können im Extremfall psychotisch oder autistisch wirken.

Greenberg et al. (1993) beschreiben die Entwicklung Dissoziativer Störungen innerhalb ihres prozess- und erfahrungsorientierten therapeutischen Ansatzes folgendermaßen: Dissoziative Störungen entstehen durch Spaltung und Separation dominanter emotionaler Schemata. Jede wiederholte, intensive emotionale Erfahrung (Liebe ebenso wie ein Trauma) führt zur Ausbildung eines emotionalen Schemas. Verhält sich eine Bezugsperson zu bestimmten Zeiten liebevoll, missbraucht das Kind jedoch zu anderen Zeiten, so bildet das Kind unabhängige, voneinander getrennte implizite emotionale Schemata bezüglich des Selbst-in-Beziehung zu dieser Bezugsperson. Geschieht dies mit mehreren dominanten Emotionen, so bildet das Kind dissoziative Strukturen (Schemata) in seiner Persönlichkeit aus, die später unabhängig voneinander durch schemaassoziierte Auslöser aktiviert werden können. Oder die betroffenen traumatisierten Personen dissoziieren ihre emotionalen Reaktionen vollständig und verlieren den Zugang zu ihren Gefühlen. Die Spaltung der Persönlichkeit betrifft jene Schemata, die sich um den Missbrauch herum gebildet haben: Gut und Böse, Opfer und Täter, Verführer und Verführte usw.

In der Annahme, dass das Kontinuum Posttraumatischer Störungen von der PTBS über die Borderline-Störung bis zu den schweren Dissoziativen Störungen reicht, werden nun die schwersten Posttraumatischen Störungen am anderen Ende des Kontinuums beschrieben.

## *2.3.5 Nicht Näher Bezeichnete Dissoziative Störung*

Diese Kategorie ist für Störungen gedacht, bei denen das vorherrschende Merkmal ein dissoziatives Symptom ist, das jedoch nicht die Kriterien für eine spezifische Dissoziative Störung erfüllt. Beispiele sind laut DSM-IV u.a.

- Fälle, die einer Dissoziativen Identitätsstörung ähneln, die jedoch nicht sämtliche Kriterien für diese Störung erfüllen. Beispiele sind a) es existieren nicht zwei oder mehr abgrenzbare Persönlichkeitszustände oder b) Amnesie für wichtige persönliche Informationen tritt nicht auf
- Derealisation bei Erwachsenen, die nicht von Depersonalisation begleitet wird
- Zustände von Dissoziation bei Personen, die einem langen und intensiven Prozess von Zwangsmaßnahmen zur Veränderung von Einstellungen ausgesetzt waren (z.B. „Gehirnwäsche", Gedankenbeeinflussung oder Indoktrination in Gefangenschaft)
- Dissoziative Trance-Störung (kodiert nach ICD-10 unter F44.3)
- Bewusstseinsverlust, Stupor oder Koma, die nicht auf eine körperliche Erkrankung zurückgeführt werden können
- Ganser-Syndrom (kodiert nach ICD-10 unter F44.80)

## *2.3.6 Dissoziative Identitätsstörung (vormals Multiple Persönlichkeitsstörung)*

### **Nosologie**

Die Dissoziative Identitätsstörung (DIS/MPS) ist die am stärksten ausgeprägte posttraumatische Dissoziative Störung. Im DSM-IV wird sie als Dissoziative Störung klassifiziert.

### Ätiologie der Dissoziativen Identitätsstörung

Eine Person, die eine DIS/MPS entwickelt, erfüllt häufig die folgenden Kriterien: Sie ist weiblich, kann gut dissoziieren (Spaltung des Erlebens vom Tagesbewusstsein – Spaltung der Trauma-Inhalte voneinander – schließlich Spaltung der Identität, im Extremfall bis hin zu vielen „Persönlichkeitssplittern“ und zum Identitätszerfall; Dissoziation als Gegenteil von Assoziation) und hat schwere und frühe Kindheitstraumata erlebt, in der sie die Erfahrung gemacht hat, dass niemand da ist, der ihr hilft.

Die Männer sind oft „normale“ Familienväter, die Mütter, oft hochgradig ambivalent, schweigen oder sind Mittäterinnen. Die Opfer zeigen später oft Hassattacken gegen bestimmte, oft „schwache“ Persönlichkeitsanteile, weil sie sich mit der Macht der Täter identifiziert haben, häufig fühlen sie sich als Erwachsene „böse“ und depressiv. In satanischen und faschistischen Kulten werden rituelle Misshandlungen begangen, wobei die Rituale die Funktion haben, eine andere Moral anstelle des Gewissens zu etablieren. Meistens sind die Betroffenen (innerhalb und außerhalb der Familie) früh, wiederholt und schwer von mehreren Tätern sexuell, körperlich und emotional misshandelt worden, häufig auf systematische Art und Weise. Wie Michaela Huber (1995) schreibt, sind Menschen mit einer Dissoziativen Identitätsstörung Überlebende extremer Gewalt.

Auch bei schweren Dissoziativen Störungen bestimmt die jeweilige Kombination von Schutz- und Risikofaktoren die Art und Schwere der Störung. Putnam (1997) nennt folgende Faktoren, die einen Einfluss auf die Entwicklung der Opfer haben:

1. *Alter und Entwicklungsstufe:* Je jünger das Kind zur Zeit des Traumas war, desto stärker wird seine Entwicklung beeinträchtigt. Das Trauma stoppt oder beeinträchtigt jeweils die altersentsprechenden Entwicklungsaufgaben, mit der Zeit kommt es zu kumulativen Defiziten in der Entwicklung des Kindes, die einander zirkulär beeinflussen. Die Auswirkungen reichen fast immer ins Erwachsenenalter hinein.
2. *Geschlecht:* Das Verhältnis dissoziativ gestörter Mädchen zu Jungen wird auf 2–4:1 geschätzt. Die Auswirkungen traumatischer Erfahrungen auf beide Geschlechter sind ähnlich. Jungen bzw. Männer zeigen folgende spezielle Probleme im Erwachsenenalter: Unsicherheiten bezüglich ihrer Männlichkeit, sexuell aggressives Verhalten.

3. *Art und Schwere des Traumas:* Je früher, lang anhaltender und schwerer das Trauma war, desto schwerer werden die Auswirkungen sein. Besonders schlimm ist es, wenn die Täter aus dem Familienumfeld (Eltern) stammen. Die jeweilige Familienumwelt ist ein weiterer wichtiger modulierender Einflussfaktor. Die Kombination dieser und weiterer Faktoren bestimmt die Art der Auswirkungen des Traumas für das jeweilige Opfer.

Einige Autoren (u.a. Putnam, 1989) sind der Frage nachgegangen, wie die Entstehung schwerer Dissoziativer Störungen, vor allem der Dissoziativen Identitätsstörung, entwicklungspsychologisch zu verstehen ist.

Putnams entwicklungspsychologisches Modell zur Entstehung der DIS/MPS (Putnam, 1989) erklärt Ätiologie und Ausbildung der Störung, die das betroffene Kind ursprünglich entwickelt hat, um sein biologisches und psychologisches Überleben sicherzustellen, folgendermaßen:

Bestimmte normative Faktoren der frühen Kindheit begünstigen die Entwicklung einer Dissoziativen Identitätsstörung unter gegebenen Umständen:

a) die anfängliche Organisation des Bewusstseins in diskreten Bewusstseinszuständen,
b) die größere Fähigkeit kleiner Kinder zur Dissoziation
c) ihre größere Fähigkeit zur Phantasie und Imagination (Kinder unter 18 Monaten sind jedoch noch nicht fähig zu phantasieren, siehe Dornes, 1993; 1997)

Wenn ein kleines Kind ein schweres Trauma erfährt, so unterbricht dieses Trauma wichtige Entwicklungsaufgaben: die Integration der verschiedenen diskreten Bewusstseinszustände in ein konsolidiertes, kohärentes Selbst sowie die Modulation der verschiedenen Bewusstseinszustände. Anstatt diese Aufgabe zu erfüllen und somit eine einheitliche, integrierte Identität aufzubauen, fördert das Trauma die Separation der einzelnen Bewusstseinszustände und somit die Aufspaltung der Identität.

Einige Kinder haben von Anfang an externalisierte Systeme von alternativen Persönlichkeiten, oft in Form von imaginären Gefährten aller Art, die sie meist während der Pubertät internalisieren. Andere Kinder haben von Anfang an internalisierte alternative Persönlichkeiten.

Die „Alters" sind zunächst spezifische dissoziative Zustände; allmählich werden sie elaboriert, indem das Kind immer wieder aufgrund bestimmter Traumata oder bestimmter (Entwicklungs-)Aufgaben in diese Zustände flieht und jedes Mal neue Gefühle, Gedanken und Erinnerungen hinzufügt, bis der jeweilige dissoziative Zustand durch zustandsabhängiges Lernen eine eigene Lebensgeschichte (Identität) erhält. Die Anzahl der „Alters“ korreliert mit den verschiedenen Formen von Traumata, denen das Kind ausgesetzt gewesen ist.

Die Übergänge zwischen den einzelnen Bewusstseinszuständen ähneln denen in der frühen Kindheit, wenn die integrativen Funktionen des Selbst noch wenig ausgeprägt sind. Daher sind erwachsene DIS/MPS-Opfer bei der Kontrolle und Modulation ihres Bewusstseins auf entwicklungsmäßig frühe, oft situationsabhängige, Mechanismen angewiesen.

Die normale kindliche Entwicklung führt allmählich von relativ getrennten diskreten Bewusstseinszuständen zu deren Vereinheitlichung in ein integriertes Selbst. Die kindliche Entwicklung von DIS/MPS-Opfern verläuft hingegen anders. Bei ihnen vereinheitlichen und integrieren sich die verschiedenen Bewusstseinszustände nicht, sondern sie entwickeln sich getrennt voneinander weiter, bis sich aus ihnen einzelne Selbst-Anteile (Identitäten) geformt haben, die auch im Erwachsenenalter getrennt voneinander existieren werden.

Soweit die Vorstellungen von Putnam. In Anlehnung an Stern (1985) sowie Dornes (1993, 1997) erscheint folgende entwicklungspsychologische Erklärung zur Entstehung der Dissoziativen Identitätsstörung jedoch wahrscheinlicher: Die integrativen Funktionen des Selbst sind von Geburt an vorhanden. Säuglinge und Kleinkinder verfügen über ein differenziertes Wahrnehmungssystem, das der Welt und dem eigenen Erleben Ordnung und Struktur ermöglicht; und sie verfügen über ein adaptives System primärer Emotionen, das integriertes, adaptives Erleben und Verhalten fördert.

Diskrete Bewusstseinszustände können als modulierende Faktoren in Bezug auf die integrativen Funktionen betrachtet werden: Das Kind verfügt von Geburt an über integrative Fähigkeiten, hat aber, abhängig vom vorherrschenden Bewusstseinszustand, in unterschiedlichem Ausmaß die Möglichkeit, darüber zu verfügen. Wenn ein Säugling beispielsweise schläfrig ist, wird seine Wahrnehmungsfähigkeit – und somit seine Fähigkeit zur Integration – herabgesetzt; im Zustand ruhiger Aufmerksamkeit ist dies ganz anders. Diese integrativen Fähigkeitsdispositionen sind von Geburt an vorhanden, und sie werden im Rahmen der Interaktion mit den wichtigsten Bezugspersonen differenziert und weiterentwickelt.

Entwickelt der Säugling durch häufiges Nichtbeantworten oder extrem inkonsistentes Beantworten seiner Signale von Seiten der Eltern keine sichere Bindung an seine Bezugsperson(en), so können die integrativen Funktionen gestört werden oder im Extremfall zusammenbrechen. Der Zusammenbruch von Wahrnehmungsorganisation und Affektregulation führt zur Desintegration von Erleben und Verhalten.

In diesem Fall könnte es passieren, dass der Säugling und später das kleine Kind sich selbst und die Welt nicht mehr als integriertes Ganzes, sondern als aus einzelnen Elementen bestehend wahrnimmt (was der schwersten Form von Desintegration gleichkäme). Schwere Traumata in dieser frühen Zeit würden eine solche Entwicklung mit großer Wahrscheinlichkeit verstärken, beschleunigen und verfestigen.

Ab dem Alter von ca. 18 Monaten ist das Kind in der Lage, Vorstellungen und Phantasien zu bilden, die es – im Falle des Zusammenbruchs der integrativen Funktionen – mit den einzelnen Elementen seines Erlebens und Verhaltens verknüpfen dürfte. Hier liegen vermutlich die Anfänge der Aufspaltung des Selbst in unterschiedliche (Teil-)Identitäten.

In diesem Modell wird also nicht die allmähliche Vereinheitlichung des Selbst in ein integriertes Ganzes durch das Fortbestehen diskreter Bewusstseinszustände verhindert; sondern die angeborenen integrativen Funktionen (Wahrnehmung und primäre Emotionen) brechen wegen eines chronischen Einander-Verfehlens in der Interaktion zwischen dem Kind und seinen wichtigsten Bezugspersonen zusammen, woraus Desintegration des Erlebens und Verhaltens resultiert.

Zusammenfassend kann man festhalten: Empathische Beantwortung der kindlichen Signale (Responsivität) fördert und differenziert die von Anfang an vorhandene Fähigkeit des Kindes zur Integration; häufiges Nichtbeantworten oder häufiges extrem inkonsistentes Beantworten der Signale des Kindes können zur Desintegration in dessen Erleben und Verhalten führen; verbunden mit früher und chronischer Traumatisierung kann ein Zusammenbruch der integrativen Strukturen die Folge sein. Ein integriertes, einheitliches Erleben des Selbst-in-Beziehung-zu-anderen ist dann nicht mehr möglich.

## Merkmale und Erscheinungsformen der Dissoziativen Identitätsstörung

Das Hauptmerkmal der DIS/MPS ist das Vorhandensein von zwei oder mehr unterschiedlichen Identitäten oder Persönlichkeitszuständen, die wiederholt die Kontrolle über das Verhalten der Person übernehmen. Es besteht eine Unfähigkeit, sich an wichtige persönliche Informationen zu erinnern; diese ist zu umfassend, um durch gewöhnliche Vergesslichkeit erklärt zu werden. Die

Dissoziative Identitätsstörung spiegelt die Unfähigkeit wider, verschiedene Aspekte der Identität, des Gedächtnisses und des Bewusstseins zu integrieren.

**Die DSM-IV-Kriterien für die Dissoziative Identitätsstörung (Saß et al., 1996):**

**Diagnostische Kriterien für 300.14 (F44.81) Dissoziative Identitätsstörung**

A. Die Anwesenheit von zwei oder mehr unterscheidbaren Identitäten oder Persönlichkeitszuständen (jeweils mit einem eigenen, relativ überdauernden Muster der Wahrnehmung von, der Beziehung zur und dem Denken über die Umgebung und das Selbst).
B. Mindestens zwei dieser Identitäten oder Persönlichkeitszustände übernehmen wiederholt die Kontrolle über das Verhalten der Person.
C. Eine Unfähigkeit, sich an wichtige persönliche Informationen zu erinnern, die zu umfassend ist, um durch gewöhnliche Vergeßlichkeit erklärt zu werden.
D. Die Störung geht nicht auf die direkte körperliche Wirkung einer Substanz (z.B. blackouts oder ungeordnetes Verhalten während einer Alkoholintoxikation) oder eines medizinischen Krankheitsfaktors zurück (z.B. komplex-partielle Anfälle).

**Beachte**: Bei Kindern sind die Symptome nicht durch imaginierte Spielkameraden oder andere Phantasiespiele zu erklären.

Michaela Huber (1995) schildert eindrucksvoll, was es über die rein klassifikatorischen Diagnosekriterien hinaus bedeutet, eine Dissoziative Identitätsstörung zu entwickeln und mit ihr im Alltag leben zu müssen. DIS/MPS zu haben bedeutet

- *Zeit verlieren:* die „Gastgeberin", die derzeit am meisten Kontrolle über den Körper hat, kommt zu sich und weiß nicht, was vorher passiert ist
- *Stimmen hören:* dies jedoch, ohne unter Wahnvorstellungen zu leiden
- *Sich nicht allein im Körper fühlen:* der „Switch" kann bis weit in die Psychotherapie hinein nicht kontrolliert werden; die „Personen" haben z.B. unterschiedliche EEGs, Augenfarben, Stoffwechselprozesse, Reaktionen auf Medikamente, Physiognomien, Stimmlagen und Sprachstile, Bewegungen und Verhaltensmuster, Handschriften, Vorlieben, Kleidungsstücke und Freunde, sogar verschiedene Krankheiten. Die „Personen" haben sich meistens schon vor dem 5. Lebensjahr getrennt, und danach entwickeln sie sich unabhängig voneinander. Die verschiedenen „Personen" kommen aufgrund von Außen- oder Innenreizen nach draußen und übernehmen zeit-

weise die Kontrolle über den Körper. Da einige „Personen“ täteridentifiziert sind, kann es zu Misshandlungen oder Missbrauch an den eigenen Kindern kommen, Handlungen, für die die anderen „Personen“ amnestisch sind. Die einzelnen „Personen“ zeigen außerdem unterschiedliche Beziehungs- und Sexualmuster.
- *„Übersinnliche“ Fähigkeiten zugeschrieben bekommen:* Evtl. sind die Betroffenen ESP- begabte Menschen d.h. Menschen, die über außersinnliche Wahrnehmungen verfügen (ESP = extra sensory perception).
- *Sich immer verstellen müssen:* Aufgrund der Aufspaltung bestehen häufige Amnesien; daher leben viele Betroffene mit dem Selbst- und Fremdbild, eine unberechenbare Lügnerin zu sein; oft erfinden sie Ereignisse, um die Erinnerungslücken zu füllen.
- *Permanent Angst haben:* Hauptgefühle sind Panik und Entsetzen, denn die Betroffenen trauen sich selbst nicht, sie trauen ihren inneren Signalen nicht. Einige halten sich für verrückt. Viele Innen- und Außenreize können „Switches“ produzieren. Neue Traumatisierungen sind wegen der Aufspaltung wahrscheinlicher als bei anderen Menschen. Einige „Personen“, die durch Amnesiebarrieren voneinander getrennt sind, könnten Peinliches oder Gefährliches tun oder sagen.

Diagnostisch sind folgende Punkte zu beachten (nach Huber, 1995):

Die DSM-Kriterien für DIS/MPS werden erfüllt; zusätzlich ist auf folgende Merkmale zu achten:
1. Schwere körperliche, sexuelle und emotionale Traumatisierungen in der (frühen) Kindheit, für die meist Amnesien bestehen.
2. Das Geschlecht ist häufig weiblich.
3. Alter bei Therapiebeginn zwischen 20 und 40 Jahren.
4. Entstehung des Störungsbildes in der frühen Kindheit mit folgenden Anzeichen: Amnesien, gestörte Selbstwahrnehmung, tranceähnliche Zustände, rasche Stimmungs- und Verhaltenswechsel, verblüffende Wechsel bezogen auf Zugang zu Wissen, Gedächtnisinhalten und Fähigkeiten, akustische und visuelle Halluzinationen; lebhaft vorgestellte imaginäre Spielgefährten.
5. Zeitverlust und Gedächtnislücken (unerlässlich für die Diagnose, ebenso wie das Vorkommen aktueller „Switches“). Große Teile der Kindheit werden oft nicht erinnert. Nach aktuellem Zeitverlust muss direkt gefragt werden, wobei hier auf die Abgrenzung zur Sucht und zur hirnorganischen Störung zu achten ist.

6. Position auf einem Kontinuum Dissoziativer Störungen: Es gibt ein Kontinuum von leichten Dissoziativen Zuständen über mittelgradige Dissoziative Störungen bis hin zur DIS/MPS, wobei extrem polyfragmentierte Personen mit bis zu 1000 „Persönlichkeitssplittern" den Übergang zum Zerfall der Identität darstellen; in diesem Zustand gibt es kein Ich mehr bzw. „Ich" kann alles sein – wie im Falle mancher organischer Psychosen oder der Schizophrenie.
7. Abgrenzung zur Schizophrenie (nach Ross, 1997): Schizophrenie gilt als vorwiegend biologisch verursachte Erkrankung, was bis heute nicht bewiesen worden ist. DIS-PatientInnen haben mehr positive Symptome (Schneidersche Symptome 1. Ranges) der Schizophrenie als schizophrene PatientInnen. Die positiven Symptome der Schizophrenie sind von Natur aus dissoziativ. Vielleicht existiert ein weiterer Subtyp der Schizophrenie, die „Dissoziative Schizophrenie". Nur die negativen Symptome der Schizophrenie differenzieren zwischen Schizophrenen und DIS-PatientInnen, die positiven nicht. Sexuell missbrauchte Schizophrene haben wesentlich höhere DES-Scores als nicht missbrauchte schizophrene PatientInnen. Bei akustischen Halluzinationen sollte man zunächst immer versuchen, mit den Stimmen zu reden und sie wie Persönlichkeitsanteile zu behandeln. Gelingt dies, handelt es sich um eine schwere dissoziative Störung (oder um „Dissoziative Schizophrenie"). Man spricht mit den Stimmen, indem man sich als Vermittler/in zwischen dem Klienten/der Klientin und den Stimmen zur Verfügung stellt und indirekt mit ihnen in Dialog tritt. Dissoziative Stimmen haben Struktur (binden einen größeren Teil der Psyche), psychotische Stimmen nicht. Es scheint ein Kontinuum zu geben beginnend mit Stimmen, die Persönlichkeitsanteile repräsentieren, über Stimmen, die Persönlichkeitsfragmente repräsentieren, bis hin zu psychotischen Stimmen, die so wenig Struktur und „psychische Masse" aufweisen, dass sie nur chaotisch sind und nicht einmal als Persönlichkeitsfragment gelten können. Nachdem man mit den Stimmen gesprochen hat, besteht der zweite Schritt darin, Switches zu induzieren und nur direkt mit den Stimmen (den „Alters") zu sprechen, die derzeit die Kontrolle über den Körper ausüben. Wenn dies gelingt, ist klar, dass es sich um eine DIS oder um eine andere schwere dissoziative Störung handelt. Gelingt es überhaupt nicht, mit den Stimmen in einen Dialog zu treten, schließt dies die Diagnose DIS nicht aus, macht aber die Möglichkeit einer Schizophrenie wahrscheinlicher.

8. DIS/MPS und Borderline-Störung: DIS/MPS ist eine übergeordnete Meta-Diagnose. Die Betroffenen haben fast immer auch andere Störungen, z.B. Sucht, Phobien und Persönlichkeitsstörungen; häufig (ca. 50–70 % der Fälle) haben sie zusätzlich eine Borderline-Störung. DIS/MPS bedeutet die Aufspaltung der Identität, die Borderline-Störung hingegen betrifft die Wahrnehmung des Selbst in Bezug auf die Umgebung; dabei handelt es sich um eine Beziehungsstörung, bei der alles von allem gespalten wird. Alle Störungen einer Person müssen behandelt werden, nicht nur die DIS/MPS.
9. Vorherige Psychotherapien sind häufig wirkungslos geblieben.
10. Selbstschädigendes Verhalten: Dieses wird meist von bestimmten Innenpersonen ausgeführt.
11. Denkstörungen: liegen in der Regel nicht vor.
12. Häufige Kopfschmerzen.
13. „Alternativ-Personen" in gleichen Situationen sind besonders auffällig.

Huber (1995) gibt folgende Ratschläge für den Umgang mit Betroffenen:
- Es ist hilfreich, die innere Kooperation zwischen den einzelnen Persönlichkeitszuständen zu fördern und alles zu vermeiden, was zur weiteren Spaltung beitragen könnte.
- Es ist wichtig, Flashbacks zu verhindern durch die Bezugnahme auf das „Hier und Jetzt".
- Es ist hilfreich, die betroffene Person in gefährlichen/peinlichen Situationen abzuschirmen.
- Es ist wichtig, für Klarheit im Umgang mit den Betroffenen zu sorgen und sich selbst abgrenzen und, wenn nötig, schützen zu können.

Putnam (1989) hat ein Symptomprofil für die Dissoziative Identitätsstörung erstellt, das den ganzen Umfang der Problematik für die Betroffenen weiter verdeutlicht:

1. *Dissoziation:* DIS/MPS ist die am stärksten ausgeprägte Dissoziative Störung, d.h. sie umfasst alle Formen der Dissoziation. Allerdings zeigen sich die dissoziativen Symptome zu Beginn der Therapie häufig nicht.
2. *Depression:* Depression ist eines der häufigsten Symptome bei Betroffenen, die unter DIS/MPS leiden. Sie ist häufig das „Präsentiersymptom" der „Gastgeberin", die zur Therapie kommt, weil sie hoffnungslos und überwältigt ist von den Lebensumständen, aus denen sie keinen Ausweg sieht. Andere „Alters" leiden nicht an Depression, daher sind die depressiven

Zustände meistens nicht sehr lang anhaltend, und Außenstehende bekommen den Eindruck, als habe die Person starke Stimmungsschwankungen. Differentialdiagnostisch muss die dissoziative Dynamik beachtet werden: Die Hilf- und Hoffnungslosigkeit gilt *diesen* Lebensumständen, aus denen es keinen Ausweg zu geben scheint.

3. *Angststörungen:* Sie sind ein häufiges Symptom bei DIS/MPS, aber nur einige „Alters“ leiden darunter. Die Ängste betreffen bestimmte Situationen oder Objekte, die – im weitesten Sinne – mit traumatischen Erfahrungen zusammenhängen.
4. *Substanzmittelmissbrauch:* Dies ist ein relativ häufiges Verhalten bei Menschen mit Dissoziativer Identitätsstörung, allerdings nicht lang anhaltend und nicht durchgängig, weil nur einige „Alters“ dazu neigen.
5. *Halluzinationen:* Halluzinationen sind häufig bei Betroffenen mit DIS/MPS. Sie zeigen sich auf allen Sinnesgebieten, es herrschen akustische und visuelle Halluzinationen vor. Die Stimmen scheinen meistens aus dem Inneren des Kopfes zu kommen, nicht von außerhalb; sie sind laut und deutlich hörbar und klar unterscheidbar; sie sind kohärent und führen oft lange, sinnvolle Monologe oder Dialoge, die mit der Lebensgeschichte der Person zu tun haben. Halluzinierte Bilder sind vielfältig. Oft sieht die Person ihren Körper in veränderter Form. Oder sie sieht sich selbst von außerhalb, von der Seite bzw. von oben, oder als sehe sie einen Film über sich selbst. Außerkörperliche Erfahrungen sind ebenfalls häufig. Auch die Erfahrung, aus dem Körper heraus, also von innen oder von hinten, zu registrieren, was außen geschieht, ist ein häufiges Phänomen bei DIS/MPS. Halluzinationen sind vor allem dann angsterregend, wenn die Person nichts über ihre Multiplizität weiß.
6. *Denkstörungen:* Denkstörungen kommen zeitweise vor, vor allem während krisenhafter Episoden des „rapid switching“, wenn es keiner der Teilidentitäten gelingt, die Kontrolle über das Bewusstsein für längere Zeit zu halten. Diese Zustände sind psychoseähnlich.
7. *Wahn:* Wahn kommt zeitweise und bei bestimmten Teilidentitäten vor. Er betrifft meistens die Gewissheit der (körperlichen) Separation sowie der passiven Beeinflussung.
8. *Suizid/Selbstverletzungen:* Suizidversuche sind häufig in der Geschichte von Opfern mit DIS/MPS zu finden. Die Selbstverletzungen sind oft bizarr, z.B. werden Gegenstände in die Vagina und andere Körperöffnungen eingeführt. Aber auch die üblichen Formen selbstverletzenden Verhaltens kommen vor.

9. *Katatonie:* Katatone Zustände halten nicht lange an und betreffen nur bestimmte Innenpersonen.
10. *Transsexuelle Störungen:* Sie kommen gelegentlich vor, da es häufig gegengeschlechtliche Innenpersonen gibt, die z.T. so weit gehen würden, den Körper einer Geschlechtsumwandlung zu unterziehen.
11. *Neurologische Symptome bei DIS/MPS:* Häufig sind schmerzhafte Kopfschmerzen, die oft mit Sehstörungen (z.B. Skotomen) verbunden sind. Bewusstseinsverlust, anfallsartiges Verhalten, Wahrnehmungsdefizite im Bereich Sehen und Hören sowie motorische Störungen können hinzukommen.
12. *Medizinische Probleme:* Beobachtet wurden Herz-Kreislauf- sowie Atemstörungen, Magen-Darm-Probleme, Schmerzen am ganzen Körper, vor allem Bauchschmerzen und Schmerzen im Genitalbereich. Auch Vernarbungen und Verletzungen, die von den Misshandlungen herrühren, können gelegentlich bei erwachsenen Opfern festgestellt werden.
13. *Zeitverlauf:* Am auffälligsten sind die Symptome im Alter zwischen 20 und 40 Jahren; im Alter scheint es zu spontanen Integrationen zu kommen, oder die Betroffenen können besser mit dieser Störung leben.
14. *Vorgeschichte:* DIS/MPS-Opfer verbringen im Durchschnitt sieben Jahre im Gesundheitssystem, bis die richtige Diagnose gestellt wird. Zuvor hatten sie oft viele verschiedene Diagnosen und diesbezüglich wirkungslose stationäre oder ambulante Therapien.

## Epidemiologie

Zur Epidemiologie der DIS/MPS schreibt Putnam (1989):

1. Geschlechterverteilung: die meisten Betroffenen sind Frauen; Verhältnis: ca. 5:1.
2. DIS/MPS kommt in allen Kulturen und in allen sozialen Schichten der Gesellschaft vor.
3. Die Diagnose wird fast immer im dritten oder vierten Lebensjahrzehnt gestellt, weil in dieser Zeit die Symptome am auffälligsten zu sein scheinen.

## Störungsverlauf

Die Dissoziative Identitätsstörung zeigt ohne Behandlung einen fluktuierenden, chronischen Verlauf.

# 3. Der Prozess der Verarbeitung traumatischer Erfahrungen in der Psychotherapie

## 3.1 Einleitung

Der folgende Teil 3 bildet den Kern dieses Buches. Um das allgemeine Prozessmodell der Psychotherapie auf die Verarbeitung traumatischer Erfahrungen zu spezifizieren, wurden empirische Erkenntnisse und klinische Erfahrungen derjenigen AutorInnen in das hier vorgestellte Konzept eingearbeitet, die sich in den letzten Jahrzehnten mit der Erforschung und Behandlung Posttraumatischer/Dissoziativer Störungen befasst haben (Putnam, 1989, 1997; Graham-Costain & Gould, 1990; Herman, 1993; Kluft & Fine, 1993; Calof, 1995; Huber, 1995; Van der Hart, Steele, Boon & Brown, 1995; Graessner, Gurris & Pross, 1996; Claas, 1997; Maercker, 1997; Reddemann & Sachsse, 1997; Ross, 1997; Sachsse, 1997; Van der Kolk, Burbridge & Suzuki, 1997; Brown, Scheflin & Hammond, 1998; Reddemann, 1998; Sachsse, 1998; Tumani, 1998; Van der Kolk, 1998; Lutgendorf & Antoni, 1999 u.a.m.).

Bevor nun der Prozess der Verarbeitung traumatischer Erfahrungen in der Psychotherapie, einschließlich des therapeutischen Vorgehens, kurz dargestellt und anschließend erläutert wird, soll eine Diskussion einflussreicher Theorien zur Emotions- und Traumaverarbeitung zeigen, weshalb von uns ein alternatives theoretisches und praktisches Konzept zur emotionalen Verarbeitung von Traumata entwickelt worden ist.

## 3.2 Theorien zur Emotions- und Traumaverarbeitung

### *3.2.1 Emotionale Verarbeitung von Angst (Foa & Kozak, 1986)*

Ausgangspunkt der Theoriebildung von Foa und Kozak ist das Bioinformationsmodell von Lang (1977; 1979), das eine propositionale (konzeptuelle) Repräsentation von Informationsstrukturen im Gedächtnis postuliert. Diese

Überlegungen integrieren Foa und Kozak in ihren übergeordneten kognitiv-behavioralen Ansatz.

Demnach gehen sie davon aus, dass Emotionen im Gedächtnis als Informationsstrukturen repräsentiert sind. Angst tritt bei der Aktivierung einer Informationsstruktur auf, die ein Flucht- oder Vermeidungsprogramm bezüglich potentieller Gefahren darstellt. „Emotionale Verarbeitung“ wird in diesem Konzept definiert als Modifikation von Gedächtnisstrukturen, die den Emotionen zugrunde liegen.

Als Indikatoren für emotionale Verarbeitung gelten die physiologische Aktivierung (das Auftreten der Angstreaktion) sowie Kurz- und Langzeithabituation. „Habituation“ wird definiert als Reaktionsabnahme, die sowohl physiologisch als auch verbal oder durch Verhaltensbeobachtung erfassbar ist. Eine Angststruktur besteht aus drei Elementen:

1. den Stimuluseigenschaften der Angstsituation,
2. allen wichtigen Reaktionen der betroffenen Person in dieser Angstsituation,
3. zentralen Aspekten der Bedeutung, die beides für diese Person hat.

Pathologische Angst liegt nach Foa & Kozak dann vor, wenn die Reaktionen in der Angstsituation (physiologisch, verbal oder verhaltensbezogen) extrem sind und wenn die Angststruktur änderungsresistent ist.

Zur Reduktion pathologischer Angst müssen zwei Bedingungen gegeben sein:

1. Die Angststruktur muss aktiviert, d.h. durch entsprechende therapeutische Interventionen zugänglich gemacht werden.
2. Informationen, die unvereinbar sind mit den pathologischen Elementen der Angststruktur, müssen in diese Struktur integriert werden. Diese neu verfügbar gemachte Information, die notwendig ist, um eine neue Gedächtnisstruktur zu formen, enthält zugleich kognitive und affektive Elemente.

Foa & Kozak nennen drei Mechanismen, die bei der emotionalen Verarbeitung von Angst wirksam werden:

1. die Entkoppelung von Stimulus-Reaktions-Verbindungen, die in der Angstsituation entstanden sind,
2. eine Bedeutungsänderung dieser Stimuli und Reaktionen,

3. Kurzzeithabituation (innerhalb einer Sitzung), die die Integration inkompatibler Information ermöglicht und so zu Langzeithabituation führt.

Dementsprechend bleibt die emotionale Verarbeitung aus, wenn kein Zugang zur Angststruktur gefunden wird, weil die präsentierten Informationen sich nicht (genügend) mit der Angststruktur decken bzw. weil sie die alte Angststruktur bestätigen, anstatt sie zu entkräften.

Lang anhaltende Konfrontation mit gefürchteten Objekten und Situationen wird als effektive Methode zur Angstreduktion betrachtet. Foa & Kozak folgern, dass auch die Verarbeitung anderer Emotionen wie Trauer und Ärger dem hier skizzierten Muster folgen könnte, ohne diese Annahme jedoch theoretisch zu begründen.

Die lang anhaltende Konfrontation mit den erlebten traumatischen Situationen (Durchleben dieser Situationen mit Hilfe von Imagination und adäquaten Medien) schlagen Foa, Rothbaum, Riggs & Murdock (1991) auch für die Behandlung der Posttraumatischen Belastungsstörung vor, die laut DSM-III-R und DSM-IV zu den Angststörungen zählt (siehe dort).

Die Mechanismen der emotionalen Verarbeitung, die letztlich nach Foa, Feske, Murdock, Kozak & McCarthy) (1991) zu einer Modifikation des Trauma-Gedächtnisses führen, wenn die Behandlung gelingt, sind die folgenden:

1. Konfrontation mit den gefürchteten Stimuli,
2. eine Neubewertung der Wahrscheinlichkeit von Bedrohung in gefürchteten Situationen,
3. eine Änderung negativer Bewertungen, die mit den eigenen Angstreaktionen verbunden sind.

### *3.2.2 Dekodierung des Trauma-Gedächtnisses: Implosionstheorie der Psychopathologie (Levis, 1995; Stampfl, 1966)*

Theorie und Praxis der Implosiven Therapie (IT) wurden von Thomas G. Stampfl (1966) entwickelt, auf den sich Levis fortwährend bezieht. IT umfasst kognitiv-behaviorale und psychodynamische Erklärungs- und Behandlungselemente. Eine Schlüsselstellung innerhalb dieses Modells nimmt aber die Annahme der Löschung negativer emotionaler Reaktionen ein, wobei „Löschung" ebenfalls im Sinne der Reaktionsabnahme zu verstehen ist.

Nach Stampfl haben Symptome die Funktion, das Freisetzen intensiver, negativ erlebter Emotionen zu verhindern. Aufrechterhalten werden die Symptome durch traumatische Konditionierungsereignisse, die im Langzeitgedächtnis gespeichert sind. Diese verschiedenen Komplexe konditionierter Stimuli sind sequentiell im Gedächtnis angeordnet entsprechend ihres Aversivitätsgrades und damit auch ihres Schwierigkeitsgrades, sie verfügbar zu machen und zu reaktivieren. Um Vermeidungsmechanismen auszuschalten, müssen die PatientInnen mit allen wichtigen konditionierten Stimuli konfrontiert werden, die die gefürchteten emotionalen Reaktionen und in der Folge das Vermeidungsverhalten hervorrufen.

Dieses Vorgehen sollte in der Freisetzung einer starken emotionalen Reaktion in Abwesenheit irgendeines primären aversiven unkonditionierten Stimulus resultieren; Endergebnis wäre ein starker, anhaltender Löschungseffekt. Da sowohl die emotionalen Reaktionen auf das traumatische Geschehen als auch das daraus resultierende Vermeidungsverhalten gelöscht werden, verschwinden letztendlich die Symptome, weil sie als Vermeidungsverhalten überflüssig geworden sind.

„Emotionales Umlernen“ (im behavioristischen Sinne) vollzieht sich durch wiederholte Konfrontation mit den entsprechenden konditionierten Stimuli. Die Schlüsselvariable, die diesem Modell zufolge für die Beseitigung der Symptome verantwortlich ist, sei die durch die Konfrontation ausgelöste Löschung der mit dem Trauma verbundenen emotionalen Reaktionen. Hierbei wird angenommen, dass der Löschungseffekt umso größer ist, je stärker die in der Therapie hervorgerufene emotionale Reaktion war.

Die therapeutische Methode besteht darin, die relevanten konditionierten Stimuli zu identifizieren und die PatientInnen diesen so lange und intensiv auszusetzen, bis die negativen emotionalen Reaktionen gelöscht und die Symptome verschwunden sind. In-vivo-Exposition und imaginative Exposition werden eingesetzt, wobei die imaginative Technik alle wichtigen Gefühls- und Sinnesqualitäten einschließen sollte.

Stampfl nennt vier Kategorien konditionierter Stimuli, deren Zugänglichkeit von 1. nach 4. abnimmt:

1. symptombezogene Umweltstimuli,
2. symptombezogene internale Stimuli, die berichtet werden können: Gefühle, Gedanken und Körperwahrnehmungen,
3. symptombezogene internale Stimuli, die nicht berichtet werden können, vermutlich aber mit berichtbaren internalen Stimuli verbunden sind: zum Beispiel ähnliche Stimuluskomplexe, an die der Patient gerade nicht denkt,

4. symptombezogene „dynamische" Stimuli, die nicht bewusste, frühe Kindheitserfahrungen einschließen können.

Vor allem schwer traumatisierende Erlebnisse, wie sexueller Missbrauch oder Misshandlung, betrachtet Levis als Ursache für eine große Anzahl klinischer Symptome. Um den Zugang zu solchen Erinnerungen zu erleichtern, sollen sich die PatientInnen lebhaft in relevante Szenen hineinversetzen und diese wiederholt mit allen dazugehörigen Gefühls- und Sinnesqualitäten durchleben, wobei eine entdeckte Erinnerung als Sprungbrett für die nächste, schwerer zugängliche Erinnerung fungiert. Vor allem der Schmerz, der in diesen Erinnerungen steckt, wird vermieden, so Stampfl. Er geht davon aus, dass sich erinnerter Schmerz und wirklicher Schmerz unterscheiden: Der erinnerte Schmerz wird beim Durchleben der traumatischen Szene gelöscht, was die Symptome, die zur Vermeidung der schmerzhaften Erinnerung gebraucht wurden, ebenfalls auslöscht; wirklicher Schmerz hingegen, der durch einen aversiven unkonditionierten Stimulus hervorgerufen wird, bleibt erhalten (an dieser Stelle sei angemerkt, dass diese Unterscheidung nicht haltbar ist).

Die Autoren gehen davon aus, dass die weniger intensiven Erinnerungen zuerst, die intensivsten und schmerzhaftesten Erinnerungen zuletzt abgerufen werden. Wenn alle traumatischen Szenen wieder durchlebt worden sind, werden die mit ihnen verbundenen emotionalen Reaktionen gelöscht, und die Erinnerungen können nun akzeptiert und integriert werden.

### *3.2.3 Hemmung und Konfrontation (Pennebaker, 1989)*

Pennebakers kognitiver Ansatz ist relativ breit und unspezifisch. „Aktive Hemmung" im Sinne Pennebakers meint, dass eine traumatisierte Person bewusst Gedanken, Gefühle und Verhaltensweisen zurückhält, die mit dem traumatischen Ereignis in Zusammenhang stehen und ansonsten auftreten würden. Pennebaker zufolge verursacht ein traumatisches Erlebnis physiologische Erregung, die Stress für den Körper bedeutet. Kurz- und langfristige physiologische Veränderungen sind die Folge: Kurzfristig stellt sich eine Erhöhung der Hautleitfähigkeit ein; langfristig wirkt aktive Hemmung als kumulativer Stressor, der die Anfälligkeit für Krankheiten und psychische Probleme erhöht. Die betroffene Person ist in vielfältiger Hinsicht emotional und kognitiv mit dem traumatischen Erlebnis beschäftigt. Die Zurückhaltung von Gefühlen, Gedanken und Verhalten, die mit dem Trauma in Zusammenhang stehen, erfordert zusätzliche physiologische Aktivität, die den Stress vermehrt. Je mehr Energie eine Person für die aktive Hemmung aufwenden muss, desto größer ist der Stress für ihren Körper.

Darüber hinaus nimmt Pennebaker an, dass aktive Hemmung die kognitive Verarbeitung des traumatischen Erlebnisses beeinflusst. Werden entscheidende traumaassoziierte Gefühle und Gedanken zurückgehalten, kann das traumatische Ereignis nicht vollständig verarbeitet werden. Erst die Übersetzung in Sprache macht ein solches Ereignis verstehbar und hilft der betroffenen Person, es anzunehmen. Spricht sie nicht über das traumatisierende Ereignis, sind Grübeleien oder Träume die Folge, die um das Erlebnis kreisen und diese Person nicht zur Ruhe kommen lassen. In diesem Fall kann der physiologische Stress nicht abgebaut werden.

„Konfrontation" im Sinne Pennebakers bedeutet, dass die traumatisierte Person sich gedanklich mit dem Ereignis auseinander setzt, über entscheidende Punkte des Erlebten redet und sich ihrer Gefühle bewusst wird, die mit dem Trauma in Verbindung stehen. Dadurch wird nach Pennebaker die physiologische Aktivität, die für die aktive Hemmung erforderlich gewesen ist, sofort reduziert; die Aktivität des autonomen Nervensystems sinkt, was eine Verringerung der Hautleitfähigkeit mit sich bringt. Setzt sich eine betroffene Person über längere Zeit mit dem erfahrenen Trauma in der geschilderten Weise auseinander, verringern sich die physiologische Aktivität und der damit verbundene körperliche Stress dauerhaft. Wichtig ist, so Pennebaker, dass diese Art der Auseinandersetzung mit einem traumatisierenden Ereignis dieser Person hilft, es zu verstehen und anzunehmen. Durch Schreiben oder Reden über die bisher unterdrückten Erfahrungen findet eine Übersetzung in Sprache statt, wodurch das Ereignis verstehbar wird und seinen bedrohlichen Charakter verliert.

### *3.2.4 Ein kognitives Modell der Aufrechterhaltung posttraumatischer Symptomatik (Steil, Ehlers & Clark, 1997; Ehlers, 1999)*

Die AutorInnen postulieren in ihrem kognitiv-behavioralen Ansatz, dass die negative Bedeutung der Intrusionen und des Traumas selbst das Ausmaß der mit den Intrusionen verknüpften Belastung bestimmt, sowie das Ausmaß der Vermeidung, mit der die traumatisierte Person auf die Intrusionen reagiert. Unter Vermeidung verstehen sie Verhaltensweisen und vor allem kognitive

Strategien, die eingesetzt werden, um traumabezogenen Gedanken und Gefühlen auszuweichen; als „kognitive Vermeidung" definieren sie u.a. das Wegdrängen von traumabezogenen Gedanken und Erinnerungen, exzessives Grübeln (vor allem über Ereignisse, die um das Trauma herum stattfanden) sowie exzessiven Ärger und Wut auf den Täter oder die Täterin. Ferner nehmen die Autoren an, dass die Bedeutung der Intrusionen mit Symptomen körperlicher Erregung verknüpft sei. Auf diese Weise führt die negative Bedeutung, die den Intrusionen und dem Trauma zugeschrieben wird, zur langfristigen Aufrechterhaltung der PTBS.

Ausgehend von diesem Modell schlagen die AutorInnen eine Behandlungstechnik vor, die sich auf die Veränderung der negativen Bedeutung des Traumas und seiner Folgen konzentriert; die Betroffenen sollen realistischere oder hilfreichere Einstellungen zu dem Erlebten entwickeln sowie ihr vermeidendes Verhalten im Umgang mit traumabezogenen Reizen und den Intrusionen abbauen. Nach der „Konfrontation" mit dem traumatischen Geschehen (das in diesem Ansatz vor allem diagnostischen Zwecken zur Aufdeckung der negativen Interpretationen der Intrusionen dient), wird mit vielfältigen Methoden aus der kognitiven Verhaltenstherapie, vor allem nach Beck & Emery (1985) direkt an der Veränderung traumabezogener dysfunktionaler Kognitionen gearbeitet. Als Basis dieses Vorgehens gilt der „sokratische Dialog": Welche Belege hat der Klient bzw. die Klientin dafür, dass seine bzw. ihre Interpretationen, Erwartungen und Auffassungen zutreffend sind? Sind auch andere Auffassungen denkbar? Hypothesentest, logische Analyse von Gedanken sowie die Entwicklung alternativer und hilfreicher Überzeugungen sind also die Hauptansatzpunkte bei diesem therapeutischen Vorgehen. Das Ziel der Behandlung besteht vor allem darin, das Ausmaß der durch die Intrusionen erlebten Belastung zu senken, so dass die Intrusionen nicht länger vermieden werden müssen und das Trauma emotional verarbeitet werden kann.

### *3.2.5 Bewertung der vorgestellten Theorien zur Emotions- und Traumaverarbeitung*

Die ersten beiden vorgestellten Theorien zur Emotions- und Traumaverarbeitung gehen davon aus, dass die belastenden Emotionen im Laufe der emotionalen Verarbeitung schwächer werden, bis schließlich eine Löschung einsetzt; dieser Prozess sei die Voraussetzung für eine erfolgreiche und vollständige Verarbeitung belastender Erlebnisse (Foa & Kozak sowie Stampfl und Levis).

Für diese Theorien gilt jedoch, dass sie kaum überprüfbar sind, da die Begriffe „Löschung" und „Habituation" zirkulär sind aufgrund der Tatsache, dass sie rein operational im Sinne der Abnahme der Reaktionshäufigkeit definiert wurden.

Besonders deutlich wird dieses Dilemma bei Stampfl, wenn er davon spricht, dass sich wirklicher und erinnerter Schmerz unterscheiden; lediglich der erinnerte Schmerz, so Stampfl, werde beim Durchleben traumatischer Szenen gelöscht, da er nicht durch einen primären, aversiven unkonditionierten Stimulus hervorgerufen wird. Wie kann aber ein psychischer Schmerz, der nicht aversiv ist, eine intensive emotionale Reaktion hervorrufen, die notwendig ist, um eben diesen Schmerz zu löschen? Wie bereits erwähnt, halten wir eine Unterscheidung zwischen wirklichem und erinnertem Schmerz auf der psychischen Ebene für unmöglich.

Aber nicht nur Zirkularität und logische Fehlschlüsse lassen die Annahme der Löschung emotionaler Zustände in diesem Zusammenhang fraglich erscheinen. Die Beobachtung zeigt, dass es nicht wenige traumatisierte Menschen gibt, die sich in verschiedenen Alltagssituationen immer wieder mit sichtlicher emotionaler Beteiligung mit ihrem Trauma „konfrontieren", ohne dass ihre damit verbundenen Gefühle gelöscht würden; selbst wenn sie bestimmte Aspekte des Traumas vermeiden würden, müssten sich ihre Gefühle zumindest im Sinne eines Desensibilisierungsvorgangs abschwächen. Dies ist aber bei diesen Menschen häufig nicht der Fall, viele bleiben jahre- und jahrzehntelang in ihren quälenden Gefühlen gefangen, ohne dass sich etwas ändert – man denke nur an jene Menschen, die immer wieder unter Tränen von ihren grauenvollen Kriegserinnerungen berichten, ohne dieses Trauma je zu verarbeiten. Das Durchleben intensiver Emotionen allein reicht also offensichtlich für die Verarbeitung traumatischer Erlebnisse nicht aus. Menschen, die jahrelang in den gleichen quälenden Gefühlen verharren, ohne dass sich in ihrem Erleben und Verhalten etwas ändert, brauchen die therapeutische Hilfe, damit der festgefahrene Gefühlsprozess weiterentwickelt und zum Abschluss gebracht werden kann.

Die Begriffe „Löschung" und „Habituation" sind im Zusammenhang mit emotionaler Verarbeitung aber vor allem deshalb abzulehnen, weil es aus heutiger Sicht der Forschung (Greenberg et al., 1987; 1993) höchst unwahrscheinlich ist, dass es eine „Löschung" von Emotionen überhaupt geben kann. Primäre Emotionen sind keine durch Konditionierungsprozesse erlernten Reaktionen, sondern haben eine evolutionsgenetische Basis und erfüllen zentrale adaptive und Orientierungsfunktionen für das Erleben und Verhalten des

Menschen. Da sie nicht erlernt worden sind, können sie auch nicht verlernt werden. Genauer: Wäre es tatsächlich so leicht, Emotionen wie Angst, Trauer, Freude, Liebe, Überraschung, Ekel und Ärger zu löschen, wäre der Organismus physiologisch und psychologisch wahrscheinlich nicht überlebensfähig. Wir brauchen unser stabiles, integratives und adaptives Emotionssystem, um unserem Erleben Bedeutungen und Handlungsanweisungen entnehmen zu können (Greenberg et al., 1987; 1993; Gendlin, 1978).

Der Begriff „Habituation" stammt ursprünglich aus der Sinnesphysiologie; er bezeichnet dort die Fähigkeit des Organismus, sich an bestimmte Reizintensitäten anzupassen, sich an diese zu „gewöhnen". Emotionen bestehen aber, wie wir im ersten Teil dieses Buches gesehen haben, keineswegs nur aus ihrer physiologischen Komponente. Sie kombinieren Körperausdruck, emotionale Schemata und Konzepte zu einem integrierten Ganzen mit einer speziellen Bedeutung und Handlungstendenz. Primäre Emotionen mit Sinnesrezeptoren gleichzusetzen, erscheint daher unangemessen und aus wissenschaftlicher Sicht unhaltbar.

Interessant scheint hingegen die Vermutung Stampfls, dass klinische Symptome häufig die Funktion haben, das Freisetzen intensiver traumaassoziierter Emotionen zu verhindern. Diese Vermutung wird durch die Praxis bestätigt, so Stampfl und Levis, da die klinischen Symptome nach der Verarbeitung des Traumas verschwinden, weil sie als Vermeidungsmechanismen nicht mehr gebraucht werden.

Neben der Zirkularität des Begriffes „Habituation" ergibt sich bei der Theorie von Foa & Kozak durch den Gebrauch der Begriffe Habituation und Löschung eine andere Schwierigkeit. Diese AutorInnen beziehen sich vor allem auf die Verarbeitung von Angst, wenn sie von „emotionaler Verarbeitung" sprechen. Belege für dieses Vorgehen sowie dessen inhaltliche Begründung fehlen. Außerdem erscheint diese Generalisierung nicht gerechtfertigt, da die verschiedenen primären Emotionen unterschiedliche, ihnen eigene Verhaltenssysteme aktivieren, die zu einer spezifischen Interaktion mit der Umgebung führen (vgl. Greenberg & Safran, 1989; Greenberg et al., 1987; 1993). Foa & Kozak erklären nicht, weshalb Trauer, Wut, Scham oder Schuldgefühle ebenfalls verarbeitet werden, nachdem dies mit der Angst passiert ist, zumal dann, wenn andere Gefühle als Angst im Vordergrund standen. Mehr noch: Sie selbst haben gezeigt, dass vergewaltigte Frauen, die sehr intensiven Ärger auf den Täter empfunden haben, von ihrer Expositionsbehandlung besonders wenig profitierten (Foa, Riggs & Massie & Yarczower 1995). Auch gehen sie nicht darauf ein, welche unterschiedlichen Ursachen der Angst zugrunde liegen könnten.

Die Theorie Pennebakers hingegen kann aufgrund ihres hohen Allgemeinheitsgrades und der Widerspruchsfreiheit mit den Grundannahmen von Gendlin (1978) und Greenberg et al. (1987; 1989; 1993) mit deren theoretischen Überlegungen in Übereinstimmung gebracht werden.

Das kognitive Modell der Aufrechterhaltung posttraumatischer Symptomatik von Steil, Ehlers & Clark macht vor allem dysfunktionale Gedanken für die Aufrechterhaltung der PTBS verantwortlich. Diese Annahme erscheint problematisch. Sie widerspricht den meisten Ergebnissen der Emotionsforschung (zusammenfassend siehe Greenberg et al., 1987, sowie Teil 1 dieses Buches), denenzufolge Emotionen kein postkognitives Phänomen darstellen.

Besonders problematisch erscheint ihr Verständnis von Ärger und Wut auf den Täter als Strategie der „kognitiven Vermeidung“. Ärger ist kein kognitives Phänomen, sondern eine zentrale Emotion mit assoziierten Verhaltenstendenzen. Ärger und Wut auf den Täter, der seinem Opfer Todesangst, Entsetzen und großen physischen und psychischen Schmerz zufügt, ist eine adaptive primäre Emotion, die beim Durchleiden des Traumas in aller Regel nicht erlebt bzw. nicht ausgedrückt werden kann. Viele Betroffene, vor allem früh und chronisch traumatisierte Menschen, haben gerade mit dem Ausdruck berechtigten Ärgers auf die Täter große Schwierigkeiten (siehe z.B. Ross, 1997), stattdessen geben sie häufig sich selbst die Schuld an dem Geschehenen. Daher sollte es gerade auch die Aufgabe einer Psychotherapie mit traumatisierten Menschen sein, diesen ihren Ärger zugänglich zu machen und ihnen zu helfen, ihn ausdrücken und zukünftig nutzen zu können, um sich angemessen abzugrenzen. In diesem Zusammenhang erscheint auch die These der AutorInnen fragwürdig, dass es sich beim Ärger und bei der Wut auf die Täter um eine Umlenkung der vermiedenen Gefühle von Hilflosigkeit und überwältigender Furcht handelt, die auf diese Weise vermieden werden. Belege und eine theoretische Konzeptualisierung dieser Behauptung fehlen. Theoretisch wäre es denkbar, dass traumatisierte Personen zeitweise Ärger als sekundäre Reaktion aktivieren, um die zugrunde liegende Angst zu vermeiden; in diesem Fall müssten Ärger und Wut auf den Täter genauer differenziert und auf ihre Funktion hin überprüft werden. Ärger und Wut auf den traumatisierenden Täter generell als kognitiven Vermeidungsmechanismus zu bezeichnen, der einer erfolgreichen Behandlung im Wege steht, ist unhaltbar.

Die Annahme, dass negative Bedeutungszuschreibungen bezüglich des Traumas und der Intrusionen – vereinfacht gesagt „falsches oder wenig hilfreiches Denken“ – die posttraumatische Symptomatik aufrechterhalten, ist unbestritten. Die Frage ist aber, welche Relevanz diesem Faktor zukommt und welche Konsequenzen diese Einschätzung für die Art des psychotherapeutischen Vorgehens hat. Da Emotionen kein postkognitives Phänomen sind, sondern ein integriertes Orientierungssystem für das Erleben und Verhalten des Menschen, erscheint die Annahme wahrscheinlicher, dass „falsches oder wenig hilfreiches Denken“ einen integrierten Bestandteil impliziter emotionaler Schemata bezüglich des Traumas, der eigenen Rolle darin, sowie der Erinnerungen an das Trauma darstellt. Die Psychotherapie traumatisierter Menschen sollte daher auf diese impliziten emotionalen Schemata fokussieren, nicht auf dysfunktionale Gedanken.

Dies gilt besonders für früh und chronisch traumatisierte Opfer von Gewalttaten. Denn ihre Trauma-Geschichte bekam logischerweise eine negative Bedeutung; wie sollte dies auch anders sein? Ihre traumabezogenen Erinnerungen und dissoziativen Probleme hindern sie häufig bis heute daran, ein zufrieden stellendes Leben zu führen. In diesen Fällen, in denen die negative Bedeutung des Traumas und seiner Folgen mit lang anhaltenden physischen, psychischen und sozialen Beeinträchtigungen oder Verlusten korreliert, geht es darum, die realen Beeinträchtigungen und Verluste zu betrauern. Denn ein kognitiv-behaviorales Vorgehen im Falle früher und chronischer Traumatisierung würde bedeuten, große Bereiche der äußeren und inneren Realität dieser KlientInnen außer Acht zu lassen.

### *3.2.6 Eine alternative Sichtweise: Unterbrechung und Dissoziation*

Gendlin und Greenberg gehen im Rahmen ihrer prozess- und erfahrungsorientierten Ansätze davon aus, dass primäre Emotionen weder durch einen (unbekannten) physiologischen Mechanismus gelöscht, noch durch kognitive Restrukturierung zum Verschwinden gebracht werden. Sie postulieren, dass primäre Emotionen in ihren spezifischen Bedeutungszusammenhängen in der Gegenwart synthetisiert, zu Ende gelebt, symbolisiert und auf diese Weise integriert werden müssen, um eine emotionale Verarbeitung und den Abschluss von belastenden und traumatischen Erfahrungen möglich zu machen (siehe Teil 1 dieses Buches).

Wenn die Behandlung erfolgreich verlaufen ist, sind die ursprünglichen Erlebensaspekte nicht verschwunden, sondern sie sind zu einem integrativen Bestandteil des Gesamtereignisses und seiner emotionalen Bedeutungen geworden; sie haben ihren belastenden Charakter verloren, weil sie aufgrund assoziativer Prozesse nicht länger dissoziiert, also unverbunden mit den übrigen Erfahrungen des Organismus, existieren.

Da die Theorien von Greenberg et al. und Gendlin zur emotionalen Verarbeitung alle anderen bekannten Theorien zur Emotions- und Traumaverarbeitung an Differenziertheit und Kongruenz in Bezug auf den aktuellen Stand der Emotionsforschung und zugehöriger Forschungszweige bei weitem übertreffen, wurden ihre Grundannahmen zu zentralen Bestandteilen der in diesem Buch vorgelegten Theorie der Verarbeitung traumatischer Erfahrungen in der Psychotherapie.

Daher folgt hier nun, nachdem die theoretischen Überlegungen anderer AutorInnen zur Emotions- und Traumaverarbeitung skizziert und bewertet worden sind, die Erläuterung der vorzustellenden Theorie zur Verarbeitung traumatischer Erfahrungen: *Unterbrechung und Dissoziation.* Sie basiert auf theoretischen Grundannahmen zur Emotionsverarbeitung, wie sie von Greenberg und seinen Co-AutorInnen (Greenberg et al., 1987; 1989; 1993 – siehe auch Teil 1 dieses Buches) vorgelegt worden sind.

Dissoziation in all ihren Erscheinungsformen ist der wichtigste peri- und posttraumatische Schutzmechanismus, der später die traumabedingte Symptomatik aufrechterhält. Die Unterbrechung primärer Emotionen durch selbstunterbrechende Aktivitäten ist die elementarste Form der Dissoziation; sie geht den anderen Formen der Dissoziation voraus.

Im Kern besagen diese Grundannahmen, dass primäre Emotionen spezifische adaptive und Orientierungsfunktionen für das menschliche Erleben und Verhalten erfüllen; psychische Störungen (auch posttraumatische/dissoziative Störungen) resultieren aus der Unfähigkeit, primäre Emotionen in ihren jeweiligen Bedeutungszusammenhängen zu synthetisieren, auszudrücken, zu symbolisieren und zu integrieren.

## 3.3 Die Verarbeitung traumatischer Erfahrungen: Unterbrechung und Dissoziation

*Erste Grundannahme:* Ein Trauma unterbricht die Synthese adaptiver primärer Emotionen (Dissoziation aufgrund der Unterbrechung normalerweise integrativer Funktionen des Bewusstseins).

Die gesunde Reaktion des Organismus auf ein bedrohliches und schmerzhaftes Ereignis ist die Aktivierung primärer Angst und primären Ärgers. Primäre Angst mobilisiert den Organismus zum Kampf bzw. zur Flucht, primärer Ärger mobilisiert Ressourcen zur Bewältigung der Situation. Während eines traumatischen Ereignisses können primäre Emotionen ihre adaptiven und Orientierungsfunktionen jedoch nicht mehr erfüllen, da die traumatisierte Person keinen Handlungsspielraum hat. Sie kann weder gegen das Ereignis ankämpfen noch davor fliehen, sondern ist ihm weitgehend hilflos ausgeliefert. In einem solchen Fall muss die Synthese primärer Emotionen unterbrochen werden, weil der Organismus deren Intensität ohne die Möglichkeit zur Regulation nicht tolerieren kann.

Primärer Ärger als Reaktion auf einen Angriff und andere Grenzverletzungen ist in hohem Maße adaptiv, um die eigene physische und psychische Unversehrtheit zu schützen, da er Selbstbehauptung und Abgrenzung mobilisiert. Ärger kann seine Orientierungsfunktion aber nur dann erfüllen, wenn der Organismus zumindest über einen gewissen Handlungsspielraum verfügt. Dies ist *unmittelbar während* eines traumatischen Ereignisses nicht mehr der Fall.

Hier wird die Synthese von Ärger (z.B. über den Angriff auf den Körper und die zugefügten Schmerzen) vermutlich schon sehr früh unterbrochen, weil er während traumatischer Ereignisse häufig nicht adaptiv ist: Erstens würde er wegen fehlender Handlungsmöglichkeiten möglicherweise Gefühle von Hilflosigkeit und Angst intensivieren, zweitens könnte der Ausdruck von Ärger den oder die TäterInnen provozieren. *Nach* dem traumatischen Ereignis aber, oft Jahre oder Jahrzehnte später, ist es möglich, den einst nicht zu Ende synthetisierten und niemals symbolisierten Ärger in der Sicherheit der therapeutischen Beziehung abzuschließen, indem er vollständig synthetisiert, bis zu seinem natürlichen Ende ausgedrückt und symbolisiert wird. Gelingt dieser Prozess, so werden auch die mit dem primären Ärger verknüpften Bedürfnisse ausgedrückt, zum Beispiel das Bedürfnis nach Abgrenzung.

Ähnliches gilt für die primäre Angst. Primäre Angst (vor dem Unbekannten, vor Schmerz und drohender Vernichtung) mobilisiert den Organismus für Kampf- oder Fluchtreaktionen. Dies dient dem Schutz des Organismus und ist daher hochgradig adaptiv, häufig lebensrettend. Hat aber der Organismus keinerlei Handlungsspielraum mehr, zum Beispiel *unmittelbar während* eines traumatischen Ereignisses, verliert die Angst ihre orientierende Funktion, weil die betroffene Person weder fliehen noch kämpfen kann. Sie ist hilflos ausgeliefert.

Die Synthese von primärer Angst (z.B. vor unerträglichen Schmerzen oder psychischer und physischer Vernichtung) wird im Verlauf eines traumatischen Ereignisses spätestens an der Stelle unterbrochen, an welcher sie in absolute Vernichtungsangst übergeht. Wegen fehlender Handlungsmöglichkeiten wäre absolute Vernichtungsangst nicht adaptiv für das Überleben des Organismus, sondern würde die Überflutung des Informationsverarbeitungssystems eventuell bis zur psychischen oder physischen Vernichtung steigern. Daher unterbricht der Organismus das Erleben der Angst an einem ganz bestimmten Punkt.

*Nach* dem traumatischen Ereignis, oft Jahre oder Jahrzehnte später, ist es bis zu einem gewissen Grad möglich, die traumabezogene primäre Angst abzuschließen, indem sie in der Sicherheit der therapeutischen Beziehung verfügbar gemacht, zu Ende synthetisiert und schließlich symbolisiert wird. Gelingt dieser Prozess, können auch die mit der Angst verknüpften Bedürfnisse ausgedrückt werden, zum Beispiel die Bedürfnisse nach Schutz, Geborgenheit und Vertrauen.

Zur Erinnerung: Emotionen kombinieren Körperausdruck, emotionale Schemata und Gedanken so, dass wir in integrativer Weise fühlen, denken und handeln können (Kongruenz). Probleme entstehen, wenn diese Integration zerbricht und das, was wir fühlen, denken und tun in verschiedene Richtungen auseinander läuft (Inkongruenz).

Die Synthese primärer Emotionen kann während eines Traumas schon sehr früh unterbrochen werden, z.B. dadurch, dass der emotionstypische Körperausdruck aufgrund von Erstarrung (Freezing) unterbleibt. Wird der emotionstypische Körperausdruck gezeigt und Angst oder Ärger bis zu einem gewissen Punkt intensiv gespürt, wird diese Erfahrung möglicherweise nicht von Gedanken begleitet, d.h. in diesem Fall fehlt die konzeptuelle Komponente der Erfahrung. In beiden (und ähnlichen denkbaren) Fällen kann sich die primäre Emotion in ihrem entsprechenden Bedeutungszusammenhang nicht (vollständig) ausbilden und ihre integrativen sowie handlungsleitenden Funktionen daher nicht erfüllen. Das Trauma kann nicht mit Bewusstheit erlebt werden (weil das die psychische oder physische Vernichtung des Organismus zur Folge haben könnte), also kann es auch nicht bzw. nur fragmentiert im Bewusstsein repräsentiert werden.

Die Unterbrechung der Synthese primärer Emotionen ist daher als elementare Form der Dissoziation zu betrachten: nämlich als Unterbrechung der normalerweise integrativen Funktionen des Bewusstseins. In jedem Fall führt die Unterbrechung der Synthese primärer Emotionen während eines Traumas dazu, dass dieses Ereignis nicht bzw. nur fragmentiert symbolisiert wird.

Folgesymptome sind Depersonalisation und Derealisation. Wird die Unterbrechung der Synthese primärer Emotionen generalisiert, d.h. die betroffene Person dissoziiert sich generell und sehr weitgehend von ihren emotionalen Reaktionen, so können Depersonalisation und Derealisation zu dauerhaften Zuständen werden, die als Entfremdung, Leere, Tod oder Verwirrung erlebt werden und in einem Rückzug aus (allen) Beziehungen resultieren können.

Für die Behandlung posttraumatischer/dissoziativer Störungen folgt daraus, dass die während des Traumas unterbrochenen primären Gefühle in der Gegenwart synthetisiert werden müssen, um die traumatischen Erfahrungen symbolisieren und abschließen zu können und um die Notwendigkeit der Dissoziation von den eigenen emotionalen Reaktionen überflüssig zu machen. Dieser Prozess ist untrennbar verbunden mit der Trauma-Synthese, der Reassoziation dissoziierter traumatischer Erinnerungen, beschränkt sich aber keineswegs auf diese. In Fällen genereller weitgehender Dissoziation von den eigenen emotionalen Reaktionen als Folge traumatischer Erfahrungen ist es zu Beginn der Therapie notwendig, diesen KlientInnen ihr inneres Erleben (wieder) zugänglich zu machen.

*Zweite Grundannahme:* Schwere und chronische Traumata unterbrechen zusätzlich die (vollständige) Speicherung des Ereignisses im biographischen Gedächtnis (Dissoziation aufgrund der Unterbrechung der normalerweise integrativen Funktionen des Gedächtnisses).

Inzwischen ist bekannt, dass während eines schweren Traumas das Sprachzentrum nicht aktiv ist (z.B. van der Kolk et al., 1997). Traumatische Erinnerungen werden zunächst als sensorische Empfindungen oder als nicht symbolisierte affektive Zustände bzw. in Form bildhafter und anderer sinnlicher Eindrücke gespeichert, nicht aber als persönliche autobiographische Geschichten. Die Unfähigkeit, diese Informationen symbolisch zu verarbeiten, scheint zentral für die Entwicklung posttraumatischer Störungen zu sein. Da Menschen offenbar unfähig sind, sinnlose Erfahrungen zu akzeptieren, versuchen sie, ihre Gefühle zu verstehen, die Fragmentierung zu überwinden und das Bild zu vervollständigen.

Bei der Behandlung traumatischer Störungen kommt es darauf an, eine Sprache zu finden, in der die KlientInnen ihre Erfahrungen verstehen und anderen Menschen mitteilen können. Hierbei kann es wichtig sein, so van der Kolk et al. (1997), eine relative Abnahme der linken hemisphärischen Prozesse (Broca-Zentrum) zu kompensieren.

Folgesymptome der Unterbrechung der normalerweise integrativen Funktionen des Gedächtnisses zur Zeit des Traumas sind partielle oder vollständige Amnesien für die traumatischen Erfahrungen.

Für die Behandlung posttraumatischer/dissoziativer Störungen folgt daraus, dass die zur Zeit des Traumas dissoziierten (voneinander getrennten) Erinnerungen durch eine Trauma-Synthese reassoziiert werden müssen, um aus Erinnerungsfragmenten eine möglichst vollständige, durch Sprache symbolisierte Geschichte zu machen, die im biographischen Gedächtnis repräsentiert und in die Lebensgeschichte der betroffenen Person integriert werden kann. Nur wenn das Trauma symbolisiert und integriert werden konnte, sind Trauerarbeit und Abschluss möglich. Trauma-Synthese, Trauerarbeit und Abschluss können nur gelingen, wenn die zur Zeit des Traumas unterbrochenen primären Emotionen verfügbar gemacht und ausgedrückt werden und wenn die betroffene Person sich nicht mehr in extremer Weise von den eigenen emotionalen Reaktionen dissoziieren muss.

*Dritte Grundannahme:* Schwere und chronische Traumata können zusätzlich die Entwicklung einer einheitlichen Identität unterbrechen (Dissoziation aufgrund der Unterbrechung der normalerweise integrativen Funktionen der Identität).

Schwer traumatisierte Menschen (auch Erwachsene) berichten mit großer Häufigkeit, dass sie während des Traumas beispielsweise „aus dem Körper heraus" gegangen sind, dass sie das Ereignis von oben oder von der Seite aus betrachtet haben oder dass sie „verschwunden" sind. Es gibt zahlreiche andere Beispiele dieser Form der Dissoziation während eines Traumas, also einer schweren Erscheinungsform der Depersonalisation. Derealisation, oft wahrgenommen als Veränderung der räumlichen und zeitlichen Wahrnehmung, kommt meistens hinzu (z.B. Huber, 1995). Diese Aufspaltung des Bewusstseins während eines Traumas ermöglicht dem Opfer, Angst und Schmerz nicht mehr (vollständig) erleben zu müssen. Die Betroffenen berichten oft, dass „der Teil", der aus dem Körper herausgegangen ist, die Ereignisse „da unten" emotionslos oder nahezu emotionslos registriert hat, denn sie geschahen nicht „mir", sondern „dem Kind da unten". Es hat also eine Aufspaltung der Identität stattgefunden, eine Unterbrechung ihrer normalerweise integrativen Funktionen. Unterschiedliche – normale und dissoziative – Bewusstseinszustände (siehe Putnam, 1997) existieren nun parallel nebeneinander und werden nicht in einen einheitlichen Bewusstseinszustand integriert.

Wiederholen sich ähnliche, schwere Traumata, so werden die um das Trauma herum entstandenen dissoziativen Bewusstseinszustände allmählich zu stabilen Persönlichkeitszuständen ausdifferenziert, die physiologisch und psychologisch unterschiedlich reagieren und funktionieren (z.B. Huber, 1995; Putnam, 1997).

Die Desintegration der Identität ist für schwer und chronisch traumatisierte Kinder auf lange Sicht auch deshalb vorteilhaft, weil sie auf diese Weise meistens in der Lage sind, durch Persönlichkeitszustände oder „Innenpersonen", die keine Erinnerung an die Traumatisierung haben, eine Bindung (Attachment) an ihre Bezugspersonen aufrechtzuerhalten; für Ross (1997) ist dies sogar die vordringlichste Funktion der Dissoziation bei schwer und chronisch traumatisierten Kindern. Wie Ross zu Recht feststellt, kann das Kind wichtige Entwicklungsaufgaben nicht erfüllen, wenn es seine Bindung an die Eltern und andere Bezugspersonen aufgibt. Ein Kind, so Ross, hat um des Überlebens willen außerdem nicht die Wahl, seine Eltern nicht zu lieben; anderenfalls würde es an seiner körperlichen, emotionalen, geistigen und sozialen Entwicklung größeren Schaden nehmen, als wenn es die Bindung an seine missbrauchenden Eltern aufrecht erhielte.

Auch Greenberg et al. (1993) betonen diesen Zusammenhang (siehe Teil 1). Folgesymptome sind schwere Dissoziative Störungen bis hin zur Dissoziativen Identitätsstörung.

Putnam (1997) beschreibt die „Alters" in multiplen Menschen folgendermaßen: Die „Alters" sind unterschiedliche dissoziative Bewusstseinszustände, induziert durch akute, schwere Traumata, die mit der Zeit elaboriert, ausdifferenziert und zu getrennten Entitäten mit einer eigenen Lebensgeschichte weiterentwickelt werden. Die metakognitiven integrativen Funktionen versagen, und die unterschiedlichen dissoziativen Bewusstseinszustände entwickeln sich parallel, getrennt voneinander, zu unterschiedlichen Identitäten. Die Angleichung und Integration aller Bewusstseinszustände in ein stabiles und kohärentes Selbst findet nicht statt, sondern es entstehen parallele Selbst-Systeme.

Für die Behandlung posttraumatischer/dissoziativer Störungen folgt daraus, dass die Kommunikation sowie die Kooperation zwischen den einzelnen dissoziierten Persönlichkeitszuständen (Innenpersonen im Falle der DIS) gefördert werden muss, bis Co-Bewusstheit oder Integration erreicht worden ist (z.B. Huber, 1995). Nur dann werden einheitliches Erleben, Denken und Handeln möglich, wobei dies wiederum die Voraussetzung für Integration und Trauerarbeit darstellt.

Hat sich ein Opfer extremer Gewalterfahrungen generell (also nicht nur auf das Trauma bezogen) von seinen bzw. ihren emotionalen Reaktionen dissoziiert, besteht die vordringliche Aufgabe darin, die primären Emotionen wieder zugänglich zu machen. Die Trauma-Synthese kann in diesen Fällen zur sekundären Aufgabe werden.

## 3.4 Folgerungen für die therapeutische Praxis

Aus den oben dargestellten theoretischen Grundannahmen ergeben sich für die therapeutische Praxis zentrale Folgerungen:

1. Primäre Emotionen, die während des Traumas und in der Zeit danach nicht synthetisiert bzw. nicht symbolisiert werden konnten, müssen innerhalb der gegenwärtigen, sicheren therapeutischen Beziehung verfügbar gemacht und zu Ende gelebt werden.
2. Beim Vorliegen partieller oder vollständiger Amnesien über die traumatischen Ereignisse sollte eine Trauma-Synthese erfolgen, nachdem der Klient bzw. die Klientin gelernt hat, Trauma-Material in der Distanz halten zu können.
3. Beim Vorliegen Dissoziativer Störungen bis hin zur Dissoziativen Identitätsstörung muss für Kommunikation und Kooperation zwischen den einzelnen Persönlichkeitszuständen (dissoziierten emotionalen Schemata) gesorgt werden, damit Co-Bewusstsein oder Integration eine einheitlich erlebende und handelnde Identität stiften können.

Folgende Prinzipien sind hierbei zu beachten:

1. Da das Trauma ursprünglich nicht auszuhalten war und das Informationsverarbeitungssystem überflutet hat, kann es auch gegenwärtig nicht als Ganzes synthetisiert, symbolisiert und integriert werden. Eine vollständige Identifikation mit traumatischen Erlebensaspekten, wie dies beispielsweise während eines Flashbacks der Fall sein kann, ist daher zu vermeiden. Zunächst muss der Klient bzw. die Klientin physisch und psychisch stabil genug sein, um mit dieser Arbeit beginnen zu können. Anschließend werden die traumatischen Erfahrungen langsam und allmählich erinnert, symbolisiert und schließlich integriert. Die Arbeit an den traumatischen Erfah-

rungen muss also in einen Gesamtprozess einbezogen sein, an dessen Anfang die Stabilisierung und an dessen Ende Integration, Trauerarbeit und Bedeutungsfindung stehen sollten.

2. Die grundlegende therapeutische Arbeitsweise ist die *Synthese* oder *Assoziation*. Sie kehrt den Vorgang der *Dissoziation* um bzw. stoppt übermäßige *Identifikation* mit traumabezogenen Erlebensaspekten. Erlebensaspekte werden synthetisiert (assoziiert), um bewusstes, einheitliches Erleben und Verhalten zu ermöglichen.
3. Wenn sich der Klient bzw. die Klientin weitgehend von allen emotionalen Reaktionen dissoziiert hat (schwere Dissoziative Störungen, bei denen Depersonalisation/Derealisation im Vordergrund stehen), sollte die vordringliche therapeutische Aufgabe darin bestehen, ihm bzw. ihr die primären Emotionen und „gefühlten Bedeutungen" zugänglich zu machen. Eine Trauma-Synthese ist in diesen Fällen zweitrangig, aber später im Therapieverlauf möglich.

Ausgehend von diesen Überlegungen folgt nun die Beschreibung des Prozesses der Verarbeitung traumatischer Erfahrungen in der Psychotherapie.

## 3.5 Der Prozess der Verarbeitung traumatischer Erfahrungen in der Psychotherapie

### *3.5.1 Kurzübersicht über den Prozess des „Abschließens traumatischer Erfahrungen" in der Psychotherapie (vgl. Kapitel 1)*

Zur besseren Übersichtlichkeit sollen einleitend die Grundzüge der einzelnen Prozessphasen noch einmal zusammenfassend aufgeführt und anschließend in Bezug auf die Traumaverarbeitung näher erläutert werden.

#### Gesamtprozess

Der Gesamtprozess lässt sich im Falle der Verarbeitung traumatischer Erfahrungen beschreiben als Des- und Reorganisation der posttraumatischen/dissoziativen emotionalen Schemata. Die Desorganisation setzt ein, wenn die bis dahin starren posttraumatischen und dissoziativen Schemata durch die Überwindung von Blockierungen im Erleben gelockert oder aufgelöst werden; dies geschieht durch die Synthese von Erfahrungselementen, die bisher nicht bzw. fragmentiert symbolisiert gewesen sind (erstmaliges Zulassen von traumatischen Erinnerungen und daraus resultierenden Gefühlen und Gedanken, wodurch bisherige Grundüberzeugungen erschüttert werden). Die Reorganisation erfolgt durch eine Neustrukturierung der posttraumatischen und dissoziativen emotionalen Schemata; dies geschieht durch die Integration der neu synthetisierten Erfahrungselemente, der neu strukturierten Schemata und neuer, der Gegenwart entnommener Erfahrungen. Resultat dieses Integrationsprozesses sind revidierte oder neue emotionale Schemata bezüglich der traumatischen Erfahrungen und ihrer Folgen für Gegenwart und Zukunft mit den entsprechenden neuen Handlungstendenzen.

Die direkte Arbeit am Trauma muss in den Gesamtprozess der Psychotherapie eingebettet sein: Voraussetzung für die direkte Arbeit am Trauma ist ausreichende physische, psychische und soziale Stabilität; nach der direkten Arbeit am Trauma sind Trauerarbeit, Integration der traumatischen Erfahrungen in den Lebenslauf und Bedeutungsfindung unverzichtbare Bestandteile des Gesamtprozesses der Psychotherapie.

### Prozessbeginn

Am Beginn des Prozesses stehen Blockierungen und Fragmentierung vor allem des traumaassoziierten Erlebens im weitesten Sinne, erkennbar an starren, fixierten posttraumatischen/dissoziativen emotionalen Schemata, die plötzlich durch unvereinbare Widersprüche oder den Verlust der Person-Umwelt-Passung bedroht, gelockert oder aufgelöst werden und nach Neustrukturierung drängen, weil sie dysfunktional geworden sind. Diese emotionalen Schemata verhindern die (vollständige) Verarbeitung des traumatischen Erlebens und vieler weiterer Aspekte des Erlebens im Allgemeinen, wodurch die typische posttraumatische/dissoziative Symptomatik aufrechterhalten wird.

### Veränderungsprozesse

Auch im Falle der Verarbeitung traumatischer Erfahrungen ist die Bezugnahme auf das aktuelle innere Erleben, vor allem auf primäre Emotionen in ihren spezifischen Bedeutungszusammenhängen, die Voraussetzung dafür, dass der Prozess in Gang kommen und zu Ende gebracht werden kann. Des- und Reorganisation der posttraumatischen und dissoziierten emotionalen Schemata wechseln einander ab und sind aufeinander bezogen. Des- und Reorganisation der posttraumatischen und dissoziierten emotionalen Schemata beschreiben sowohl den gesamten therapeutischen Prozess, dessen wichtigster Faktor eine empathische, akzeptierende und authentische, zugleich prozessfördernde therapeutische Beziehung ist, als auch die bei der Verarbeitung traumatischer Erfahrungen zentrale therapeutische Aufgabe, das Abschließen traumatischer Erfahrungen. Die schematischen Erinnerungen, die mit den traumatischen Erfahrungen zusammenhängen, werden nun aktiviert. Zentrale Komponenten dieses Schemas (vor allem damals unausgedrückt gebliebene primäre Emotionen) werden fokussiert, bis zu ihrem natürlichen Ende ausgedrückt und durchgearbeitet mit Hilfe von Nachspüren, emotionalem Ausdruck und erfahrungsgeleiteter Suche. Indem das alte Schema in die einzelnen Komponenten zerlegt wird und diese dann bewusst gemacht werden, reintegrieren sie sich anschließend *nicht* mehr auf die alte Weise; ein neues Schema formt sich. Dies geschieht erstens, weil sich einige der alten Komponenten durch Fokussierung und Ausdruck in ihrer Intensität oder Bedeutung verändert haben; zweitens, weil dem alten Schema in der Gegenwart neue Komponenten hinzugefügt werden

> Beispiele: Die Person erfährt, dass der Ausdruck intensiver Gefühle akzeptiert wird und Erleichterung bringt; die Person ist aktuell nicht mehr in der bedrohlichen Situation und kann sie heute mit Distanz erleben; die Person erfährt die Unterstützung und Anteilnahme des Therapeuten/der Therapeutin, während sie die bedrohliche oder schmerzhafte Erfahrung zu Ende lebt; die Person erkennt, dass sie neben Hass und Ärger auch Liebe für die Menschen empfunden hat, denen ihre unabgeschlossenen Gefühle gelten; die Person erkennt, dass sie heute über Ressourcen verfügt, die ihr oder den Menschen, um die es geht, damals gefehlt haben, und sie entwickelt Mitgefühl und Verständnis oder macht die anderen Personen klar für ihr Fehlverhalten verantwortlich.

Das revidierte Schema bildet sich also durch Integration neuer Komponenten, die durch die laufende therapeutische Interaktion hervorgebracht werden. Traumatische Erfahrungen werden zum Abschluss gebracht, indem sie aus sicherer Distanz durchlebt und die einst unausgedrückten Gefühle zu Ende ausgedrückt und somit synthetisiert werden; dies hat zur Folge, dass die mit den Gefühlen verbundenen Bedürfnisse heute gesehen und akzeptiert werden, woraus eine veränderte Sicht des Selbst und der anderen Personen resultiert.

**Prozessende**

Am Ende des Prozesses stehen revidierte oder neue emotionale Schemata bezüglich der traumatischen Erfahrungen und ihrer Folgen für Gegenwart und Zukunft auf höherem Integrationsniveau, die nun die neu synthetisierten, symbolisierten und neu strukturierten traumaassoziierten Erfahrungselemente in Form einer biographischen Geschichte mit einer persönlichen Bedeutung enthalten. Weil das Trauma mitgeteilt und (weitgehend) abgeschlossen werden konnte, muss es nicht mehr wiedererlebt werden, und emotionale Erfahrungen müssen nicht länger dissoziiert werden. Primäre Emotionen und „gefühlte Bedeutungen“ können jetzt (wieder) ihre Orientierungsfunktion für das Erleben und Verhalten erfüllen.

**Fazit**

Am *Beginn* des Prozesses stehen unabgeschlossene traumatische Situationen, die die Person immer noch sehr beeinträchtigen. Eine *Weiterentwicklung* wird ermöglicht durch Bewusstwerden, Ausdrücken und Zerlegen der einzelnen Komponenten der schematischen Erinnerung, um diese dann durch Neustrukturierung und durch Hinzufügen neuer Komponenten auf andere Weise zu integrieren. *Ergebnis* ist der Abschluss der bis dahin unabgeschlossenen traumatischen Situation durch ein revidiertes Schema, das jene Komponenten der Erfahrung enthält, die Abschluss und Abschied möglich machen. Durch diesen Synthese-, Symbolisierungs- und Integrationsvorgang haben sich die einzelnen traumaassoziierten Erfahrungselemente nun zu einer erzählbaren Geschichte zusammengesetzt, die für die betroffene Person eine persönliche Bedeutung bekommen hat.

## *3.5.2 Erläuterungen zum Prozess der Verarbeitung traumatischer Erfahrungen*

### 3.5.2.1 Gesamtprozess

Der Gesamtprozess lässt sich im Falle der Verarbeitung traumatischer Erfahrungen beschreiben als Des- und Reorganisation der posttraumatischen/dissoziativen emotionalen Schemata.

Auch traumatisierte Menschen kommen in der Regel dann zur Therapie, wenn relevante implizite emotionale Schemata erschüttert worden sind und nach Neustrukturierung drängen. Traumatisierte KlientInnen müssen aber zunächst einmal physisch, psychisch und sozial ausreichend stabil sein, um direkt an traumatischen Erinnerungen arbeiten zu können. Ist dies bei Therapiebeginn nicht der Fall, so ist die Aufgabe der Stabilisierung vorrangig, weil sonst mit Dekompensation zu rechnen ist.

Posttraumatische/dissoziierte emotionale Schemata entstehen um das Trauma herum, sie halten die Symptomatik im Zusammenhang mit posttraumatischen/dissoziativen Störungen aufrecht.

Die Ausformung posttraumatischer/dissoziierter emotionaler Schemata geschieht hochgradig idiosynkratisch, entsprechend der Organismus-Umwelt-Konstellation, in der sich die betroffene Person bewegt (hat). Bestimmte traumabedingte emotionale Kernschemata finden sich, wenn auch in verschiedenen Variationen, häufig bei traumatisierten Menschen:

- Ich kann mir, anderen Menschen und der Welt nicht vertrauen (z.B. Ross, 1997).
- Ich bin böse/schlecht; denn wenn ich gut gewesen wäre, wäre mir das nicht passiert (wenn das Trauma erinnert wird).
- Ich bin schuld an dem, was mir passiert ist, denn ich bin böse/schlecht; wahrscheinlich habe ich auch gewollt, dass es passiert ist (u.a. Ross, 1997), z.B. indem ich den Täter verführt habe (im Falle einer Vergewaltigung oder sexuellen Missbrauchs).
- Ich bin ein Opfer; das Trauma hat mein Leben beschädigt (wenn das Trauma erinnert wird), also werde ich immer ein Opfer bleiben (z.B. Herman, 1993).
- Das Trauma ist nicht mir passiert, sondern jemand anderem (bei schweren Traumata; siehe u.a. Huber, 1995, Ross, 1997).
- Es gibt nirgends Sicherheit/nirgendwo einen sicheren Ort.

Die Desorganisation setzt ein, wenn die bis dahin starren posttraumatischen und dissoziativen Schemata durch die Überwindung von Blockierungen im Erleben gelockert oder aufgelöst werden; dies geschieht durch die Synthese von Erfahrungselementen, die bisher nicht bzw. fragmentiert symbolisiert gewesen sind (erstmaliges Zulassen von traumatischen Erinnerungen und daraus resultierenden Gefühlen und Gedanken, wodurch bisherige Grundüberzeugungen erschüttert werden).

Vor allem nach schwerer, früher und chronischer Traumatisierung entstehen viele emotionale Schemata, die sich über die Zeit hinweg kaum verändern. Diese posttraumatische Fixierung auf bestimmte implizite emotionale Schemata hat mehrere Gründe:

- Solange die Traumatisierung anhält, macht die betroffene Person immer wieder schemakonsistente Erfahrungen, die das Schema weiter ausformen und weiter festigen. Hat die Person schließlich ihr traumatisierendes Umfeld verlassen, sorgen eine Reihe allgemeiner Mechanismen dafür, dass ihre posttraumatischen impliziten emotionalen Schemata sich nicht oder nur sehr langsam verändern.
- Schemata sind änderungsresistent, um Chaos in der Informationsverarbeitung zu verhindern. Dies gilt auch für posttraumatische Schemata.
- Aufgrund von selektiver Aufmerksamkeit findet bei schemagesteuerter Informationsverarbeitung ein negativer Rückkopplungsprozess statt, so dass vor allem schemakonsistente Informationen aufgenommen und verarbeitet werden. Traumatisierte Menschen haben auch nach Beendigung der Traumatisierung vor allem Angst davor, psychisch und physisch verletzt, enttäuscht, verlassen und verraten zu werden; sie sind extrem empfänglich für Signale, die in diese Richtungen deuten.
- Werden neue Informationen aufgenommen, die posttraumatische Schemata verändern könnten, so werden diese häufig verzerrt symbolisiert, damit sie in das alte, existierende Schema passen. Verhalten sich andere Menschen zum Beispiel fürsorglich und liebevoll, kann dieses Verhalten von einem traumatisierten Menschen als Hinweis auf drohenden Verrat oder drohende Enttäuschung gewertet werden, weil der oder die Täter häufig versucht haben, emotionale Nähe herzustellen, bevor sie das Kind misshandelt und missbraucht haben.
- Ein Mangel an neuen Informationen/Erfahrungen verhindert ebenfalls eine Änderung des Schemas; dies ist vor allem dann der Fall, wenn innere Erfahrungen vermieden werden. Einige traumatisierte Menschen haben sich fast vollständig von ihren emotionalen Reaktionen dissoziiert (Greenberg et al., 1993); sie synthetisieren und symbolisieren ihre primären Emotionen nur noch selten, was zur Folge hat, dass sie sich in ihrem Körper und in ihrer Umwelt fremd fühlen und in vielen Lebensbereichen weitgehend handlungsunfähig sind. Andere Trauma-Opfer dissoziieren gewohnheitsmäßig ihre impliziten emotionalen Schemata, so dass sie sich getrennt voneinander ausbilden und entwickeln; diese Personen synthetisieren und symbolisieren eine Reihe von primären Emotionen, aber sie sind aufgrund der Dis-

soziation nicht in der Lage, ihre Emotionen und gefühlten Bedeutungen in ein einheitliches Erleben zu integrieren, so dass ihnen ebenfalls die Grundlage für adaptives Handeln fehlt.

- Sehr intensive emotionale Reaktionen, z.B. panische Angst aufgrund traumabedingter Auslöser oder starke Wut aufgrund der Überzeugung, ungerecht behandelt zu werden, können mit Informationen interferieren, die in der Lage wären, das aktivierte posttraumatische emotionale Schema zu widerlegen oder zu verändern; in solchen Situationen verhalten sich Personen jedoch oft so, dass sie ihr eigenes, dysfunktionales Schema selbst bestätigen.
- Posttraumatische implizite emotionale Schemata haben eine extrem wichtige Schutzfunktion für den gesamten Organismus der betroffenen Person. Daher sind sie besonders änderungsresistent. Wer kein Vertrauen in sich, andere und die Welt (mehr) setzt, weil er bzw. sie in diesem Falle nur Zerstörung und Leid erlebt hat, investiert auch keine Hoffnung mehr und kann nicht mehr verletzt und enttäuscht werden; das gleiche gilt für eine Person, die überzeugt ist, dass das Trauma ihr Leben für immer beschädigt hat. Wer sich selbst für das Trauma verantwortlich hält, hat wenigstens noch eine Chance, es zu kontrollieren und evtl. zu stoppen, wenn er bzw. sie sich nur „richtig“ verhält. Wer das Erleben des Traumas sowie das Erleben der Ereignisse zwischen den Traumatisierungen durch Aufspaltung der Identität (Dissoziation) fragmentiert, kann physisch und psychisch überleben, weil das Gesamterleben des Traumas den Organismus überlasten und extrem schädigen oder töten würde; bzw. kann er oder sie durch Aufspaltung der Identität (Dissoziation) die lebensnotwendige Bindung an die Eltern aufrechterhalten, ohne die ein kleines Kind nicht lebensfähig ist (Ross, 1997).
- Chronisch und früh traumatisierte Menschen mussten, vor allem in der Kindheit, das Erleben ihrer primären Emotionen blockieren. Wenn sie Angst, Trauer, Wut oder Ekel empfanden und zeigten, hatte das mit großer Wahrscheinlichkeit negative Konsequenzen, oft in Form schwerer Bestrafungen. Sie haben gelernt, dass es gefährlich ist, primäre Gefühle zu erleben und auszudrücken. Also haben sie, oft schon sehr früh, deren Erleben und Ausdruck unterbrochen und dissoziiert, so dass sie ihre Gefühle nur noch in ganz bestimmten Situationen erleben und ausdrücken konnten.

Wenn eine Person gewohnheitsmäßig ihr Erleben blockiert, indem sie primäre Emotionen und deren Bedeutungszusammenhänge vermeidet oder dissoziiert, fehlt ihr die Grundlage für adaptives Handeln in der Umwelt.

So lange die Gefährdung anhält, sind Vermeidung und Dissoziation des inneren Erlebens sinnvoll, werden sie jedoch gewohnheitsmäßig beibehalten, beraubt sich die Person ihrer wichtigsten Informationsquellen: ihrer emotionalen Erfahrungen. Emotionen und inneres Erleben werden blockiert, indem die einzelnen Elemente des Synthesevorgangs nicht fokussiert und auf diese Weise nicht symbolisiert und nicht integriert werden (Greenberg & Safran, 1987). Je mehr sich eine Person von ihrem eigenen Erleben dissoziiert, umso mehr ist sie auf (starre) Konzepte angewiesen, die nicht aus ihrer aktuellen Erfahrung stammen (Rogers, 1983).

In der Sicherheit der therapeutischen Beziehung können KlientInnen lernen, sich auf ihr aktuelles inneres Erleben zu beziehen. Auf diese Weise können Blockierungen des inneren Erlebens überwunden werden. Dies fördert die Synthese und Neustrukturierung von Erfahrungen, die bisher nicht symbolisiert und integriert gewesen sind (Rogers, 1983; Greenberg & Safran, 1987).

Je schwerer diese neuen Erfahrungen zu integrieren sind, desto stärker werden die alten, starren Schemata gelockert und im Extremfall sogar aufgelöst (Rogers, 1983); die Desorganisation setzt ein, indem neue Erfahrungen synthetisiert und alte Schemata aufgebrochen und in ihrer Konstellation zueinander verändert worden sind.

Neue Erfahrungselemente werden z.B. synthetisiert und symbolisiert, wenn partielle oder vollständige Amnesiebarrieren durchbrochen werden und die betroffene Person beginnt, sich an Einzelheiten des Traumas zu erinnern. Dieser Synthese- und Symbolisierungsvorgang wiederum ändert die Konstellation der posttraumatischen emotionalen Schemata zueinander. Die dissoziierten emotionalen Schemata sind nun zum Beispiel nicht mehr vollständig getrennt voneinander, weil Informationen zwischen ihnen ausgetauscht werden; dieser Prozess wird oft begleitet von Chaos und Verzweiflung, weil er das bis dahin erreichte stabile Gleichgewicht der Person erschüttert. (In diesem therapeutischen Abschnitt geht es den KlientInnen meist schlechter, sie fühlen sich verwirrter und depressiver als nach Beginn des Therapieprozesses).

Das (erstmalige) Zulassen von traumatischen Erinnerungen resultiert in neuen Gefühlen und Gedanken, die zur Zeit des Traumas nicht synthetisiert werden konnten. Dieses neue Erleben kann bisherige Grundüberzeugungen bezüglich des eigenen Selbst zunichte machen. Die bis dahin gut organisierte Struktur der impliziten emotionalen Schemata ist desorganisiert worden.

Die Reorganisation erfolgt durch eine Neustrukturierung der posttraumatischen und dissoziativen emotionalen Schemata; dies geschieht durch die Integration der neu synthetisierten Erfahrungselemente, der neu strukturierten Schemata und neuer, der Gegenwart entnommener Erfahrungen. Resultat dieses Integrationsprozesses sind revidierte oder neue emotionale Schemata bezüglich der traumatischen Erfahrungen und ihrer Folgen für Gegenwart und Zukunft mit den entsprechenden neuen Handlungstendenzen. Die direkte Arbeit am Trauma muss in den Gesamtprozess der Psychotherapie eingebettet sein: Voraussetzung für die Bearbeitung traumatischer Erfahrungen ist eine ausreichende physische, psychische und soziale Stabilität; außerdem sind Trauerarbeit, Integration der traumatischen Erfahrungen in den Lebenslauf und Bedeutungsfindung unverzichtbare Bestandteile des Gesamtprozesses der Psychotherapie.

Die Reorganisation der posttraumatischen emotionalen Schemata entspricht einer Integration

a) der erstmals synthetisierten Erfahrungselemente (Erinnerungen an das Trauma, erstmals synthetisierte primäre Gefühle),
b) der Erfahrungselemente aus den alten, aufgebrochenen Schemata, die sich durch die therapeutische Arbeit in ihrer Intensität bzw. Bedeutung verändert haben, und
c) der Erfahrungselemente, die der gegenwärtigen Situation entnommen werden (z.B. dass es erlaubt ist, Gefühle zu empfinden und auszudrücken; dass diese Erinnerungen das Selbst und andere nicht zerstören), zu einer neuen Struktur (Greenberg & Safran, 1987).

Diese neu gebildeten Strukturen (Schemata) beeinflussen einander und resultieren in einer revidierten oder umfassend neu konfigurierten Selbst-Struktur.

Der Vorgang von Des- und Reorganisation ist umso bedrohlicher, chaotischer und schmerzvoller, je umfassender er ist (Rogers, 1983).

Die Desorganisation ist also notwendig, um bestehende Blockierungen im Erleben aufzulösen; die Reorganisation schafft neue Strukturen in der gegenwärtigen Erfahrung, in welcher das Trauma eine neue Bedeutung bekommen hat und nicht mehr das gesamte Erleben und Verhalten der Person dominiert.

Zu beachten ist, dass die direkte Arbeit am Trauma immer eingebettet sein muss in den therapeutischen Gesamtprozess, der aus vielen Veränderungsprozessen und -schritten besteht.

### 3.5.2.2 Prozessbeginn

Am Beginn des Prozesses stehen Blockierungen und die Fragmentierung vor allem des traumaassoziierten Erlebens im weitesten Sinne, erkennbar an starren, fixierten posttraumatischen/dissoziativen emotionalen Schemata, die plötzlich durch unvereinbare Widersprüche oder den Verlust der Person-Umwelt-Passung bedroht, gelockert oder aufgelöst werden und nach Neustrukturierung drängen, weil sie dysfunktional geworden sind.

Blockierungen des Erlebens entstehen durch Nichtbeachtung innerer Erfahrungen (Perls et al., 1951; Greenberg et al, 1993), so dass diese nicht synthetisiert, nicht symbolisiert und nicht integriert werden können. Dies ist für traumatisierte Menschen ein lebens- und überlebenswichtiges Verhalten, solange die Gefährdung anhält.

Diese Blockierungen werden beibehalten, weil sie für den Erhalt des Selbst und der überlebensnotwendigen sozialen Beziehungen adaptiv sind. Blockierungen des Erlebens vor dem Hintergrund spezifischer individueller traumatischer Erfahrungen leisten einen maßgeblichen Beitrag zur Entwicklung und Aufrechterhaltung posttraumatischer/dissoziativer Symptome (Greenberg et al., 1993). Die posttraumatische emotionale Betäubung und Depersonalisation (z.B. Ross, 1997) ist die direkte Folge der Vermeidung des inneren Erlebens während des Traumas und in der Zeit danach. Die peri- und posttraumatische Dissoziation in allen Facetten ist die Folge der fehlenden Integration (Fragmentierung) des Erlebens während des Traumas und in der Zeit danach.

Unvereinbare Widersprüche (z.B. erstmaliges Erinnern an sexuellen Missbrauch, obwohl so etwas nur anderen passiert) bzw. der Verlust der Person-Umwelt-Passung (z.B. durch das Eingehen neuer Beziehungen nach Beendigung der Traumatisierungen oder die Erfahrung, für wichtige Aufgaben im Leben nicht genügend vorbereitet oder geeignet zu sein) zwingen die betroffene Person, diese neuen Erfahrungen entweder nicht zu beachten (ihnen keine Aufmerksamkeit zu schenken und sie nicht zu symbolisieren) oder ihnen zu erlauben, sich zu entwickeln und neu zu strukturieren.

Zu diesem Zeitpunkt ist die Person bereit für eine Psychotherapie (Rogers, 1983; Greenberg & Safran, 1987). Die alten emotionalen Schemata drängen nach Neustrukturierung, weil sie nicht mehr mit den gegebenen Erfahrungen übereinstimmen.

Diese emotionalen Schemata verhindern die (vollständige) Verarbeitung des traumatischen Erlebens und vieler weiterer Aspekte des Erlebens im Allgemeinen, wodurch die typische posttraumatische/dissoziative Symptomatik aufrechterhalten wird.

Die impliziten posttraumatischen emotionalen Schemata sind ausgebildet worden, um das Überleben und Wachsen des Organismus sicherzustellen; sie haben also eine grundlegende Schutzfunktion. Sie sind adaptiv, solange die Traumatisierung anhält. Auch später sind sie teilweise adaptiv, um die Person funktionsfähig zu erhalten und nicht zu überfordern. Sie reduzieren jedoch in erheblichem Ausmaß die Fähigkeit der betroffenen Personen, nach Beendigung der Traumatisierung andere, positive Erfahrungen mit der Umwelt machen zu können, da das Abschließen der traumatischen Erfahrungen und das gegenwärtige innere Erleben weitgehend blockiert werden. So können die posttraumatischen emotionalen Schemata nicht restrukturiert werden.

Da Trauma-Opfer wegen ihres berechtigten Schutzbedürfnisses häufig ihre emotionalen Reaktionen dissoziiert haben, sind sie auch nach Beendigung der Traumatisierungen nur eingeschränkt in der Lage, emotionale Erfahrungen zu synthetisieren, zu symbolisieren, zu regulieren und in einheitliches Erleben zu integrieren. Traumatisierte Menschen vermeiden häufig Situationen, Gefühle und Gedanken, die an das Trauma und seine Folgen für die Gegenwart erinnern könnten (Symptomgruppe *Vermeidung*). Dadurch werden die Amnesiebarrieren aufrechterhalten bzw. die traumatischen Erinnerungen werden intrusiv, oft in fragmentierter Form, häufig und ohne jegliche Veränderung wiedererlebt (Symptome der *Intrusion*); der Gegenpol dieses Erlebens ist die emotionale Betäubung (*Konstriktion*), die intrusives Erleben sowie die Gefahr, emotional verletzt zu werden, reduziert. Wer nicht (mehr) fühlt, spürt seine Bedürfnisse nicht, und wer seine Bedürfnisse nicht (mehr) spürt, hat keine Motivation sie zu erfüllen und geht daher nicht die Gefahr ein, wieder verletzt, verlassen oder verraten zu werden. Die Folge der Unterbrechung des Synthesevorgangs primärer Emotionen, die während des Traumas und in der Zeit danach nicht erlebt und ausgedrückt werden konnten, ist ein posttraumatischer Dauerzustand von Unruhe und Nervosität (*Hyperarousal*). Die damit verbundenen Erfahrungselemente (Bewegungsimpulse, Empfindungen, Gefühle, sinnliche Eindrücke und Gedanken) existieren lediglich in dissoziierter Form außerhalb emotionaler Bedeutungszusammenhänge; solange sie nicht reassoziiert, zu Ende gelebt und in das Gesamterleben der Person integriert werden, verursachen sie physiologische Übererregung, empfunden als Unruhe und Nervosität. Erst die Integration von Erfahrungselementen in Form ihrer „gefühlten Bedeutungen“ reduziert Unruhe und Anspannung (Gendlin, 1961). Die Blockierung des inneren Erlebens aufgrund der starren posttraumatischen/dissoziativen emotionalen Schemata bedingt auch die nach früher und chronischer Traumatisierung häufig zu beobachtende Dissoziation, die bis zur Aufspaltung und Fragmentierung der Identität gehen kann. Um das Trauma und seine Folgen nicht in seiner Gesamtheit ertragen zu müssen, werden die entsprechenden traumabedingten emotionalen Schemata (erlebt als unterschiedliche Ich-Zustände oder Identitäten) getrennt voneinander gehalten. Auch dauerhafte Veränderungen der Persönlichkeit, wie sie bei der komplexen PTBS zu beobachten sind, oder dauerhafte Zustände von Selbstentfremdung und Empfindungslosigkeit (Depersonalisation) können als Folgen unveränderter posttraumatischer emotionaler Schemata betrachtet werden; diese Personen dissoziieren generell emotionale Reaktionen wegen der negativen Erfahrungen, die sie mit dem Erleben und Ausdrücken primärer Emotionen zur Zeit des Traumas und danach gemacht haben.

### 3.5.2.3 Veränderungsprozesse

Bei weitem nicht alle KlientInnen wollen oder können direkt an ihren traumatischen Erinnerungen arbeiten. Unter den früh und schwer Traumatisierten liegt der Prozentsatz derer, die direkt an ihrem Trauma arbeiten, erfahrungsgemäß bei ca. 50 %. Gründe dafür sind, dass sie niemals genügend (innere oder äußere) Stabilität erreichen, um diese Arbeit machen zu können, bzw. dass sie zu viel Angst und zu wenig Vertrauen haben, um sich den Belastungen auszusetzen, die diese Arbeit mit sich bringt.

Aber auch dann, wenn sich die KlientInnen für eine direkte Arbeit an ihren traumatischen Erinnerungen entscheiden, bildet die Arbeit mit diesen Erinnerungen nur eine Aufgabe in ihrer Psychotherapie, die eingebunden ist in den Gesamtprozess.

Denn eine „Traumatherapie“ allein hat nicht viel mit Psychotherapie zu tun. Es geht um die umfassende Stärkung der gesamten Persönlichkeit, nicht um die Anwendung einer einzelnen Technik.

Im ersten Teil dieses Buches sind wichtige und allgemeine therapeutische Aufgaben beschrieben worden, die im Gesamtprozess eine Rolle spielen (können). Auch während der Arbeit an traumatischen Erinnerungen wird auf diese spezifischen Interventionen zurückgegriffen, sie sollen daher an dieser Stelle nicht mehr ausführlich erläutert werden.

Im Falle der Verarbeitung traumatischer Erfahrungen ist die Bezugnahme auf das aktuelle innere Erleben, vor allem auf primäre Emotionen in ihren spezifischen Bedeutungszusammenhängen, die Voraussetzung dafür, dass der Prozess in Gang kommen und zu Ende gebracht werden kann.

Nur durch die Lenkung der Aufmerksamkeit auf unsere aktuellen inneren Erfahrungen kann es gelingen, sie bewusst wahrzunehmen und zu symbolisieren. (Greenberg et al., 1993). Für Trauma-Opfer heißt dies im Besonderen, dass sie ihr fragmentiertes Erleben, aufrechterhalten durch die Dissoziation, nicht überwinden können, solange sie nicht ihre Aufmerksamkeit auf ihr inneres Erleben richten, um die dissoziierten Erfahrungsaspekte (Erinnerungsfragmente sowie gegenwärtige zusammenhanglose Empfindungen und Gefühle) synthetisieren, symbolisieren und schließlich integrieren zu können. Wenn sich KlientInnen an ein bestimmtes traumatisches Ereignis oder an ein Element desselben erinnern, werden sie aus diesem Grund ermutigt, ihre Aufmerksamkeit nach innen, auf ihr aktuelles Erleben, zu richten und es mitzuteilen.

Die Synthese von primären Emotionen spielt in diesem Prozess aus folgendem Grund eine wesentliche Rolle:

Emotionen integrieren Körperausdruck, emotionale Schemata und Gedanken (Kongruenz). Probleme entstehen, wenn diese Integration zerbricht (Inkongruenz).

Mit diesem Problem sehen sich viele Opfer früher und chronischer Traumatisierung konfrontiert. Der erste Schritt zur Überwindung besteht in der Konzentration auf das aktuelle innere Erleben. Nur auf diese Weise kann emotionale Veränderung stattfinden.

Bei der Verarbeitung traumatischer Erfahrungen in der Psychotherapie werden vor allem folgende Veränderungsprozesse wirksam: Anerkennen von Emotionen (Erlauben und Akzeptieren), Entstehenlassen von Bedeutung, Wecken und Ausdrücken von Emotionen sowie Verantwortung übernehmen. An der therapeutischen Arbeit sind sämtliche Grundmodalitäten beteiligt: *Nachspüren/Bewusstheit*, *erfahrungsgeleitete Suche*, *aktiver Ausdruck* und *interpersoneller Kontakt*.

Des- und Reorganisation der posttraumatischen und dissoziativen emotionalen Schemata wechseln einander ab und sind aufeinander bezogen.

Im Verlauf einer Psychotherapie werden mehrere posttraumatische und dissoziierte emotionale Schemata des- und reorganisiert. Neu strukturierte Schemata (z.B. die gefühlte Erkenntnis, für Missbrauch und Folter nicht verantwortlich gewesen zu sein) sind in der Lage, andere, aktuelle Schemata (z.B. andere Einstellungen gegenüber der eigenen Person) zu ändern, wodurch diese in Frage gestellt werden und nach Neustrukturierung drängen. Dieser Vorgang wird angeregt, weil unsere schematisch strukturierten Erfahrungen in einem Netzwerk organisiert sind, dessen Komponenten einander ständig wechselseitig beeinflussen (Greenberg & Safran, 1990).

Des- und Reorganisation der posttraumatischen und dissoziierten emotionalen Schemata beschreiben sowohl den gesamten therapeutischen Prozess, dessen wichtigster Faktor eine empathische, akzeptierende und authentische, zugleich prozessfördernde therapeutische Beziehung ist, als auch die bei der Verarbeitung traumatischer Erlebnisse zentrale therapeutische Aufgabe: das Abschließen traumatischer Erfahrungen.

Die schematischen Erinnerungen, die mit den traumatischen Erfahrungen zusammenhängen (z.B. im Gedächtnis gespeicherte Ausschnitte einer ganz bestimmten Missbrauchsszene), werden nun aktiviert. Zentrale Komponenten dieses Schemas (vor allem damals unausgedrückt gebliebene primäre Emotionen) werden fokussiert, bis zu ihrem natürlichen Ende ausgedrückt und durchgearbeitet mit Hilfe von Nachspüren, emotionalem Ausdruck und erfahrungsgeleiteter Suche. Ein Gefühl ist bis zu seinem natürlichen Ende ausgedrückt worden, wenn all seine zentralen Komponenten, inklusive der assoziierten Bedürfnisse und Handlungstendenzen, erfahren und zum Ausdruck gebracht worden sind.

Indem das alte Schema in die einzelnen Komponenten zerlegt wird und diese dann bewusst gemacht werden, reintegrieren sie sich anschließend *nicht* mehr auf die alte Weise. Ein neues Schema kann sich aus verschiedenen Gründen bilden: Erstens können sich alte Komponenten durch Fokussierung und Ausdruck in ihrer Intensität oder Bedeutung verändern; zweitens können dem alten Schema in der Gegenwart neue Komponenten hinzugefügt werden *(Beispiele: siehe Seite 127).* Durch die laufende therapeutische Interaktion werden neue Erfahrungskomponenten hervorgebracht, die sich in ein neues Schema synthetisieren. Traumatische Erfahrungen werden zum Abschluss gebracht, indem sie aus der richtigen Arbeitsdistanz (Gendlin, 1981) durchlebt und die einst teilweise unausgedrückten Gefühle zu Ende ausgedrückt werden. So können die mit den Gefühlen verbundenen Bedürfnisse heute gesehen und akzeptiert werden, woraus eine veränderte Sicht des Selbst und der anderen Personen resultiert.

## Fazit

Am *Beginn des therapeutischen Prozesses* stehen unabgeschlossene traumatische Situationen, die Leben und Entwicklung der betroffenen Person sehr beeinträchtigen. *Weiterentwicklung* geschieht durch das Bewusstmachen, Ausdrücken und Zerlegen der einzelnen Komponenten der traumabezogenen emotionalen Schemata, um diese dann neu strukturieren und schließlich integrieren zu können. *Ergebnis* des Prozesses sind revidierte Schemata, die jene Komponenten der Erfahrung enthalten, die Abschluss und Abschied möglich machen. Aus Synthese, Symbolisierung und Integration entsteht eine persönlich bedeutsame kontinuierliche biographische Geschichte, die die Person annehmen und mitteilen kann.

Des- und Reorganisation der posttraumatischen emotionalen Schemata durch die Bezugnahme auf das eigene innere Erleben bilden den „Rahmen" des gesamten therapeutischen Prozesses.

Hierfür spielt die therapeutische Beziehung auf der Grundlage von Empathie, Akzeptanz und Authentizität die wichtigste Rolle (Greenberg et al., 1993).

Die zentrale therapeutische Aufgabe bei zugrunde liegender Traumatisierung soll im Folgenden beschrieben werden.

### Das Abschließen traumatischer Erfahrungen

*Was sollte sich ändern? – Das zugrunde liegende emotionale Problem*
Im Gedächtnis sind emotionale Schemata gespeichert, die ungelöste, unabgeschlossene traumatische Interaktionen mit der Umwelt beinhalten (z.B. erinnerte Bruchstücke an jahrelangen sexuellen Missbrauch durch den eigenen Vater), in welchen zentrale Bedürfnisse verletzt wurden. Diese Schemata mit den darin enthaltenen unabgeschlossenen Gefühlen werden in Situationen aktiviert, die der Ursprungssituation in bestimmten Aspekten gleichen, und die alten nicht zu Ende synthetisierten Gefühle drängen danach, ausgedrückt und zu ihrem natürlichen Ende gebracht zu werden. Solange diese Gefühle unausgedrückt bleiben, erlebt die Person auch die assoziierten Handlungstendenzen nicht, und sie tut nichts, um in der Gegenwart adaptiv handeln zu können, d.h. ihre primären Emotionen in ihren jeweiligen Bedeutungszusammenhängen wahrzunehmen und zur Grundlage ihrer Orientierung in der Umwelt zu nutzen sowie auf ihren Bedürfnissen (vor allem bezogen auf Nähe und Distanz) zu bestehen.

Die beteiligten Grundmodalitäten in dieser therapeutischen Aufgabe sind *Nachspüren*, *emotionaler Ausdruck*, *erfahrungsgeleitete Suche* und *interpersoneller Kontakt*.

*Indikation*

Diese Intervention ist angezeigt, wenn KlientInnen – nach ausreichender vorheriger äußerer sowie innerer Stabilisierung – bereit sind, sich darauf einzulassen, traumatische Situationen abzuschließen. Folgende Merkmale sollten gegeben sein:

a) leichtere bzw. einmalige Traumatisierungen
Folgen sind nachklingende belastende Gefühle, Gedanken oder Körperempfindungen in Bezug auf (eine oder mehrere) traumatische Situationen, die sich oft an intrusiven Erinnerungen, Flashbacks, Unruhe, Schlafstörungen und Alpträumen zeigen; alternativ oder im Wechsel damit: Vermeidung von Gefühlen, Körperempfindungen und Gedanken bezogen auf die traumatische Situation, die in emotionaler Taubheit resultieren kann.
b) schwere und/oder chronische/frühe Traumatisierungen
Folgen sind durchgängiges dissoziatives Erleben: Persönlichkeitsanteile erleben (sich) und agieren über längere Zeiträume unabhängig voneinander. Alternativ oder im Wechsel damit: (fast) vollständige Dissoziation von den eigenen emotionalen Reaktionen: Den KlientInnen sind ihre Gefühle nicht mehr zugänglich.

*Wie findet Veränderung statt? – Der Prozess im Überblick*

Das Intensivieren und Ausdrücken von Gefühlen gegenüber der traumatischen Situation, die in der Ursprungssituation nicht ausgedrückt und zu Ende gebracht werden konnten, hilft, mit dieser Situation abzuschließen, indem die KlientInnen die Situation mit all ihren Facetten akzeptieren, wie sie war, verbunden mit der Akzeptanz der eigenen Bedürfnisse in dieser Situation. Eine Konfrontation mit dysfunktionalen Vorstellungen darüber, wie Bedürfnisse erfüllt und Erfahrungen abgeschlossen werden, kann Teil dieses Prozesses sein.

Unausgedrückte Gefühle unterschiedlichster Art spielen in dieser therapeutischen Aufgabe eine zentrale Rolle. In der traumatischen Situation mussten sie unterbrochen (durch selbstunterbrechende Aktivitäten blockiert) und dissoziiert werden, damit die Person die Situation so unbeschadet wie möglich überleben konnte. In der Therapie werden sie in der Sicherheit der gegenwärtigen therapeutischen Situation aktiviert und durch emotionalen Ausdruck bezüglich der zentralen Facetten der traumatischen Situation und ihrer Folgen zugelassen, synthetisiert und symbolisiert. Es geht also darum, damals dissoziierte Erlebensaspekte in der Gegenwart zu durchleben und zu vervollständigen, um sie abschließen zu können.

Die Interventionen, die für das „Abschließen traumatischer Erfahrungen" genutzt werden können, müssen dem Klienten bzw. der Klientin und der Art des erlebten Traumas angepasst werden. Das systematische Abschließen traumatischer Erfahrungen fördert folgende Veränderungen:

a) Das Bewusstwerden neuer Informationen und assoziierter Bedeutungen bezogen auf alte traumatische emotionale Erfahrungen. Es handelt sich um Informationen, die wegen selbstunterbrechender Aktivitäten ursprünglich nicht zugänglich gewesen waren.
Beispiele: Erinnerungen an aufkeimenden Ärger während der Gewalterfahrungen, die Erinnerung an die eigene körperliche Unterlegenheit während der Gewalterfahrung.

b) Die Erleichterung und die Reduktion von Anspannung, die dem Ausdruck von Gefühlen folgen, scheinen die Entstehung der emotionalen Bedeutung, die die alte Situation für das Leben der KlientInnen hat, zu fördern.
Beispiel: Indem die Therapeutin den Schmerz und die Enttäuschung der Klientin bestätigt und teilt, kann die Klientin andere Menschen nicht mehr ausschließlich als böswillig und versagend erleben, sondern auch als hilfreich und emotional zugänglich.

c) Das Zu-Ende-Leben hilft, das alte, fixierte posttraumatische emotionale Schema neu zu strukturieren, und zwar aufgrund einer neuen Sicht des Selbst und/oder der anderen beteiligten Person(en). Eine neue Sicht des Selbst wird erlangt durch Selbstbestätigung, vor allem der damals nicht ausgedrückten zentralen Bedürfnisse; eine neue Sicht der anderen Person(en) wird erlangt, indem die anderen als weniger mächtig erlebt und klar für ihr Fehlverhalten verantwortlich gemacht werden, in seltenen Fällen auch durch Versöhnung mit der anderen Person oder anderen beteiligten Personen. Die Veränderung der Sichtweise des Selbst und der anderen Person(en) ist stets ein reziproker Prozess; das eine ist abhängig vom anderen. Das ganze emotionale Schema in all seinen Facetten muss aktiviert werden, um, auch unter Nutzung aller gegenwärtigen Ressourcen, neu strukturiert werden zu können.

Während des Abschließens traumatischer Erfahrungen werden die KlientInnen wieder, wie gewohnt, den Ausdruck der zentralen Gefühle unterbrechen. Ziel dieser therapeutischen Aufgabe ist es, diesen Unterbrechungsprozess durch den vollen Ausdruck der Gefühle aufzuheben, so dass die mit den Gefühlen verbundenen Bedürfnisse bewusst werden. Die Akzeptanz dieser Bedürfnisse ist es, die Trennung und Abschluss ermöglicht. Ein Bedürfnis muss in Kontakt gebracht werden mit seinem Objekt, um eine neue Lösung zu erreichen.

Beispiel: Am Ende des Prozesses kann die Klientin erkennen, dass sie nicht missbraucht worden ist, weil sie ein schlechter Mensch war, sondern weil der Täter seine Machtbedürfnisse an ihr befriedigen wollte.

Blockierte oder unterbrochene emotionale Prozesse werden in der Therapie wieder aufgenommen, indem der natürliche Ausdruck dieser Gefühle gefördert und zu Ende geführt wird. Dadurch differenzieren sich die Gefühle, und neue Aspekte können in die Sicht der (alten) Situation aufgenommen werden, wodurch die notwendige kognitive Veränderung stattfinden kann.

Klientenmerkmale sind Symptome einer posttraumatischen/dissoziativen Störung sowie Selbstmitleid, Anklagen, Resignation, Hoffnungslosigkeit und verbale Äußerungen, die beginnen mit „Wenn ich nur ...“ oder „Hätte ich nur ...“; diese Zustände werden immer noch als sehr belastend empfunden, auch wenn evtl. inzwischen viel Zeit vergangen ist. Wenn die Situation gegenwärtig wiederholt erlebt wird, entfalten sich ganz allmählich ihre unterschiedlichsten Facetten, die zuvor nicht im Bewusstsein repräsentiert waren, und dies führt zu einer emotionalen Restrukturierung des alten Schemas. Hinzu kommt, dass die KlientInnen mit ihrer Aufmerksamkeit teils in der Vergangenheit und teils in der Gegenwart sind und daher spüren, dass sie gegenwärtig nicht bedroht sind, sondern sich in der therapeutischen Beziehung sicher und unterstützt fühlen können. Diese balancierte Distanz ermutigt den Prozess des Abschließens traumatischer Situationen: Das Ereignis beginnt mit verbalen oder nonverbalen Äußerungen über unabgeschlossene Gefühle, die die Person noch heute sehr beeinträchtigen. Die schematischen Erinnerungen, die damit zusammenhängen, werden nun aktiviert. Zentrale Komponenten dieses Schemas werden fokussiert, ausgedrückt und durchgearbeitet mit Hilfe von Nachspüren, emotionalem Ausdruck und erfahrungsgeleiteter Suche. Indem das alte Schema in die einzelnen Komponenten zerlegt wird und diese dann bewusst gemacht werden, reintegrieren sie sich anschließend *nicht* mehr auf die alte Weise. Das revidierte Schema bildet sich also durch Integration neuer Komponenten, die durch die laufende therapeutische Interaktion entstehen.

Der gesamte Prozess lässt sich in vier Stadien gliedern: *Vorbereitungsstufe*, *Wachrufen von Gefühlen nach ausreichender Stabilisierung*, *Ausdruck* und *Trauma-Synthese* sowie *Abschluss durch Integration*.

## Vorbereitung

### Klient/Klientin

*Stabilisierung:* Bevor an traumatischen Erinnerungen und intensiven Gefühlen gearbeitet werden kann, muss der Klient bzw. die Klientin innerlich und äußerlich ausreichend stabil sein, weil diese Arbeit sehr belastend ist. Sind die aktuellen Lebensumstände zum Beispiel sehr instabil oder unerträglich, ist von einer Trauma-Bearbeitung abzuraten. Dasselbe gilt für den Fall, dass die Klientin/der Klient noch gar nicht in der Lage ist, intensive Emotionen zu regulieren; dann sollte dies zunächst anhand von weniger belastenden Erfahrungen erlernt werden.

*Distanzierung:* Der Klient/die Klientin muss lernen, Trauma-Erinnerungen in der Distanz zu halten, bevor sie mit emotionaler Beteiligung erlebt werden können. Er oder sie projiziert belastende Erinnerungen z.B. auf eine Leinwand („Screen") und betrachtet bestimmte traumatische Szenen wie einen Film. Wenn er oder sie starke Angst empfindet, kann auch der „sichere Ort" aufgesucht werden; dabei handelt es sich um einen imaginativen Ort, an dem er bzw. sie sich ganz sicher und geborgen fühlt. Nachdem traumatische Erinnerungen betrachtet worden sind, können sie schließlich in einen Behälter, z.B. in einen „Tresor" (Containment), gelegt werden, wo sie sicher verschlossen lagern, ohne dass sie im Alltag als Intrusionen auftauchen. Diese Distanzierungstechniken sind auf vielfältige Weise kombinierbar.

*Förderung von Kommunikation und Kooperation zwischen verschiedenen Persönlichkeitsanteilen bzw. Innenpersonen* (beim Vorliegen einer Dissoziativen Identitätsstörung): Klient/Klientin lässt es allmählich zu, dass seine bzw. ihre Innenpersonen mehr und mehr miteinander kommunizieren und kooperieren, z.B. indem sie direkt miteinander reden, sich schriftliche Nachrichten zukommen lassen, Tagebuch schreiben oder malen. Wenn Trauma-Synthese nicht gewünscht wird oder nicht möglich ist, kann Co-Bewusstsein zwischen den Innenpersonen das Ziel der Therapie sein, damit die KlientInnen in Zukunft ohne Amnesien im Tagesbewusstsein leben können und alle ihre Innenpersonen akzeptieren und für ihre Lebensbewältigung nutzen können.

Therapeut/Therapeutin

*Stabilisierung:* Er/sie prüft, ob der Klient/die Klientin ausreichend stabil für eine Trauma-Bearbeitung ist. Zunächst muss geprüft werden, ob Stabilität in zentralen Lebensbereichen vorhanden ist, z.B. in den sozialen Beziehungen, im Beruf, in der Freizeitgestaltung. In der Therapie ist Stabilität daran zu erkennen, dass er bzw. sie in der Lage ist, sich auf kontrollierte Art und Weise an die traumatischen Erfahrungen zu erinnern und Trauma-Material in der Distanz halten zu können.

*Distanzierung*: Um die erlebte Angst zu reduzieren, schlägt der Therapeut/die Therapeutin vor, die traumatische Szene auf eine imaginäre Leinwand zu projizieren und sie aus der Distanz, wie einen Film, zu betrachten. Um Kräfte sammeln oder sich sicher und geborgen fühlen zu können, schlägt er bzw. sie den KlientInnen vor, an einen bekannten, imaginären „sicheren Ort" zu gehen. Um die Wirkungen der traumatischen Erinnerungen im Alltag einzugrenzen, schlägt er bzw. sie den KlientInnen vor, die Erinnerungen wegzuschließen, zum Beispiel in einen imaginären „Tresor". Am wichtigsten ist, dass er oder sie die KlientInnen immer wieder fragt und prüfen lässt, mit welchem (Erlebens)aspekt sie sich jetzt gerade befassen möchten und ob sie sich damit aktuell überfordert fühlen oder nicht.

*Förderung von Kommunikation und Kooperation* (beim Vorliegen einer Dissoziativen Identitätsstörung): Kommunikation und Kooperation zwischen den Innenpersonen der KlientInnen werden gefördert, z.B. durch die Ermutigung, miteinander zu reden, innere Erfahrungen miteinander zu teilen, ein gemeinsames Tagebuch zu führen, sich Notizen zukommen zu lassen oder zu malen. Der Therapeut/die Therapeutin fördert die Akzeptanz aller Innenpersonen. Wenn möglich, sollte allen Raum und Zeit zugestanden werden. Wird Trauma-Synthese nicht gewünscht oder ist sie nicht möglich, fördert er bzw. sie Co-Bewusstheit zwischen den Innenpersonen durch Ausweitung von Kommunikation und Kooperation unter ihnen, bis sich die Amnesien im Tagesbewusstsein weitgehend reduziert haben oder ausbleiben.

## Vorbereitungen für die Traumabearbeitung

**Distanzierung einüben (bei schwerer, chronischer oder früher Traumatisierung):**

„Selbstunterbrechende Aktivitäten“ werden kontrolliert eingesetzt oder hypnotherapeutische Verfahren (Tresor, Sicherer Ort, Screen, usw.) eingeübt.

Beispiele für die Nutzung selbstunterbrechender Aktivitäten:
Wenn die Klientin an einer bestimmten Stelle mit der Trauma-Synthese aus Angst nicht fortfahren will, kann die Therapeutin vorschlagen, das Thema zu wechseln oder eine andere Aktivität aufzunehmen, z.B. zum Fenster hinaus zu schauen.

Beispiele für die Nutzung hypnotherapeutischer Distanzierungstechniken:
Um die erlebte Angst während des Wiedererlebens der traumatischen Szene zu reduzieren, schlägt die Therapeutin der Klientin vor, an einen ihr bekannten sicheren Ort zu gehen.
Um die Wirkung der traumatischen Erinnerungen im Alltag einzuschränken, schlägt die Therapeutin vor, diese Erinnerungen unter Verschluss zu bringen, sie z.B. in einem imaginierten Tresor oder Bunker zu lagern, bis wieder daran gearbeitet werden soll.

**Zugänglichmachen primärer Emotionen:**
Primäre Emotionen werden zugänglich gemacht durch die Synthese ihrer Einzelkomponenten, die voneinander dissoziiert sind.

Beispiele für das Zugänglichmachen primärere Emotionen:
- Durchbrechen der Amnesie-Barriere: durch Anknüpfen an vorhandene Erinnerungen, Ausdrucksanalyse, Nachspüren, Focusing oder hypnotherapeutische Verfahren (z.B. „Affekt-Brücke“), u.a.
- Trauma-Synthese: fraktioniertes Erleben der Bestandteile der traumatischen Situationen (Bewegungsimpulse, Körperempfindungen, Gefühle, Bilder und andere Sinneseindrücke und Gedanken); diese Bestandteile bilden gemeinsam den Ablauf jeder einzelnen traumatischen Situation. Sie werden nacheinander oder parallel, oft mit Hilfe von Distanzierungstechniken, fokussiert und erlebt, wobei vor allem die damals unausgedrückt gebliebenen Gefühle bis zu ihrem natürlichen Ende ausgedrückt werden.
- Zwei-Stuhl-Dialog (oder andere Methoden), um vor allem unabgeschlossene Beziehungen abzuschließen, die sich um das Trauma herum gebildet haben.
- Trauerarbeit: Das Trauma hat immer schwere Verluste zur Folge, die betrauert werden.

## Stadium 1:
## Wachrufen von Gefühlen nach ausreichender Stabilisierung

### Klient/Klientin

*Indikation:* Er/sie erlebt (fragmentierte) traumatische Erinnerungen oder nachklingende traumatische Situationen in Form von Intrusionen und kann nicht mit diesen Erinnerungen oder Situationen abschließen.

*Beim Vorherrschen sekundärer Gefühle:* Er/sie drückt Klage, Schuldvorwürfe oder Verletztheit aus, nachdem er/sie den Ausdruck von Gefühlen (wieder) zurückgehalten hat. Dieses Verhalten ist immer ein Bestandteil der Spaltung durch Selbstunterbrechung oder Selbstbewertung. Dann kommt es darauf an, die sekundären Gefühle in die entsprechenden primären Gefühle zu differenzieren (durch Nachspüren, Exploration, Teile-Arbeit oder direktes Bearbeiten des Konflikts).

*Nachspüren oder Betrachten aus der Distanz:* Er/sie entwickelt ein Gefühl für die traumatische Situation oder für bestimmte Elemente dieser Situation, und zwar über die Sinneskanäle, die ihm/ihr am besten entsprechen, und fühlt sich in die traumatische Situation oder in einige Elemente derselben ein und beschreibt sie lebhaft. Wird dieses Vorgehen als zu intensiv empfunden (er oder sie zieht sich zurück, äußert Angst oder erstarrt), betrachtet er/sie die traumatische Situation oder einige ihrer Elemente aus der Distanz (z.B. auf einer imaginären Leinwand), um die Erinnerungsfragmente zu sammeln.

### Therapeut/Therapeutin

*Indikation*: Er/sie prüft Indikation und sichert sich die Zustimmung zur Intervention.

*Struktur:* Er/sie strukturiert die Intervention: sagt, dass es hilfreich sein könnte, dass der Klient/die Klientin sich in die traumatische Situation (oder in bestimmte Elemente dieser Situation) hineinbegibt, oder schlägt vor, sich diese Situation zunächst aus der Distanz anzuschauen.

*Präsenz:* Er/sie ruft die Präsenz der Situation oder bestimmter Elemente aus dieser Situation wach; hilft, die unabgeschlossene traumatische Situation emotional wachzurufen, z.B. durch lebhaftes Beschreiben des Ablaufs der Situation (beim Fehlen von Amnesie) oder einzelner Sinneseindrücke. Dies muss auf die KlientInnen abgestimmt geschehen. Folgende Fragen sind hilfreich: KANNST DU SIE/IHN SEHEN/HÖREN/SPÜREN? UND WAS FÜHLST DU JETZT? Bei hoch fragmentierten oder schwer zugänglichen Erinnerungen können Focusing oder hypnotherapeutische Methoden (z.B. Screen) eingesetzt werden, um Erinnerungsfragmente verfügbar zu machen und zu sammeln. Sind z.B. nur Körperempfindungen präsent, kann mit Hilfe von Focusing der Kontext gefunden werden, aus welchem diese Körperempfindungen stammen. Oder der „Film“ kann auf der Leinwand imaginativ in Zeitlupe betrachtet werden, um fehlende Erinnerungsfragmente zu ergänzen.

*Kontaktaufnahme:* Er/sie bittet den Klienten/die Klientin, aus seinem bzw. ihrem Gefühl heraus etwas über die traumatische Situation oder einzelne Aspekte derselben zu sagen. An dieser Stelle muss eingeschätzt werden, ob der Klient/die Klientin instrumentelle oder sekundäre Emotionen ausdrückt; wenn ja, hilft man ihm/ihr dabei, das zugrunde liegende primäre Gefühl zu identifizieren und auszudrücken.

*Verantwortung übernehmen:* Er/sie fördert die Übernahme von Verantwortung für diese (primären) Gefühle, z.B. durch den Vorschlag, Ich-Aussagen zu treffen.

*Verfügbarmachen:* Er/sie macht die anfänglichen Gefühle in Reaktion auf die Situation verfügbar. Folgende Fragen sind hierbei hilfreich: WAS WAR DIE SCHLIMMSTE VERLETZUNG? WAS IST DER GRÖSSTE VORWURF?

*Wachrufen einer zentralen, spezifischen Erinnerung an die unabgeschlossene traumatische Erfahrung:* Er/sie bittet den Klienten/die Klientin, die erinnerte Situation lebhaft zu beschreiben und ggf. zentrale Aspekte handelnd zu erleben (Enactment). Wenn der Klient/die Klientin nicht spontan von einer zentralen, spezifischen Erinnerung spricht, kann man durch gezielte Fragen nach Erinnerungen helfen. In anderen Fällen ist es sinnvoll, auch diese zentralen Erinnerungen in der Distanz zu halten, z.B. indem sie auf einer Leinwand betrachtet werden.

## Stadium 2: Ausdruck und Trauma-Synthese

Klient/Klientin

*Trauma-Synthese:* Noch fehlende Erinnerungen werden jetzt, z.B. mit Hilfe der Screen-Technik, bei der der „Film“ Bild für Bild vor- und zurück-„gespult“ und auf jede andere erdenkliche Weise manipuliert werden kann, gesammelt und so weit wie möglich vervollständigt, bis sie eingrenzbaren traumatischen Szenen zugeordnet werden können. Alle verfügbaren Szenen werden nun auf kontrollierte Weise entweder durchlebt oder weiterhin aus der Distanz betrachtet, bis der Klient bzw. die Klientin in der Lage ist, die daran gekoppelten primären Gefühle zuzulassen und auszudrücken. Hierbei ist es wichtig, alle Komponenten der einzelnen traumatischen Szenen mit einzuschließen, z.B. anhand des BASK-Modells: Behavior (Verhalten): „Was hast Du während des Ereignisses getan?“ Affect (Affekt): „Was hast Du gefühlt?“ Sensation (Wahrnehmung): „Was hast Du in Deinem Körper und über Deine Sinneskanäle empfunden und wahrgenommen?“ Knowledge (Wissen, Kenntnis): „Was ist genau passiert?“ Es ist wichtig, wenn möglich, auch die Vorgänge kurz vor und nach der traumatischen Szene mit einzubeziehen.[1]

*Ausdruck:* Er/sie lässt die Situation auf sich wirken und erlebt, was dadurch emotional ausgelöst wird, anstatt sie zu beschreiben; drückt die gegenwärtigen Gefühle der Situation und den handelnden Personen gegenüber aus. Zunächst global, differenzieren sich die Gefühle allmählich aus: Die in der Klage/dem Vorwurf enthaltene diffuse Mischung aus Ärger und Traurigkeit verwandelt sich in puren Ärger oder pure Traurigkeit, die manchmal auch in den jeweils anderen Affekt umschlagen. Unbehagen kann sich in Angst differenzieren, die jetzt bis zu einem gewissen Grad erlebt und ausgedrückt werden kann.

1 Beachte: Im Rahmen des hier vorgestellten therapeutischen Ansatzes wird keine Methode – auch nicht die Screen-Technik – als standardisiertes Verfahren angewandt, weil dies dem Prinzip der Selbstregulation widersprechen würde. Die Screen-Technik kann den Klienten als eines von mehreren Angeboten erklärt werden; sie werden ermutigt es abzulehnen, wenn es nicht zu ihnen passt, bzw. das Vorgehen so zu gestalten, dass es am besten zu ihnen passt, wenn sie sich darauf einlassen möchten. Trauma-Synthese ist nicht an bestimmte Verfahren gebunden. Sie benötigt eine Therapeutin oder einen Therapeuten, der präsent und bereit ist alles zu hören; und sie benötigt eine Form des „Rituals“, das aus der gegenwärtigen Situation heraus entsteht und für Schutz und Begrenzung sorgt. Die hier beschriebene Vorgehensweise ist daher als eine von vielen Möglichkeiten zu verstehen, mit traumatischen Erinnerungen zu arbeiten.

*Experimentieren:* Er/sie experimentiert graduell mit dem Ausdruck dieser Gefühle (z.B. bei Ärger zunächst die Faust ballen, dann die andere Person anklagen oder auf einen Gegenstand schlagen). Nachdem die KlientInnen ihre primären Gefühle gegenüber der Situation ausgedrückt haben, werden sie gebeten, diese Gefühle zu symbolisieren, also dem Ausdruck Worte hinzuzufügen, die die relevanten Gefühle und Bedürfnisse enthalten.

*Balance:* Er/sie behält die Balance zwischen dem intensiven Ausdruck von Gefühlen und dem Nachspüren nach innen. Dies ist wichtig, weil sich anderenfalls der Ausdruck der Gefühle von der tatsächlichen gegenwärtigen Erfahrung abkoppeln kann, wodurch der Prozess unterbrochen werden würde.

*Ausdruck der Bedürfnisse:* Er/sie drückt die in der traumatischen Situation verletzten Bedürfnisse voll und ganz aus, z.B. die Bedürfnisse nach Abgrenzung, Schutz und Sicherheit.

Therapeut/Therapeutin

*Trauma-Synthese:* Er/sie strukturiert und begleitet die Trauma-Synthese (siehe oben); hilfreich sind Fragen nach dem Ablauf der Szene, so dass die verfügbaren Erinnerungen eingeordnet und in allen Modalitäten erlebt bzw. aus der Distanz betrachtet werden können.

*Differenzierung:* Er/sie hilft, die Gefühle bezogen auf die traumatische Situation und die darin agierenden Personen zu differenzieren; macht dem Klienten/der Klientin die verbalen und nonverbalen Signale seiner/ihrer primären Gefühle (durch Prozessbeobachtung) bewusst; macht ihm bzw. ihr ebenfalls die Anzeichen für Vermeidung und Selbstunterbrechung (durch Prozessbeobachtung) bewusst; hilft ihm bzw. ihr, jetzt alle Gefühle auszudrücken, die in der erinnerten Situation unausgedrückt bleiben mussten.

*Ausdruck:* Er/sie fördert den vollen Ausdruck der nun differenzierten, adaptiven primären Gefühle bezogen auf die traumatische Situation und die darin agierenden Personen, und zwar durch graduelles Experimentieren mit dem emotionalen Ausdruck; er/sie umgeht sekundäre, unterstützt und intensiviert primäre Reaktionen bis zum vollständigen Ausdruck von Angst, Trauer, Ärger, Ekel, Schmerz, Liebe usw.

*Balance:* Er/sie hilft, die Balance zwischen emotionalem Ausdruck und aktueller innerer Erfahrung aufrechtzuerhalten; er/sie prüft auf allen Ebenen (verbal und nonverbal), ob emotionaler Ausdruck (z.B. das Anschreien eines Täters im Rollenspiel) und aktuelle innere Erfahrung (in diesem Fall wäre die korrespondierende Erfahrung Wut oder Ärger) kongruent sind und bleiben; wenn nicht, bittet er bzw. sie die Person, die Aufmerksamkeit nach innen zu richten, bis das Gefühl wieder auftaucht; dann wird dieses Gefühl auf die Person in der traumatischen Situation gerichtet durch den Ausdruck dessen, was ist. Auf diese Weise kann der Ausdruck des Gefühls zu Ende gebracht werden.

*Ausdruck der Bedürfnisse:* Er/sie fördert den Ausdruck der mit den Gefühlen verbundenen und einst unerfüllten oder verletzten Bedürfnisse bezogen auf die traumatische Situation und bezogen auf die darin agierenden Personen; folgende Fragen sind an dieser Stelle hilfreich: WAS BRAUCHEN/BRAUCHTEN SIE STATTDESSEN VON IHM/IHR? WAS HÄTTEN SIE IN DIESER SITUATION GEBRAUCHT? MÖCHTEN SIE ES IHM/IHR SAGEN? Im Falle eines Traumas ist es wichtig, an diesem Punkt auf Grenzsetzungen zu achten, also die Fähigkeit zu unterstützen, Nein zu sagen.

## Stadium 3: Abschluss durch Integration

Klient/Klientin

*Veränderung der Perspektive:* Er/sie sieht die traumatische Situation anders als zuvor, vor allem die darin agierenden Personen; sie erscheinen jetzt in der Regel weniger mächtig.

*Verständnis:* Er/sie drückt Verständnis und Zuneigung gegenüber sich selbst als (damals) wehrlosem Opfer aus.

*Selbstbestätigung:* Er/sie fühlt sich bestätigt und macht die eigenen Bedürfnisse geltend; er bzw. sie weiß nun, dass in der in Frage stehenden Beziehung oder Situation wichtige, berechtigte Bedürfnisse nicht erfüllt bzw. verletzt wurden und dass dies nicht seine/ihre Schuld war; beschließt, den Personen, die ihn/sie traumatisiert haben, niemals zu verzeihen und sie für ihr Fehlverhalten verantwortlich zu machen oder – in seltenen Fällen – ihnen zu verzeihen.

*Gefühlte Bedeutung:* Er/sie entwickelt eine gefühlte Bedeutung bezüglich der neuen Art und Weise, die traumatische Situation bzw. die traumatische Vergangenheit (bei chronischer Traumatisierung) zu erleben. Diese zutiefst gefühlte Veränderung könnte z.B. darin bestehen, dass er/sie nicht länger ohnmächtig der Vergangenheit ausgeliefert ist, sondern jetzt trotz aller erlittenen Verluste die Möglichkeit besitzt, ein befriedigendes Leben aufzubauen.

*Integration:* Er/sie integriert die traumabezogenen Erinnerungen mit den daran gekoppelten primären Gefühlen und gefühlten Bedeutungen sowie, falls notwendig, die noch immer dissoziierten Teilidentitäten (dissoziierten emotionalen Schemata) in die Gesamtstruktur der emotionalen Schemata (und somit auch ins autobiographische Gedächtnis). Nur so werden einheitliches Erleben und zielgerichtetes, adaptives Handeln möglich.

*Trauerarbeit:* Er/sie trauert zutiefst um alle im Zusammenhang mit dem Trauma entstandenen Verluste.

*Sinnfindung:* Er/sie entnimmt – vielleicht erstmals – aus den vergangenen Erfahrungen einen Sinn für sein bzw. ihr Leben.

Therapeut/Therapeutin

*Loslassen:* Er/sie unterstützt die Fähigkeit, loszulassen und eine neue Sicht der Situation zu entwickeln; unterstützt eine aktuell weniger kontrollierende Sichtweise der am Trauma beteiligten Personen, sofern es Anzeichen für diese Entwicklung gibt. Meist geschieht dies automatisch nach dem Ausdruck von primären Gefühlen und dem Aufgeben von Erwartungen, die nicht (mehr) erfüllt werden können; ist dies nicht der Fall, kann er bzw. sie durch entsprechende Fragen das Aufkommen einer veränderten Sichtweise unterstützen.

*Veränderte Perspektive:* Er/sie unterstützt das Auftauchen eines neuen Verständnisses für die in Frage stehende Situation; unabhängig davon, welche Richtung die Veränderung genommen hat (Versöhnung oder die Entscheidung, niemals zu verzeihen). Er bzw. sie unterstützt die Person dabei, ihre neue Sicht bezüglich ihrer traumatischen Vergangenheit zu behaupten und darauf bezogene unerfüllbare Erwartungen loszulassen und aufzugeben. Kann sie ihre unerfüllbaren Erwartungen (noch) nicht aufgeben, kann folgende Frage hilfreich sein: WAS KÖNNEN SIE HEUTE TUN, UM VON DER ANDEREN PER-

SON ZU BEKOMMEN, WAS SIE BRAUCHEN? Wird immer noch an den unerfüllbaren Erwartungen festgehalten, führt folgende Bitte meistens zu einer gefühlten Veränderung: SAGEN SIE: „ICH WERDE NIEMALS AUFHÖREN, DARAUF ZU WARTEN, DASS DU (MIR GIBST, WAS ICH BRAUCHE; MEINE ERWARTUNGEN ERFÜLLST USW.).“ WIE FÜHLT SICH DAS AN?

*Stärkung von Prozessen, die Abschluss ermöglichen:* Er/sie fragt den Klienten/die Klientin, was er bzw. sie noch tun kann, um unerfüllbare Erwartungen loszulassen oder das unerfüllte Bedürfnis zu erfüllen (falls das noch notwendig ist).

*Kontaktabschluss*: Er/sie schließt den Kontakt mit der traumatischen Situation angemessen ab; je nachdem, ob in dieser Stunde eine Lösung erreicht wurde oder nicht, bittet er bzw. sie die Person nun, sich für heute oder für längere Zeit aus der erinnerten Situation zu lösen; oft ist es hilfreich, noch eine Weile dazusitzen und allmählich in die Gegenwart zurückzukehren.

*Gefühlte Bedeutung:* Er/sie fördert die Entwicklung einer gefühlten Bedeutung bzgl. der neuen Art und Weise, die zuvor unabgeschlossene traumatische Situation oder Vergangenheit (bei chronischer Traumatisierung) zu erleben (falls diese nicht schon spontan aufgetaucht ist); er/sie hilft, diese Erfahrung in das Selbst und in das Leben zu integrieren, indem er/sie dazu ermutigt, ihre Bedeutung zu symbolisieren.

Beispiel: Ich kann jetzt akzeptieren, dass ich keine Kindheit gehabt habe, trotzdem kann ich jetzt anfangen, mein Leben zu leben.

Entweder ist an dieser Stelle Abschluss erreicht worden, oder weitere Arbeit bzw. eine Abschluss schaffende Handlung im Alltag wird erforderlich sein, um endgültig mit der Situation oder der traumatischen Vergangenheit abschließen zu können.

*Integration:* Er/sie unterstützt die Integration der traumabezogenen Erinnerungen und der daran geknüpften primären Gefühle und gefühlten Bedeutungen und, falls notwendig, die Integration der unterschiedlichen Teilidentitäten (dissoziierten emotionalen Schemata) in die Gesamtstruktur der emotionalen Schemata (damit auch in das autobiographische Gedächtnis). Nur so kann letztlich einheitliches Erleben und zielgerichtetes, adaptives Handeln möglich werden.

*Trauerarbeit:* Er/sie unterstützt tiefes Trauern um alle mit der Trauma-Geschichte verbundenen Verluste.

*Sinnfindung:* Er/sie unterstützt den Prozess des Klienten bzw. der Klientin, in seinem/ihrem Leben für Gegenwart und Zukunft – vielleicht erstmals – einen Sinn zu entdecken, der es lohnt, dieses Leben (weiter) zu leben.

*Skala des erreichten Lösungsgrades (unabgeschlossene traumatische Situationen):*
- Klient/Klientin beschuldigt eine andere Person oder mehrere andere Personen, ihm bzw. ihr in bestimmten Situationen Gewalt angetan oder sie verletzt und vernachlässigt zu haben.
- Klient/Klientin erinnert sich und tritt in Kontakt mit diesen Situationen und den darin agierenden Personen und drückt unabgeschlossene Gefühle ihnen gegenüber aus, häufig in Form von Vorwürfen oder Verletztheit bzw. beschuldigt sich selbst, für das Geschehene verantwortlich zu sein.
- Klient/Klientin differenziert die (An-)Klage in die darunter liegenden Gefühle, meist Angst, Trauer und Ärger; diese Gefühle werden erlebt und mit großer Intensität ausgedrückt.
- Klient/Klientin erlebt das mit den Gefühlen verbundene Bedürfnis als berechtigt, drückt es aus und macht es als sein bzw. ihr Recht geltend.
- Klient/Klientin sieht die am Trauma beteiligten Personen nun auf andere Weise, in der Regel als weniger mächtig – als Menschen, die eigene Probleme hatten.
- Klient/Klientin fühlt sich in ihren Gefühlen und Bedürfnissen bestätigt und kann die zuvor unabgeschlossenen Gefühle jetzt loslassen, indem er bzw. sie die am Trauma beteiligten Personen für ihr Fehlverhalten klar verantwortlich macht oder – in seltenen Fällen –, indem er bzw. sie diesen Personen verzeiht.

### 3.5.2.4 Prozessende

Am Ende des Prozesses stehen revidierte oder neue emotionale Schemata bezüglich der traumatischen Erfahrungen und ihrer Folgen für Gegenwart und Zukunft auf höherem Integrationsniveau, die nun die neu synthetisierten, symbolisierten und neu strukturierten traumaassoziierten Erfahrungselemente in Form einer biographischen Geschichte mit einer persönlichen Bedeutung enthalten. Weil das Trauma mitgeteilt und (weitgehend) abgeschlossen werden konnte, muss es nicht mehr wiedererlebt werden, und emotionale Erfahrungen müssen nicht länger dissoziiert werden. Primäre Emotionen und gefühlte Bedeutungen können jetzt (wieder) ihre Orientierungsfunktion für das Erleben und Verhalten erfüllen.

Durch das Abschließen der traumatischen Situationen haben sich am Ende des Prozesses neue oder revidierte emotionale Schemata gebildet. Sie funktionieren auf höherem Integrationsniveau als die vorherigen emotionalen Schemata, weil sie jetzt die neu synthetisierten, neu strukturierten und zu neuen Bedeutungen symbolisierten Erfahrungselemente enthalten, die dem Bewusstsein der Person zuvor nicht zugänglich gewesen waren. Diese neuen oder revidierten emotionalen Schemata integrieren also eine größere und genauer symbolisierte Anzahl von Erfahrungselementen, die für die Orientierung in der Umwelt sowie für adaptives Handeln vielfältigere und differenziertere Informationen zur Verfügung stellen.

Die Person beispielsweise, die zuvor weder sich selbst noch anderen Menschen oder der Welt im Allgemeinen vertrauen konnte, hat am Ende des Prozesses das Vertrauen in sich und andere (zurück)gewonnen, da sie neue emotionale Schemata über sich-in-der-Welt entwickelt hat. Durch die besondere Art der therapeutischen Beziehung hat sie erfahren, dass sie anderen Menschen vertrauen kann. Durch die Spiegelung und Validierung ihrer Gefühle hat sie erfahren, dass sie ihren eigenen emotionalen Reaktionen, den vergangenen sowie den gegenwärtigen, vertrauen kann. Da primäre Emotionen und gefühlte Bedeutungen jetzt – vielleicht zum ersten Mal in ihrem Leben – ihre wichtige Orientierungsfunktion erfüllen können, wird auch die äußere Welt nicht länger als ausschließlich bedrohlich und unberechenbar empfunden. Die Welt ist „bewohnbar" geworden.

Durch die besondere Art der therapeutischen Beziehung, die interpersonelle Angst reduziert und emotionale Prozesse fördert, hat sich der Klient/die Klientin auf seine/ihre emotionalen Erfahrungen konzentriert, diese synthetisiert, symbolisiert und schließlich in neue und revidierte emotionale Schemata über sich-in-der-Welt integriert.

Der Klient/die Klientin hat erlebt, dass das Zulassen, Synthetisieren, Symbolisieren und Integrieren von inneren Erfahrungen zwar manchmal schmerzhaft und bedrohlich sein kann, letztendlich aber dazu führt, dass er bzw. sie sich an seinen/ihren eigenen Gefühlen und Bedürfnissen in Bezug auf sein/ihr jeweiliges Umfeld besser orientieren kann und nun eher verwirklichen kann, was er oder sie braucht. Diese Erfahrung wirkt sich auf den Umgang des

Klienten bzw. der Klientin mit seinen bzw. ihren inneren Erfahrungen im Allgemeinen aus, so dass er bzw. sie von nun an auf seine/ihre primären Emotionen und gefühlten Bedeutungen achtet und diese als Orientierung für sein/ihr Erleben und Verhalten nutzen kann.

### 3.5.2.5 Modellbezogene Grundannahmen

Abschließend seien einige Punkte erwähnt, die für das Verständnis der aufgezeigten Interventionen und theoretischen Vorstellungen von Bedeutung sind:

*Komplexität:* Die hier sehr chronologisch und schematisch dargestellten Interventionen zur Unterstützung der Verarbeitung traumatischer Erfahrungen in der Psychotherapie verlaufen in der Realität als Prozess mit fließenden Übergängen und vielerlei Variationen.

*Therapiedauer:* Die Therapiedauer beträgt bei KlientInnen mit einer Geschichte früher und chronischer Traumatisierung in der Regel mehrere Jahre.

*Relevanz des Gesamtprozesses:* Die hier skizzierten Interventionen sind Bestandteil einer umfassenden Psychotherapie, die den ganzen Menschen betrifft und nicht nur auf das Trauma fokussiert.

*Klientenzentriertes Beziehungsangebot:* Diese Interventionen ereignen sich im Rahmen einer empathischen, akzeptierenden und authentischen therapeutischen Beziehung. Die TherapeutInnen beziehen sich – abgesehen von bestimmten lebensbedrohlichen Krisen – auf die aktuellen Erfahrungen des Klienten bzw. der Klientin und folgen diesen. Sie passen ihre Interventionen deren Bedürfnissen, Ressourcen und Kontaktfähigkeit an. Das bedeutet letztendlich auch, dass kein Klient und keine Klientin gedrängt werden darf, ein Trauma zu erinnern oder zu bearbeiten. Diese Entscheidung bleibt in jedem Augenblick ihm oder ihr allein vorbehalten.

*Inneres Bezugssystem:* Ausgangspunkt der therapeutischen Arbeit ist das innere Bezugssystem der KlientInnen. Es ist wichtig, dieses innere Bezugssystem zu kennen, um effektiv arbeiten zu können. Dies gilt ganz besonders im Falle von akuten Krisen.

*Selbstorganisation und Selbstregulation:* Prozess- und erfahrungsorientierte Psychotherapie (bei der Verarbeitung traumatischer Erfahrungen) zielt auf Selbstorganisation und Selbstregulation. Es geht darum, das Vertrauen in die eigene Fähigkeit zur Selbstorganisation und Selbstregulation zu wecken und zu fördern. Vor diesem Hintergrund sollten Interventionen unterlassen werden, die auf die Veränderung eines festgelegten Inhalts abzielen (z.B. Methoden der kognitiven Umstrukturierung im Rahmen der Verhaltenstherapie) sowie Interventionen, die zum Ziel haben, problematisches Verhalten zu bestrafen (z.B. mittels Verträgen oder Sanktionen, wie beispielsweise von Sachse, 1997, praktiziert; etwas anderes ist es, die Person zeitweise vor sich selbst zu schützen). Alle Symptome, selbst Suizidimpulse und Selbstverletzendes Verhalten, sind letztlich Lösungsversuche des Organismus, die immer eine positive, hilfreiche Absicht enthalten. Wenn es gelingt, diese positive, hilfreiche Absicht zu symbolisieren und zu aktivieren, kann sie einen adaptiven Ausdruck finden, so dass die problematischen Symptome mit der Zeit überflüssig werden.

*Konsistenz:* Das diesem Ansatz zugrunde liegende Beziehungsangebot sowie die den Ansatz prägenden therapeutischen Grundhaltungen sollten konsistent verwirklicht werden (dies gilt auch und gerade für schwierige Situationen und für die meisten Krisen), oder der Therapeut bzw. die Therapeutin entscheidet sich generell für ein anderes Konzept und Vorgehen, das sich in der therapeutischen Praxis bewährt hat. Diese Art der Konsistenz ist gerade für traumatisierte Menschen besonders wichtig, da ihnen emotionale Sicherheit und Verlässlichkeit gefehlt haben. Ein Wechsel zwischen den therapeutischen Grundorientierungen und -haltungen wirkt destruktiv und gefährdet das Vertrauen in die eigene Person und in die Person des Therapeuten bzw. der Therapeutin. Daher sollte er unterbleiben (Greenberg et al., 1993). Methoden aus anderen therapeutischen Grundorientierungen oder Verfahren können verwendet werden, sofern sie klientenzentriert anwendbar sind. Dies gilt beispielsweise für Methoden aus der Körperpsychotherapie sowie der Hypnotherapie. Deutungen, wie in der Psychoanalyse üblich, sollten unterbleiben. Methoden der kognitiven Umstrukturierung oder der direkten Verhaltensmodifikation widersprechen ebenfalls dem hier vorgestellten Ansatz und sollten daher im Rahmen dieser therapeutischen Orientierung unterbleiben.

# 4. Fallgeschichte Frau D.: „Ich weiß nicht mehr, wer ich bin.“

Im Folgenden soll ein beispielhafter Fall vorgestellt werden, der die im Text genannten zentralen Begriffe und Prozessschritte anhand von Gegebenheiten und Problemen aus der Praxis veranschaulicht. Die zu veranschaulichenden Begriffe wurden durch Kursivdruck hervorgehoben. Namen und konkrete Lebensumstände sind als Beispiele zu verstehen.

Die beschriebenen Prozesse und Interventionen wurden in sehr verkürzter Form dargestellt, sie laufen in der Regel nicht so „idealtypisch“ ab wie hier beschrieben. In der Praxis sind Umwege und Hindernisse eher die Regel als die Ausnahme. Es ist daher zu beachten, dass es sich insgesamt um einen langfristigen Prozess handelt.

Frau D. ist gemeinsam mit ihrem jüngeren Bruder bei den Eltern aufgewachsen. An ihre Kindheit, vor allem vor dem sechsten Lebensjahr, erinnert sie sich kaum. Aus Erzählungen weiß sie von mehreren Krankenhausaufenthalten sowie Trennungen von den Eltern, bedingt durch deren berufliche Verpflichtungen. Das Verhältnis zu ihrer Mutter bezeichnet sie als gut aber distanziert; diese habe sich um alle alltäglichen Angelegenheiten vorbildlich gekümmert, Umarmungen oder vertrauliche Gespräche habe es jedoch nie gegeben, ebenso wenig wie wirkliche Auseinandersetzungen. Die Beziehung zu ihrem Vater hat Frau D. ähnlich erlebt: Er sei dominant, aber fürsorglich gewesen. Alle in der Familie hatten letztlich zu tun, was er wollte. Dafür brachte er den Kindern immer eine Kleinigkeit mit, wenn er von seinen Dienstreisen zurückkehrte, und er lobte sie für gute Noten. Die Mutter hingegen schien alles, auch gute Leistungen in der Schule, für selbstverständlich zu halten und verlor nie ein Wort darüber. Beide Eltern vermittelten den Kindern, dass es im Leben vor allem darauf ankommt, stark zu sein, sich durchzusetzen und auch die schwierigsten Situationen allein bewältigen zu können; wer zudem an Ehrlichkeit und Gerechtigkeit glaube und sich entsprechend verhalte, brauche im Leben nichts zu befürchten.

Frau D. erinnert sich, dass sie sich ungefähr seit ihrem Wechsel aufs Gymnasium, wo immer möglich, gegen Lügen und Ungerechtigkeiten zur Wehr gesetzt hat. Sie hat sich als starke und kompetente Kämpferin für Gerechtigkeit empfunden und immer dann eingegriffen, wenn Schwächere bedroht oder verletzt wurden. Sie selbst jedoch hat sich niemals schwach gefühlt. Sie brauchte keinen Schutz. Sie war nie traurig, nie ängstlich, nie verzweifelt. Sie war stark, so stark, dass sie auch andere beschützen konnte. Die MitschülerInnen wählten sie zur Klassensprecherin und wandten sich mit ihren Problemen häufig an sie; ihr Einsatz verschaffte ihr auch bei den LehrerInnen an ihrer Schule Respekt, zugleich aber fürchteten sie ihre kompromisslose Art und Weise, an Probleme heranzugehen.

Nach dem Abitur zog sie zu Hause aus und begann ein Studium, in dessen Verlauf sie ihren späteren Mann kennen lernte. Die Eltern besuchte sie von da an selten, aber regelmäßig. Ihre beiden Kinder waren Wunschkinder; allerdings fühlte sie sich, vor allem zu Beginn, im Umgang mit ihnen häufig unsicher.

Frau D., heute 30 Jahre alt, ist zur Therapie gekommen, weil sie sich seit einigen Wochen der Betreuung ihres Haushalts und ihrer Kinder nicht mehr gewachsen fühlt. Angefangen hat es damit, dass ein Mitglied der Bürgerinitiative (BI), in der sie mitwirkt, sie im Laufe einer längeren Auseinandersetzung als Lügnerin bezeichnet hatte.

*Klientin:* Ehrlichkeit und Gerechtigkeit bedeuten mir viel, und niemand hat das Recht, mich eine Lügnerin zu nennen!

Am Tag darauf begannen ihre Angstzustände, die sie inzwischen so sehr lähmen, dass sie ihrer täglichen Arbeit kaum noch nachgehen kann.

*Klientin:* Ich habe nur noch Angst und weiß nicht wovor. Wenn die Angst nicht da ist, ist gar nichts mehr da, nur noch Leere, die mich weg zieht. Und ab und zu sehe ich diese Bilder. Ich bin klein, und da ist ein Mann, der mich festhält. Ein Mann, der sich über mich beugt. Aber so etwas ist mir nicht passiert! Ich bin nicht sexuell missbraucht worden, das weiß ich genau! Ich habe ein ganz normales Verhältnis zu meinen Eltern gehabt. Mein Vater war zwar sehr dominant, aber fürsorglich. Aber woher kommt dann meine Angst? Seit diesem Tag, als B. mich Lügnerin genannt hat, ist für mich eine Welt zusammengebrochen. Ich weiß nicht mehr, wer ich bin.

Frau D. erfährt eine tief greifende *Desorganisation* zentraler *emotionaler Kernschemata*: Ihr Schema, demzufolge sie eine kompromisslose Kämpferin für Gerechtigkeit und Ehrlichkeit (gewesen) ist und als solche von anderen Menschen entweder gemocht oder gefürchtet wird, wurde in dem Moment erschüttert, als ein Mensch, der sie seit Jahren kennt, sie als Lügnerin bezeichnet hat; Frau D. konnte ihm nicht antworten, weil sie in dem Augenblick nichts als Verwirrung und Hilflosigkeit empfand. Frau D. versteht buchstäblich die Welt nicht mehr, denn B. – jeder – weiß doch, dass Ehrlichkeit und Gerechtigkeit Werte sind, die für sie höchste Priorität besitzen! Wie kommt er also dazu, sie eine Lügnerin zu nennen? Und warum kann sie nicht angemessen darauf antworten? Sie versteht auch sich selbst nicht mehr. Sie hat das Gefühl, plötzlich nicht mehr sie selbst zu sein.

Ihr Schema, demzufolge sie eine normale, behütete Kindheit gehabt hat, wurde in dem Moment erschüttert, als sie von den ersten Erinnerungsbildern, *Flashbacks*, überfallen wurde, die darauf hindeuten, dass sie in ihrer Kindheit sexuelle Gewalterfahrungen gemacht hat. Frau D. kann diese Bilder nicht einordnen, sie glaubt auch nicht daran, sexuell missbraucht worden zu sein. Aber irgendetwas muss geschehen sein, sonst hätte sie jetzt nicht diese wahnsinnige Angst. Oder ist die Angst ein Zeichen dafür, dass sie verrückt wird?

Ihrer Therapeutin fällt auf, dass Frau D. sich nicht auf ihr inneres Erleben bezieht, wenn sie über ihre derzeitige Situation oder ihre Erinnerungsbilder spricht. Außer ihrer diffusen Angst und Verwirrung scheint sie nichts zu fühlen:

*Klientin:* Das mit meiner Angst muss aufhören! Ich schaffe es kaum noch, mich um den Haushalt und die Kinder zu kümmern! Das geht nicht! Ich muss wieder funktionieren. Alles andere ist erst mal zweitrangig.
*Therapeutin:* Wie geht es Ihnen damit, dass Sie nicht mehr funktionieren können?
*Klientin:* Das geht nicht! Ich kann zu Hause einfach nicht für längere Zeit ausfallen.
*Therapeutin:* Und wie geht es Ihnen damit?
*Klientin:* So, dass ich mir überlege, wie ich das organisieren kann, falls ich doch mal einen Tag ausfallen sollte. Oder ... ? Was meinen Sie? Habe ich etwas Falsches gesagt?
*Therapeutin:* Wie fühlen Sie sich damit, plötzlich nicht mehr funktionieren zu können?
*Klientin:* Ich weiß nicht. Ich denke einfach, dass das nicht geht! Dass es nicht sein kann ...
*Therapeutin:* Ärgert es Sie vielleicht?
*Klientin:* Nein, ich denke nicht.
*Therapeutin:* Irritiert es Sie?

*Klientin:* Es darf eben nicht sein. Ich darf nicht ausfallen zu Hause.
*Therapeutin:* Spüren Sie sonst irgendetwas, wenn Sie daran denken, dass Sie, vielleicht zum ersten Mal in Ihrem Leben, nicht mehr reibungslos funktionieren?
*Klientin:* Spüren? Wie? Nein, da ist nichts.
*Therapeutin:* Soll das jetzt das Thema sein, wie es Ihnen damit geht, plötzlich im Alltag nicht mehr funktionieren zu können?
*Klientin:* Ja.
*Therapeutin:* Und wie geht es Ihnen damit, jetzt darüber zu sprechen?
*Klientin:* Ich weiß nicht. Normal.

Fragen nach ihren Gefühlen in bestimmten Situationen kann Frau D. nicht beantworten, sie fühlt sich verwirrt und leer, wenn sie zu antworten versucht. Sie zeigt *Blockierungen ihres Erlebens*, was sichtbar wird an ihrer Unfähigkeit zu fühlen und sich auf ihre Gefühle zu beziehen. Zusätzlich zeigt sie *Fragmentierungen ihres Erlebens* in Form von Flashbacks.

*Klientin*: Ich dachte bis jetzt, ich sei ein gefühlvoller Mensch, aber jetzt merke ich, dass das gar nicht stimmt (noch ein *Schema,* das *desorganisiert* wird). Ich habe das Gefühl, gar nicht mehr wirklich zu leben; etwas in mir hat vor langer Zeit meine Gefühle ausgeschaltet.

Frau D. gehört zu jenen traumatisierten Menschen, die sich weitgehend von ihren emotionalen Reaktionen dissoziiert haben. Sie erlebt das so, als habe ein Teil ihres Selbst einen anderen Teil ihres Selbst seit langem daran gehindert, lebendig zu sein und zu fühlen. Frau D. erlebt also eine *Spaltung durch Selbstunterbrechung*. Spiegelungen der wenigen emotionalen Reaktionen, die Frau D. zeigt, reichen nicht aus, um ihre Aufmerksamkeit nach innen zu lenken und ihre *Gefühle verfügbar zu machen*. Deshalb lenkt die Therapeutin die Aufmerksamkeit der Klientin immer wieder gezielt auf jene Aktivitäten, mit deren Hilfe sie das Erleben und den Ausdruck ihrer Gefühle unterbricht, also auf Formen der automatischen Selbstunterbrechung. Solche Aktivitäten können körperlich sein (z.B. flaches Atmen oder das Anspannen bestimmter Muskelgruppen), und sie können verbal sein, wie an dem folgenden kurzen Beispiel zu sehen sein wird. Die Therapeutin strukturiert den Prozess mit Hilfe eines Wechsels zwischen aktivem Ausdruck und Nachspüren. Sie bittet die Klientin, die selbstunterbrechenden Aktivitäten zu verstärken (sich also mit der aktiven Handlung zu identifizieren: Enactment), um anschließend zu erleben, wie sich das von der anderen Seite aus (der passiven Erfahrung in Form reaktiver, sekundärer Gefühle) anfühlt. Die passive Seite reagiert darauf zunächst mit *sekundären Gefühlen* wie Hoffnungslosigkeit, Hilflosigkeit, Ohnmacht oder Resignation. Aber wenn die aktive Seite ihre unterdrückenden Handlungen fortsetzt, reagiert die passive Seite irgendwann *mit primären Gefühlen*, meist Trauer oder Ärger. Die Klientin erfährt, dass sie selbst es ist, die sich unterdrückt, von ihren Gefühlen abschneidet, tötet usw. Dadurch bekommt sie mit der Zeit ein Gefühl der Kontrolle über diesen Prozess, der zuvor automatisch und nahezu unbemerkt abgelaufen ist. Dies wiederum reduziert ihre Angst vor dem *Erlauben und Akzeptieren* ihrer emotionalen Reaktionen.

Emotionen werden *verfügbar gemacht* durch die *Synthese von Erfahrungselementen*, die zuvor nicht im Bewusstsein repräsentiert waren. Im folgenden Beispiel sind solche Erfahrungselemente u.a.: die Erfahrung, sich selbst am Atmen zu hindern, sich ohnmächtig und verloren zu fühlen, die Erfahrung der Macht, das Gefühl der Trauer, das Verbot, „Schwäche“ und Trauer zulassen zu dürfen. Erfahrungselemente können Bewegungsimpulse, Empfindungen, Gefühle, innere Bilder oder andere Sinneseindrücke sowie einzelne Gedanken sein. Diese Erfahrungselemente werden verfügbar gemacht, also bewusst erlebbar, durch die Intensivierung ihres Ausdrucks (körperlich handelnd oder verbal); sie werden so lange *synthetisiert*, also zusammengefügt, ergänzt und wechselseitig aufeinander bezogen, bis das *emotionale Schema* erkennbar wird, dem sie angehören; in einem weiteren Schritt kann nun dieses emotionale Schema *symbolisiert* werden, meist durch Worte.

In unserem Beispiel ist es die zutiefst empfundene Angst der Klientin, von intensiven Gefühlen überwältigt zu werden, weil im Notfall niemand da ist, der hilft. Aus diesem Gefühl heraus spürt die Klientin auch das dazugehörige primäre Bedürfnis, nämlich ihr Bedürfnis nach Halt und Sicherheit, das sie teilweise auch schon benennen kann. Dass Frau D. sich dieses zentrale Bedürfnis im Kontakt mit anderen Menschen erfüllen könnte, kann und will sie sich noch nicht vorstellen, weil es ihr zuviel Angst macht.

**Beispiel für eine Spaltung durch Selbstunterbrechung**

*Klientin:* In dem Moment, als er mich eine Lügnerin nannte, ist für mich eine Welt zusammengebrochen. Und manchmal frage ich mich (sie lacht), ob es jemals wieder eine Welt geben wird, in der ich leben kann.
*Therapeutin:* Wie ist der Gedanke, keine Welt mehr zu haben, in der Sie leben können?

*Klientin:* Ich weiß nicht. Unvorstellbar. (Sie lacht.) Verrückt, denke ich.
*Therapeutin:* Sie sehen so aus, als ob Sie weinen wollten.
*Klientin:* Nein. (Sie lacht.) Dafür sorgt schon mein Ausschalter!
*Therapeutin:* Versuchen Sie mal, dieser Ausschalter zu sein. Was macht der?
*Klientin:* Der schaltet mich aus. Der tötet mich.
*Therapeutin:* Er sagt: Ich schalte dich aus, ich töte dich.
*Klientin:* Ja.
*Therapeutin:* Wie macht er das?
*Klientin:* Er ... unterbricht meine Energie, so dass sie nicht mehr fließen kann. So. (Sie verschränkt ihre Arme und drückt sie so fest gegen ihren Bauch, dass sie kaum noch atmen kann.)
*Therapeutin:* Machen Sie das mit den Armen noch mal, wenn es geht. (Sie wiederholt die Bewegung.) Wie fühlt sich das jetzt an?
*Klientin:* Ich kriege keine Luft mehr. Und ich fühle mich irgendwie ... abgeschnitten und klein, hilflos ...
*Therapeutin:* Und der Ausschalter? Gibt er Ihnen eine Antwort?
*Klientin:* Ja. Der sagt: Ich hab's geschafft! Ich habe hier die Macht, und wenn ich dich ausschalten will, dann tue ich das!
*Therapeutin:* Wie fühlen Sie sich, wenn er das sagt?
*Klientin:* Ohnmächtig, hilflos. Schwach. Und ich hasse es, schwach zu sein! Das bin ich doch gar nicht!
*Therapeutin:* Hm. Hat der Ausschalter noch mehr zu sagen?
*Klientin:* Ja. Er sagt: Ich werde dich töten, dich vernichten, wenn du es jemals wieder wagen solltest, schwach zu sein und zu weinen!
*Therapeutin:* Was möchten Sie dem Ausschalter antworten? Spüren Sie eine Antwort?
*Klientin:* (weint) Ich durfte niemals schwach sein und weinen. Das ist traurig.
*Therapeutin:* Ja.
*Klientin:* Und ich würde das manchmal gerne ändern, aber ....
*Therapeutin:* Was brauchen Sie, um das ändern zu können?
*Klientin:* Irgendeine Art von Erlaubnis.
*Therapeutin:* Wer könnte diese Erlaubnis geben?
*Klientin:* Ich. Aber das kann ich nicht!
*Therapeutin:* Ja.
*Klientin:* Ich fühle mich in mir nicht mehr zu Hause. Ich fühle mich in der Welt nicht mehr richtig zu Hause. Ich weiß nicht mehr wirklich, wer ich bin. Und wenn man sich so fühlt, kann man sich schon gar nicht erlauben, schwach zu sein. Dann muss man stark bleiben.

*Therapeutin:* Sie müssen immer noch stark bleiben.
*Klientin:* Ja.

Dieses neu verfügbar gemachte emotionale Schema kann Frau D. später mit anderen Erfahrungen, mit anderen emotionalen Schemata, integrieren, also verbinden.

Frau D. erlaubt sich mehr und mehr, ihre Aufmerksamkeit auf ihr inneres Erleben zu richten, und allmählich fällt es ihrer Therapeutin leichter, ihr ihre Gefühle durch empathisches Spiegeln zugänglich zu machen. Spiegeln der emotionalen Bedeutung dessen, was ist, ist eine ganz zentrale Intervention, die ebenfalls an unserem Beispiel kurz veranschaulicht werden soll. Die Therapeutin achtet auf das, was am Rande des Bewusstseins der Klientin am offensichtlichsten zu sein scheint, und spiegelt ihr dessen emotionale Bedeutung, so gut sie diese beobachten, erschließen oder erspüren kann.

### Beispiel für empathisches Spiegeln

*Klientin:* Ich habe immer gewusst, was richtig und was falsch ist. Jetzt fühle ich irgendwie mehr als früher, aber ... ich weiß oft nicht, was ich fühle. Ich weiß oft nicht mehr, was stimmt. Zum Beispiel mein Mann. Ich dachte, er wäre meine große Liebe. Ich habe ihn geheiratet, weil ich dachte, dass ich ihn liebe. Und meine Kinder. Natürlich liebe ich meine Kinder, das ist rein biologisch schon so angelegt. Aber mein Mann ... Im Moment kann ich kaum etwas für andere Menschen empfinden. War das vielleicht schon immer so? Bleibt das so? Was soll ich denn jetzt nur machen?
*Therapeutin:* Sie sind vollkommen durcheinander.
*Klientin:* Ja, das stimmt. Ich bin vollkommen ... verwirrt, glaube ich. Bis zu diesem Tag hatte alles seine Ordnung, seinen Platz in meinem Leben. Jetzt gibt es plötzlich keine Ordnung mehr, und das ist schrecklich!
*Therapeutin:* Alles löst sich auf. Nichts gilt mehr. Und das ist schrecklich.
*Klientin:* Ja. Es ist wirklich so, als würde sich mein Leben auflösen. Und ich muss es zusammenhalten, irgendwie!

Frau D. hat einen *vermeidenden Bindungsstil (Typ A)*; sie vermeidet Berührungen und den Blickkontakt zur Therapeutin ebenso wie direkten emotionalen Kontakt mit ihr. Die Therapeutin stellt sich auf die Kontaktmöglichkeiten und -wünsche ihrer Klientin ein und lässt sie ihre „Distanz im Dienst der Nähe“ selbst bestimmen, wobei sie aber deutlich macht, dass sie jederzeit emotional verfügbar bleibt. Personen mit einem vermeidenden Bindungsstil können Spiegelungen (und andere Interventionen) mit großer emotionaler Intensität nur schwer aushalten; in solchen Fällen ist es wichtig, die emotionale Intensität zu reduzieren, sonst ziehen sie sich zurück. Um den inneren Zustand der Klientin jederzeit einschätzen und sowohl auf der Beziehungs- als auch auf der Interventionsebene angemessen darauf reagieren zu können, ist neben einer genauen Beobachtung des Prozesses die *empathische Feinabstimmung* zwischen Klientin und Therapeutin von zentraler Bedeutung. Das heißt, die Therapeutin versucht jederzeit, die Signale der Klientin so genau wie möglich zu erfassen, also zu spüren oder zu beobachten, wo sie gerade ist und was sie braucht, um sie in ihrem Selbstsein wertzuschätzen und zu akzeptieren, und um ihren Prozess systematisch fördern zu können. Empathische Feinabstimmung läuft zum großen Teil auf einer vorsprachlichen Ebene ab – fehlt sie, reden oder handeln Klientin und Therapeutin aneinander vorbei, oder sie bewegen sich an der Oberfläche der Erfahrung. Idealerweise läuft dieser Prozess folgendermaßen ab (Greenberg et al., 1993): Ohne konzeptuelle Vorannahmen nimmt der Therapeut/die Therapeutin Kontakt zur inneren Welt des Klienten/der Klientin auf; er/sie stellt eine Resonanz zur aktuellen Erfahrung der anderen Person her, diese Erfahrung für sie erlebend. Der Therapeut/die Therapeutin spürt und erkennt, was für die andere Person an dieser Erfahrung am prägnantesten ist und was die andere Person daran am meisten berührt. In einem weiteren Schritt geht es darum, diesen Aspekt angemessen zu kommunizieren.

Frau D. erinnert im Laufe der Therapie immer mehr Szenen, in denen sie als kleines Kind allein mit Schmerz, Kummer und Ärger fertig werden musste. Da gab es Trennungen von den Eltern, Krankenhausaufenthalte und Zurückweisungen mit der Botschaft, es alleine schaffen zu müssen. Diese Erinnerungen kann sie zulassen, und sie kann mit ihrer Therapeutin darüber sprechen.

Aber sie wehrt sich weiterhin gegen jene Erinnerungsbilder, die darauf hinweisen, dass sie als Kind sexuelle Gewalt erfahren hat. Frau D. bezweifelt weiterhin, dass sie als Kind sexuell missbraucht worden ist; sie glaubt nicht daran, dass es sich bei diesen Bildern um echte Erinnerungen handelt. Die Bilder haben auch eine andere Qualität als ihre neuen Erinnerungen an Kummer und Einsamkeit in ihrer Kindheit. Sie scheinen „weit weg“ zu sein, „vage“ und irgendwie „traumähnlich“, so, als haben sie nichts mit ihr selbst zu tun; und es sind viele einzelne Bilder, die getrennt voneinander zu existieren scheinen und keinen geordneten Zusammenhang bilden – wohingegen ihre Erinnerungen an einsame Momente und an Momente voller Kummer und Angst sich allmählich zu Szenen und Geschichten formen, die ihr mehr und mehr das Gefühl zurückgeben zu wissen, wer sie ist. Denn diese Szenen und Geschichten gehören zu ihr, zu ihrem Leben, so traurig sie auch sind.

Die Therapeutin spiegelt und bestätigt sowohl ihre Zweifel daran, missbraucht worden zu sein, als auch ihre Befürchtungen, doch ein Opfer sexueller Gewalt gewesen zu sein. Aber wer war der Täter, wenn es einen Täter gegeben hat? Die Therapeutin macht keine diesbezüglichen Spekulationen in irgendeine Richtung. Frau D. spricht immer häufiger über das Thema Missbrauch, hat aber das Gefühl, damit nicht weiterzukommen: „Ich finde keinen Anfang. Ich habe das Gefühl, da sind tausend Teile, die nicht zusammenkommen.“

Die Klientin versucht, mit dem Thema Missbrauch in Kontakt zu kommen, fühlt sich aber in viele Richtungen hin und her gerissen und macht den Eindruck, dass sie sich an der Oberfläche ihrer Erfahrung befindet, dass sie also emotional unbeteiligt ist. Diese Situation ist eine Indikation für *Focusing*, die direkte Bezugnahme auf das aktuelle innere Erleben.

Frau D. spricht verworren, fast zusammenhanglos, über das Thema Missbrauch, aber sie richtet ihre Aufmerksamkeit dabei nicht nach innen, sie betreibt also kein Focusing. Ihre Therapeutin bittet sie, ihre Aufmerksamkeit nach innen zu richten, und fragt sie, ob es irgendeine spürbare körperliche Empfindung gibt, die zu diesem ganzen Thema Missbrauch passt (denn das Thema, mit dem sie sich beschäftigen will, ist klar). Die Therapeutin strukturiert diesen Prozess vor allem durch *erfahrungsgeleitete Suche (Experiencing)*, indem sie Fragen stellt oder Spiegelungen anbietet, durch die sich das unmittelbare Erleben der Klientin weiterentwickeln kann. Die Klientin fühlt sich entspannt genug, und es gibt im Augenblick nichts, was stört; sie muss sich nicht erst „einen Raum schaffen“, sondern kann versuchen, mit Focusing zu beginnen. Sie spürt nach einer gewissen Zeit einen Druck im Bauch, den sie aber noch nicht genauer beschreiben kann. Nun bittet die Therapeutin sie, ihre Aufmerksamkeit weiterhin nach innen, auf diesen Druck im Bauch, zu lenken und dieser Empfindung *nachzuspüren*. „Bleiben Sie dabei, wenn es geht.“ *Die direkte, fühlende Bezugnahme auf diese körperliche Empfindung des ganzen Themas ist das Kernstück des Focusing.* Die gefühlte Bedeutung, die aktuell in dem Thema Missbrauch impliziert ist, ist in der körperlichen Empfindung des Drucks im Bauch enthalten; sie existiert unabhängig von ihrer Symbolisierung. Durch *Nachspüren*, also Dabeibleiben, nimmt die gefühlte Bedeutung deutlichere Konturen an, bis die Klientin ihre Qualität klar abgrenzbar von anderen Erfahrungen spüren kann. Das wird deutlich durch ihre Aussage „Der Druck im Bauch wird stärker“. In einem weiteren Schritt geht es darum, einen „Griff“ für diese körperliche Empfindung zu entwickeln, ein Symbol, das auf sie zutrifft. Im Kontakt mit der *gefühlten Bedeutung* formen sich veränderte Emotionen, Imaginationen und Worte. Dazu regt die Therapeutin durch *erfahrungsgeleitete Suche* einen Austausch zwischen der Erfahrungsebene (der nun deutlich spürbaren impliziten gefühlten Bedeutung, hier enthalten in ihrem Gefühl im Bauch) und der konzeptuellen Ebene (passenden Worten, Bildern, Metaphern) an; sie ermutigt die Klientin, so lange zwischen der Empfindung und dem Symbol/den Symbolen hin- und herzuschweifen, bis eine Resonanz entsteht, bis beides wirklich zusammenpasst und „den Punkt trifft“. In unserem Fall entwickelt sich aus dem Druck im Bauch das Gefühl, explodieren zu müssen, genauer: das Gefühl, unter Überdruck zu stehen. Als die Klientin durch die Frage der Therapeutin, was an diesem ganzen Thema des Missbrauchs sich wie Überdruck anfühle, die Qualität dieses Gefühls weiter differenziert, spürt sie schließlich ihre Angst, der Vater könnte sie missbraucht haben. Auf diese Weise hat ihr Ausgangsthema eine bewusste Bedeutung bekommen. Ihre Aussage „Ich merke auf einmal, was das Schlimmste an der ganzen Sache ist, nämlich die Vorstellung, dass mein Vater der Täter gewesen sein könnte!“ lässt darauf schließen, dass sie eine körperlich spürbare Veränderung der Sichtweise dieses ganzen Themas Missbrauch (einen „felt shift“, eine gefühlte Veränderung) erfährt. Sie wirkt erleichtert, weil sie jetzt weiß, „worum es geht“. Diese gefühlte Veränderung ist in der Lage, die Erfahrung der Klientin weiterzutragen, also fortzuentwickeln. Aber das ist im Moment mehr, als sie ertragen kann. Sie weiß jetzt, wovor sie Angst hat, und sie weiß, was sie braucht, nämlich Abstand zu dieser unerträglichen Vorstellung, damit sie überhaupt in der Lage sein wird, an dem Thema weiterzuarbeiten. Einen Abstand zu dieser Angst herzustellen, um sie z.B. aus einer guten Distanz zu betrachten, könnte der nächste Schritt in diesem Prozess sein.

### Beispiel für Focusing

*Therapeutin:* Was spüren Sie, wenn Sie an das ganze Thema Missbrauch denken? Irgendeine körperliche Empfindung, die zu diesem Thema passt? Wie fühlt sich das ganze Thema körperlich an?
*Klientin:* Pause. Ich kriege auf einmal Bauchschmerzen, so einen Druck im Bauch.

*Therapeutin:* Ein Druck im Bauch.
*Klientin:* Ja.
*Therapeutin:* Bleiben Sie mal dabei, wenn das geht. Nehmen Sie sich ruhig eine Minute Zeit, um zu sehen, was mit diesem Druck im Bauch passiert.
*Klientin:* Pause. Der Druck wird stärker.
*Therapeutin:* Bleiben Sie noch ein bisschen dabei.
*Klientin:* Ja.
*Therapeutin:* Gibt es ein Wort oder ein Bild, das zu diesem Druck im Bauch passt?
*Klientin:* Es fühlt sich an wie ein Vulkan kurz vor dem Ausbruch.
*Therapeutin:* Wie ein Vulkan kurz vor dem Ausbruch.
*Klientin:* Ja.
*Therapeutin:* Fragen Sie Ihren Körper, ob dieses Bild „ein Vulkan kurz vor dem Ausbruch“ zu dem Druck im Bauch passt.
*Klientin:* Wie?
*Therapeutin:* Gehen Sie noch mal zurück zu diesem Druck im Bauch. Jetzt stellen Sie dieses Bild daneben. Gehen Sie hin und her zwischen dem Druck im Bauch und dem Bild ....
*Klientin:* Es ist eher ein Gefühl.
*Therapeutin:* Es fühlt sich an, als würde ein Vulkan kurz vor dem Ausbruch stehen.
*Klientin:* Ja, genau.
*Therapeutin:* Dann gehen Sie zwischen dem Druck im Bauch und diesem Gefühl hin und her und prüfen, ob beides zusammenpasst, ob es wirklich den Punkt trifft. Sie werden irgendwie körperlich spüren können, wann es richtig ist, wann es wirklich zusammenpasst.
*Klientin:* Ich weiß nicht, ob das wirklich zusammenpasst. Irgendwie ja, aber ... ich weiß nicht, ob es wirklich passt.
*Therapeutin:* Spüren Sie diesen Druck im Bauch noch?
*Klientin:* Ja.
*Therapeutin:* Dann bleiben Sie noch ein bisschen dabei, und wenn es geht, fragen Sie ihn, ob das Gefühl vom Vulkan kurz vor dem Ausdruck dazu passt.
*Klientin:* (Sie lässt sich Zeit.) Jetzt wird der Druck irgendwie stärker.
*Therapeutin:* Der Druck wird stärker.
*Klientin:* Ja. Der Druck wird stärker. Als wollte er ... meinen Bauch sprengen.
*Therapeutin:* Als wollte er den Bauch sprengen.
*Klientin:* Ja.
*Therapeutin:* Hm.

*Klientin:* Explosion ist noch genauer.
*Therapeutin:* Explosion.
*Klientin:* Ja. Und jetzt ist auf einmal auch Angst da.
*Therapeutin:* Angst.
*Klientin:* Ja, ich habe Angst zu explodieren, das ist der Punkt. In mir herrscht ein Überdruck.
*Therapeutin:* Ein Überdruck.
*Klientin:* Ja, ein Überdruck! Es ist zu viel, mehr, als ich aushalten kann.
*Therapeutin:* Wenn Sie jetzt wieder zurückgehen zu dem Thema Missbrauch – was daran fühlt sich an wie Überdruck? Wozu passt das?
*Klientin:* Ich merke auf einmal, was das Schlimmste an der ganzen Sache ist, nämlich die Vorstellung, dass mein Vater der Täter gewesen sein könnte. Ja, das ist der Punkt. Das wäre mehr, als ich aushalten kann!
*Therapeutin:* Die Vorstellung, dass Ihr Vater der Täter gewesen sein könnte, ist mehr als Sie aushalten könnten.
*Klientin:* Die Vorstellung, dass mein Vater etwas damit zu tun haben könnte. Das ist mehr als ich im Moment ertragen kann, ja. Dann würde der Vulkan augenblicklich explodieren, und das will ich nicht!
*Therapeutin:* Sie brauchen mehr Abstand zu dieser Vorstellung?
*Klientin:* Ja.
*Therapeutin:* Das heißt: Wir sollten für heute aufhören? Diese Angst will ich mir heute nicht ansehen.
*Klientin:* Ja.
*Therapeutin:* Was bräuchte dieser Überdruck, um geringer und erträglicher zu werden?
*Klientin:* Abstand. Ich brauche Abstand von dieser Vorstellung, dass mein Vater mich ... missbraucht haben könnte. Das ist mehr, als ich zurzeit ertragen kann. Er darf es nicht gewesen sein!
*Therapeutin:* Das heißt, Sie wissen jetzt, was für Sie im Moment so schlimm ist an dem ganzen Thema Missbrauch, nämlich die Angst, dass Ihr Vater etwas damit zu tun haben könnte. Und Sie brauchen Abstand von dieser Vorstellung. Aber Sie sind ratlos und wissen noch nicht so recht, wie Sie diesen Abstand herstellen können?
*Klientin:* Ja, genau. Ich bin froh, dass ich jetzt weiß, worum es geht. Aber es ist mir im Moment viel zu viel.
*Therapeutin:* Das ist der Punkt, wo Sie im Moment noch feststecken.
*Klientin:* Ja.
*Therapeutin:* Es ist gut, dass Sie diese Grenze hier spüren.

*Klientin:* Ja. Ich will mich mit dem Thema beschäftigen, das geht aber nicht, wenn ich daran denke, dass es mein Vater ... gewesen sein könnte.
*Therapeutin:* Dann wäre das vielleicht ein neuer Punkt, an dem wir später weiterarbeiten könnten?
*Klientin:* Ja.
*Therapeutin:* Und die Frage lautet jetzt: Wie bekomme ich einen guten Abstand zu der Vorstellung, dass es mein Vater gewesen sein könnte, so dass ich mich trotz dieser Möglichkeit mit dem Thema beschäftigen kann?
*Klientin:* Ja.

Zu beachten ist, dass in diesem Beispiel der Prozess mit einem konkreten, benennbaren Thema begonnen wurde, für welches die gefühlte Bedeutung fehlte. Es ist jedoch genauso möglich, mit einer Körperempfindung zu beginnen, also mit einer unklaren gefühlten Bedeutung, die zwar spürbar ist, der aber die konzeptuellen Komponenten fehlen.

Als Frau D. eines Tages zur Therapie kommt, wirkt sie sehr bedrückt. Sie hat Angst, darüber zu sprechen. Ihre Therapeutin erkennt, dass die Klientin momentan sehr verletzlich ist, und sie reagiert sofort darauf. Dies ist eine Indikation für *empathisches Bestätigen bei intensiver Verletzlichkeit.*

### Beispiel für empathisches Bestätigen bei intensiver Verletzlichkeit

*Therapeutin:* Sie wirken sehr bedrückt. Haben Sie Angst, darüber zu sprechen?
*Klientin:* Ja.
*Therapeutin:* Möchten Sie mir sagen, was das für eine Angst ist?
*Klientin:* Ich habe Angst ..., dass Sie mich für verrückt halten oder ... in eine Klinik einweisen. Und das will ich nicht.
*Therapeutin:* Hm.
*Klientin:* Außerdem ... schäme ich mich so sehr für diese Gedanken.
*Therapeutin:* Ja. Ich halte Sie nicht für verrückt. Und ich glaube auch nicht, dass ich Sie in eine Klinik einweisen werde. Warum denken Sie daran? Könnte es vielleicht sein, dass Sie sich im Moment so verzweifelt und verloren fühlen, dass Sie am liebsten gar nicht mehr da wären? (Frau D. hatte in letzter Zeit immer wieder sehr indirekt angedeutet, dass sie in manchen Momenten von Suizidimpulsen bedrängt wird.)
*Klientin:* Ja.

*Therapeutin:* Könnte es vielleicht sein, dass Sie Angst haben, sich das Leben zu nehmen, obwohl ein anderer Teil von Ihnen das gar nicht will?
*Klientin:* Ja. (Sie weint.) Ich dachte, wenn ich das sage, werde ich verrückt. Oder Sie weisen mich in eine Klinik ein.
*Therapeutin:* Da gibt es offenbar etwas in Ihnen, das nicht mehr leben will.
*Klientin:* Ja.
*Therapeutin:* Das nicht mehr da sein will.
*Klientin:* Ja.
*Therapeutin:* Was wäre gut daran, nicht mehr leben zu müssen?
*Klientin:* Ich würde mich nicht länger so schmutzig fühlen müssen! (Sie weint.) Und ich müsste nicht mehr daran denken, dass mein Vater mich vielleicht ... dass er es gewesen ist! Den Gedanken ertrage ich nicht!
*Therapeutin:* All diese Gefühle und Gedanken wären weg, wenn Sie nicht mehr leben müssten.
*Klientin:* Genau. (Sie wird ruhiger.)

Um sowohl den Teil, der sterben will, als auch den Teil, der ohne diese unerträglichen Gefühle leben will, weiter auszudifferenzieren, könnte es an dieser Stelle oder im weiteren Verlauf der Therapie hilfreich sein, *Teile-Arbeit* zu machen. Dabei werden beide Teile, nachdem sie genau identifiziert worden sind, nach ihrem Wollen und ihrem Nichtwollen in Bezug auf das Erleben und Verhalten der Klientin gefragt. Alle anderen explorativen Fragen sind ebenfalls möglich. Wichtig ist, dass die Klientin während dieses Prozesses im Kontakt bleibt mit ihrem inneren Erleben, anstatt sich ausschließlich auf der konzeptuellen Ebene zu befinden. Sie muss die einzelnen Teile, deren gefühlte Bedeutung *spüren*, anstatt über diese Teile zu sprechen.

Frau D. beginnt, ihre unerträglichen Gefühle und Gedanken zu explorieren. Damit ist als Folge des empathischen Bestätigen die intensive Verletzlichkeit überwunden worden. Frau D. wird in Zukunft leichter über ihre Suizidimpulse sprechen können, wenn sie sich wieder einmal ähnlich verzweifelt fühlen wird.

Die Grundmodalität in dieser therapeutischen Aufgabe ist vor allem der *Interpersonelle Kontakt*, also die Beziehung zwischen Klientin und Therapeutin. Die Therapeutin spürt aufgrund der empathischen Feinabstimmung die Verletzlichkeit der Klientin, oft noch bevor diese etwas gesagt hat. Sie reagiert sofort darauf, indem sie alle Aspekte ihres Erlebens akzeptiert und bestätigt, bis die Klientin sich sicherer und ruhiger fühlt.

Es ist wichtig, den Zustand intensiver Verletzlichkeit jederzeit zu erkennen und umgehend darauf zu reagieren. Erst wenn sich die Angst durch das empathische Bestätigen des bedrohlichen Erlebens reduziert hat, macht es Sinn, die damit zusammenhängenden Gefühle zu explorieren. Bis dahin ist es zentral, die KlientInnen in ihrem momentanen Erleben rückhaltlos zu bestätigen.

Frau D. hatte Angst vor ihren eigenen bedrohlichen Suizidimpulsen. Diese Angst hat sich nun reduziert, weil sie weiß, dass sie sich in solchen Momenten an ihre Therapeutin wenden kann.

An dieser Stelle sei eine Anmerkung zum Suizidimpuls und zum selbstverletzenden Verhalten erlaubt: Sowohl in der Absicht, sich das Leben zu nehmen, als auch im selbstverletzenden Verhalten, steckt immer mindestens eine *gute Absicht*. Wenn es gelingt, sie zu finden, ist die Wahrscheinlichkeit groß, dass die Klientin sich nicht länger umbringen oder verletzen will. Das Signal muss gesehen und verstanden werden.

Jetzt ist Frau D. grundsätzlich bereit, sich mit ihren sexuellen Gewalterfahrungen auseinanderzusetzen. Dieses Thema bildet für sie den Hintergrund ihrer Motivation, die Therapie zu machen. Im Vordergrund stehen aber immer wieder auch alltägliche Situationen, mit denen sie sich beschäftigen möchte.

Beispielsweise fällt es Frau D. immer schwerer, sich vor den anderen Mitgliedern ihrer Bürgerinitiative zu äußern, und sie versteht nicht, warum ihr dies so schwer fällt. Frau D. erlebt also eine *Problematische Reaktion* (*PR*), die sie gerne verstehen und überwinden möchte. Da die Indikation gegeben ist und Frau D. der Intervention zustimmt, schauen sich Therapeutin und Klientin die für Frau D. unverständliche und belastende Reaktion an einem konkreten Beispiel an. Die Therapeutin lässt sich den als problematisch empfundenen Aspekt, das Nicht-reden-können, bestätigen und schlägt vor, die ganze Situation zu explorieren. Die Therapeutin steuert den Prozess durch *erfahrungsgeleitete Suche*, in diesem Fall durch Fragen, die das genaue Wiedererleben der Situation fördern, sowie durch Nachspüren dessen, was die Klientin während dieses Prozesses aktuell erlebt. Die Therapeutin stimuliert das Wiedererleben der in Frage stehenden Situation, und die Klientin erinnert und erlebt den Zeitpunkt, zu dem die Reaktion ausgelöst wurde. In diesem Fall hatte sie, kurz bevor sie sich äußern wollte, das Gefühl, vollkommen blockiert zu sein – so, als würde sie etwas abbremsen. Die Therapeutin fördert an dieser Stelle die Suche nach *Salienz*, also nach dem Kern der subjektiven Überzeugung bezüglich dieser Situation: Die Klientin spürt, dass sie sich in dieser Situation nicht wirklich zugehörig gefühlt hat. Sie differenziert ihr Gefühl, blockiert zu sein, in das Gefühl der Leere, um dann wieder ihre Aufmerksamkeit auf ihr Bedürfnis zu lenken, sich diesen Menschen zugehörig zu fühlen. Die Aussage der Klientin „Aber wenn ich mich so leer fühle wie am Donnerstag, dann kann ich zu niemandem mehr Kontakt haben!" weist darauf hin, dass sie die *Bedeutungsbrücke*, den Zusammenhang zwischen ihrer PR auf die Situation und deren wahrgenommener Bedeutung, gefunden hat; dies ermöglicht ihr eine neue Sicht der gesamten Situation. Die Therapeutin verifiziert und anerkennt die Bedeutungsbrücke. Dann fördert sie die *Generalisierung*, d.h. sie exploriert mit der Klientin, ob es ähnliche Situationen gibt oder gab, in denen sie auf diese Art und Weise reagiert. Die Therapeutin tut das im folgenden Beispiel durch die Frage, woher Frau D. die Erfahrung kennt, sich leer zu fühlen und daraufhin keinen Kontakt mehr zu ihrer Umwelt aufnehmen zu können. Indem beide diesen Punkt tiefer explorieren, finden sie das in diesem Falle handlungsleitende implizite *dysfunktionale emotionale Schema*: „Es ist sinnlos, sich anderen Menschen mitzuteilen, denn es hört und versteht mich sowieso niemand!" An dieser Stelle gewinnt die Klientin ein neues Verständnis für ihre eigene Art und Weise, in der Welt zu agieren. Dadurch, dass ihr dieses Schema jetzt bewusst geworden ist und sie sich selbst in Bezug darauf besser akzeptieren kann, beginnt sich das alte Schema zu verändern. Sie beginnt zu spüren, dass es nicht grundsätzlich sinnlos und unmöglich ist, sich anderen Menschen wirklich mitzuteilen, zweifelt aber noch daran, inwieweit ihr dies gelingen kann.

### Beispiel für eine problematische Reaktion

*Klientin:* Am letzten Donnerstag wollte ich mich zu der Aufgabenverteilung in unserer BI äußern, weil mir da einiges unklar ist. Aber ich habe es nicht getan. Stattdessen habe ich ruhig dagesessen und so getan, als würde ich interessiert zuhören. Warum verhalte ich mich so? Das ist doch albern!
*Therapeutin:* Der Punkt ist also, dass Sie die unklare Arbeitsverteilung ansprechen wollten, aber irgendetwas hat Sie daran gehindert, das zu tun.
*Klientin:* Genau.
*Therapeutin:* Dann würde ich vorschlagen, dass wir uns diese ganze Situation mal genauer ansehen.
*Klientin:* Gut.
*Therapeutin:* Es war am Donnerstagabend während des üblichen Treffens im üblichen Raum?
*Klientin:* Ja, wie immer.

*Therapeutin:* Sie sehen den Raum in Ihrer Vorstellung, die Leute, was auf dem Tisch steht und vielleicht noch andere wichtige Dinge, die da eine Rolle spielen?
*Klientin:* Ja.
*Therapeutin:* Gut. Was ist passiert, kurz bevor Sie reden wollten und nicht reden konnten?
*Klientin:* Weiß nicht. Ich saß da.
*Therapeutin:* Haben Sie nur zugehört? Oder haben Sie an etwas Bestimmtes gedacht? Wie haben Sie sich in dem Moment gefühlt?
*Klientin:* Angespannt, sehr angespannt, glaube ich.
*Therapeutin:* Hm. Sie haben sich ganz angespannt gefühlt, wie jemand, der sich sehr unter Druck fühlt?
*Klientin:* Ja, das passt. Ich habe mich unter Druck gefühlt, etwas zu tun ... etwas zu sagen ... dabei sein zu müssen, aber es ging irgendwie nicht, und ich blieb stattdessen still.
*Therapeutin:* Wo haben Sie diese Anspannung, diesen Druck, in Ihrem Körper gespürt?
*Klientin:* In der Brust. Ich konnte kaum atmen. Es ging nichts mehr, weder atmen noch sprechen.
*Therapeutin:* Und weiter?
*Klientin:* Plötzlich war da wieder der dringende Wunsch, über die Arbeitsverteilung zu sprechen. Es passte auch genau zum Thema! Aber ... die anderen haben weitergeredet, und ich konnte nichts weiter tun, als zuzuhören. Ich habe mich vollkommen blockiert gefühlt, so, als würde mich etwas abbremsen. Aber ich weiß nicht, was das war.
*Therapeutin:* Wie ging es dann weiter?
*Klientin:* Ich spürte diesen Druck, reden zu wollen, dabei sein zu wollen, aber ich konnte nicht. Als dann der nächste Tagesordnungspunkt drankam, hätte das Thema Arbeitsverteilung nicht mehr gepasst. Da war dann auch der Druck in mir weg, darüber reden zu wollen. Das Gefühl, nicht wirklich dabei zu sein, nicht wirklich zu ihnen zu gehören, hielt allerdings noch den ganzen Abend lang an.
*Therapeutin:* Es ist ganz wichtig für Sie, dazuzugehören, wirklich zu ihnen zu gehören, dabei zu sein.
*Klientin:* Ja, das war mir vorher nicht so klar, ich dachte, mein Problem mit der Arbeitsteilung sei das Wesentliche, aber ... ja, ich wollte das Gefühl haben, zu ihnen zu gehören.
*Therapeutin:* Haben Sie das Gefühl, zu ihnen zu gehören?

*Klientin:* Meistens ... manchmal ... nicht immer.
*Therapeutin:* Wie war das am Donnerstagabend, als Sie plötzlich nicht reden konnten?
*Klientin:* Da hatte ich nicht das Gefühl, zu ihnen zu gehören.
*Therapeutin:* Ja. Sie haben gesagt, dass Sie sich blockiert gefühlt haben, kurz bevor Sie reden wollten, so, als würde Sie etwas abbremsen.
*Klientin:* Ja. Das ist mir jetzt erst richtig klar geworden, wo wir darüber sprechen.
*Therapeutin:* Ja. Was hat Sie in dem Moment blockiert?
*Klientin:* Ich weiß nicht.
*Therapeutin:* Wie hat es sich angefühlt, blockiert und abgebremst zu werden? War es Angst?
*Klientin:* Nein, nicht Angst. Eher ... Leere.
*Therapeutin:* Leere.
*Klientin:* Ja, ich habe mich plötzlich ganz leer gefühlt, so, als gäbe es mich gar nicht. Und dabei wollte ich doch zu ihnen gehören! (Sie weint.) Ich fühlte mich auf einmal völlig leer, als wäre ich gar nicht da, aber eigentlich will ich doch da sein! Eigentlich will ich wirklich zu ihnen gehören, von ihnen gesehen und gemocht werden. Aber wenn ich mich so leer fühle wie am Donnerstag, dann kann ich zu niemandem mehr Kontakt haben. Die Leute um mich herum merken das nicht, ich werde still und fühle mich einfach nur allein, vollkommen allein.
*Therapeutin:* Wenn dieses Gefühl der Leere kommt, dann fühlen Sie sich vollkommen in sich selbst gefangen, und Sie können dann zu niemandem mehr Kontakt haben.
*Klientin:* Ja.
*Therapeutin:* Wenn man sich ganz leer fühlt, als wäre man gar nicht da, kann man ja auch zu niemandem Kontakt herstellen.
*Klientin:* Stimmt.
*Therapeutin:* Woher kennen Sie das, sich leer zu fühlen und plötzlich keinen Kontakt mehr zur Welt zu haben?
*Klientin:* Es war mir nie so bewusst, aber ... in unserer BI war es öfter schon so, nur hat es mir bisher nie so viel ausgemacht. Auch mit meinem Mann habe ich das schon erlebt. Plötzlich fühle ich mich innerlich leer, und ich habe das Gefühl, dass wir gar keine Verbindung mehr zueinander haben. In solchen Momenten frage ich mich, ob das ewig so bleiben wird. Aber dann schiebe ich diese Gedanken wieder ganz schnell beiseite.
*Therapeutin:* Haben Sie sich auch als Kind manchmal so gefühlt?

*Klientin:* Ich habe noch nie darüber nachgedacht. Aber ... jetzt, wenn ich darüber nachdenke ... Ja, ich glaube schon. Ich glaube inzwischen, dass ich ganz lange praktisch keine gefühlsmäßige Verbindung zu meinen Eltern hatte, und da war dann ... ganz viel Leere in mir.
*Therapeutin:* Hm. Dann ist diese Leere also ein ganz altes Gefühl.
*Klientin:* Ja, ich glaube schon. Ich glaube, von irgendeinem Punkt an hatte ich das Gefühl, dass es keinen Sinn hat, mit meinen Eltern zu sprechen. Sie würden mich sowieso nicht hören. Sie würden mich nicht verstehen. Also habe ich aufgehört, wirklich mit ihnen zu reden. Und dann muss die Leere begonnen haben.
*Therapeutin:* Hm. Und am letzten Donnerstag? Hatten Sie da auch irgendwann das Gefühl, es hätte sowieso keinen Sinn, sich zu äußern?
*Klientin:* Ich weiß nicht, jedenfalls war mir das nicht bewusst.
*Therapeutin:* Hm.
*Klientin:* Ich habe mich über mich selbst geärgert, weil ich am Donnerstag so still war, obwohl ich den Punkt unbedingt ansprechen wollte. Ich fühlte mich so klein und inkompetent ... und ich habe mich über mich selbst geärgert. Jetzt weiß ich, dass ich nicht reden kann, wenn ich mich leer und isoliert fühle. Das löst zwar das Problem noch nicht, aber ich verstehe es jetzt besser, und das ist gut.
*Therapeutin:* Sie wissen jetzt, dass Sie still werden, wenn Sie sich leer und isoliert fühlen. Das ist so, obwohl Sie gerade in solchen Momenten den Kontakt zu anderen Menschen am dringendsten brauchen.
*Klientin:* Ja.
*Therapeutin:* Wie ist das heute mit Menschen, die Ihnen wichtig sind: Haben Sie oft das Gefühl, dass es sich nicht lohnt, mit ihnen zu sprechen, weil sie Sie sowieso nicht hören und nicht verstehen werden?
*Klientin:* Manchmal ist das so, aber nicht immer.
*Therapeutin:* Haben Sie eine Idee, was Sie in solchen Momenten tun können, um die Menschen zu erreichen?
*Klientin:* Ich könnte ihnen sagen, wie es mir geht. Ich könnte ihnen sagen, dass ich mich allein fühle, dass ich gern mit ihnen reden würde und wie schwer mir das im Moment fällt.
*Therapeutin:* Ja.
*Klientin:* Aber erstens verstehen die meisten Leute das nicht, zweitens fällt es mir unheimlich schwer, so eine Schwäche einzugestehen.
*Therapeutin:* Ja.

## Abschließen traumatischer Erfahrungen

Frau D. tritt nun in eine neue Phase ihrer Therapie ein, in der sie sich auf das *Abschließen traumatischer Erfahrungen* aus ihrer Kindheit konzentriert.

Im Folgenden werden die Stadien dieser therapeutischen Aufgabe anhand einiger Beispiele veranschaulicht. Dabei darf nicht vergessen werden, dass das Abschließen traumatischer Erfahrungen nur *ein* Bestandteil der Psychotherapie ist.

### *Vorbereitung*

Frau D. ist sich inzwischen sicher, dass sie als Kind sexuell missbraucht worden ist; sie weiß allerdings nicht, wer der oder die Täter waren. Sie hält ihre Erinnerungsbilder jetzt nicht mehr für Produkte ihrer Phantasie, sondern sie beginnt zu spüren, dass es sich bei diesen Bildern um ein Stück ihres realen Lebens handelt. Sie äußert den Wunsch, jetzt mit der Bearbeitung ihrer traumatischen Erinnerungen zu beginnen, weil sie das Gefühl hat, sonst in ihrem Therapieprozess nicht weiterzukommen.

Da sie äußerlich und innerlich relativ stabil ist, steht diesem Arbeitsauftrag auch nichts entgegen. Sie ist sozial eingebunden und sie hat gelernt, primäre Emotionen zuzulassen, zu unterscheiden und zu regulieren. Sie hat begonnen zu erfahren, dass ihr inneres Erleben nicht (nur) bedrohlich ist, sondern dass sie es nutzen kann, um ihren Erfahrungen Bedeutungen zu entnehmen, die ihr helfen, sich zu orientieren.

Das heißt, sie hat jetzt einen sicheren Boden unter den Füßen bekommen, so dass sie in der Lage ist, sich mit ihren traumatischen Erinnerungen auseinander zu setzen.

#### Beispiele für Distanzierungstechniken

1) Tresor und sicherer Ort

Zunächst übt die Therapeutin mit Frau D. Distanzierungstechniken ein, die eine anschließende Traumabearbeitung oft erst möglich machen, auf jeden Fall aber erleichtern. Diese Techniken dienen der Stärkung von Ressourcen und dem Schutz vor überwältigenden Gefühlen. Sie sollen der Klientin die Kontrolle über diesen Prozess ermöglichen. Frau D. sucht sich als sicheren

Ort einen umzäunten, blühenden Garten im Sommer aus. Dorthin geht sie in ihrer Vorstellung, wenn sie Angst hat oder wenn sie sich ausruhen möchte.

*Klientin:* Mir ist im Moment alles zuviel, ich habe Angst, dass ich heute Nacht wieder nicht schlafen kann.
*Therapeutin:* Dann gehen Sie jetzt mal in Ihren Garten, und bleiben Sie dort, bis Sie sich sicherer fühlen. Heute Abend können Sie das vor dem Einschlafen auch tun.
(Die Klientin lernt, ihre traumatischen Erinnerungen in einem imaginären Tresor zu verschließen und sie nur dann herauszuholen, wenn sie mit ihnen arbeitet.)
*Therapeutin:* Wir haben uns jetzt das Bild angeguckt, auf dem sich der Mann über das Kind beugt und beginnt es auszuziehen. Nehmen Sie jetzt dieses Bild und legen Sie es in den Tresor. Gehen Sie in das Haus, in dem der Tresor steht, öffnen Sie den Tresor mit Ihrem Schlüssel und Ihrer Zahlenkombination, und legen Sie das Bild hinein. (Nach einer längeren Pause:) Ist das Bild jetzt drin?
*Klientin:* Ja.
*Therapeutin:* Dann verschließen Sie jetzt den Tresor wieder mit Ihrem Schlüssel und Ihrer Zahlenkombination, verlassen das Haus und schließen die Haustür ab. Jetzt ist das Bild sicher im Tresor verwahrt und wird dort bleiben, bis Sie es wieder herausholen wollen.

### 2) Screen

Frau D. betrachtet die Erinnerungsbilder zunächst einmal aus einer Beobachterperspektive; sie registriert und beschreibt das, was auf den Bildern ist, ohne allzu viel dabei zu fühlen. Durch das Einüben der Distanzierungstechniken lernt sie, Trauma-Material auf Distanz zu halten.

Sie erinnert immer neue Szenen sexuellen Missbrauchs, die sie aber noch nicht einzelnen Begebenheiten (Szenen) zuordnen kann. Ihre Therapeutin schlägt vor, es mit der Screentechnik zu versuchen. Sie vereinbaren, aus den Einzelbildern einen „Film" zu drehen, den Frau D. je nach Notwendigkeit manipulieren kann. Die Filmspule mit den Bildern wird aus dem Tresor geholt, bevor mit ihnen gearbeitet wird, und hinterher wird sie wieder im Tresor verschlossen.

*Therapeutin:* Wir haben jetzt ganz viele Bilder, aber noch keine richtige Reihenfolge, und zwischen den Bildern gibt es viele leere Stellen, viele Lücken.
*Klientin:* Ja. Es ist alles noch ganz durcheinander, Einzelteile, die irgendwie nicht zusammenpassen.
*Therapeutin:* Dann würde ich vorschlagen, dass wir versuchen, aus diesen vielen Bildern Filme zu machen, indem wir sie in der richtigen Reihenfolge zusammensetzen. Dazu kann man den Film in Zeitlupe ablaufen lassen, man kann ihn vor- und zurückspulen, man kann sich einzelne Bilder, Standbilder ansehen, man kann Entfernung, Größe oder Farbe bestimmter Bilder mit Hilfe einer Kamera oder einer Fernbedienung einstellen. Das alles können Sie sich vorstellen. Es ist Ihr Film. Sie können den Film aus dem Tresor holen, ihn ablaufen lassen, ihn abstellen und hinterher wieder in den Tresor legen.
*Klientin:* Wir können es versuchen. Ich glaube aber eher nicht, dass das klappt. Ich habe nicht viel Phantasie.
*Therapeutin:* Es ist ein Versuch. Wichtig ist nur, dass Sie die Kontrolle über die Bilder bekommen, anstatt dass die Bilder Sie kontrollieren.
*Klientin:* In Ordnung. (Sie holt ein Bild aus ihrem Tresor, mit dem sie beginnen möchte, dann beschreibt sie das Bild.)
*Therapeutin:* Dieses Bild, auf dem sich der Mann über das Kind beugt und beginnt, es auszuziehen, ist jetzt das erste Bild in diesem Film. Jetzt lassen wir den Film in Zeitlupe ablaufen. Wenn Sie den Film von diesem Bild aus ganz, ganz langsam zurückspulen, welches Bild kommt dann? Welches Bild kommt davor?
*Klientin:* Er geht mit mir zum Bett. (Sie wundert sich, dass es funktioniert, dann beschreibt sie dieses Bild so genau, wie es ihr zu diesem Zeitpunkt möglich ist)
*Therapeutin:* Gut, jetzt spulen wir den Film ganz langsam vor und sind wieder bei dem Bild, wo sich der Mann über das Kind beugt und beginnt, es auszuziehen. Wenn Sie den Film jetzt ganz langsam weiter vorspulen, was ist dann das nächste Bild? Was kommt danach? Nur das nächste Bild.
*Klientin:* Ich bin nackt.

Frau D. zeigt *posttraumatische Symptome* (vor allem Flashbacks, emotionale Betäubung und Schlafstörungen) sowie *dissoziative Symptome* (vor allem *dissoziative Amnesie* für ihre traumatischen Erfahrungen, die sich aber mehr und mehr reduziert, sowie *Dissoziation von ihren Emotionen*). Sie zeigt jedoch keine schwere Dissoziative Störung, z.B. in Form der Dissoziativen Identitätsstörung; es gibt keine Hinweise auf mehrere voneinander abgespaltene Innenpersonen oder Amnesien im Tagesbewusstsein. Sie hat zwar das Gefühl, an bestimmten Punkten zerrissen und gespalten zu sein, als seien da „Fremdkörper“, die nichts mit ihr zu tun haben, aber sie hat eine kontinuierliche Erinnerung an alles Wesentliche, was sie in der Gegenwart denkt und tut.

Inzwischen hat sie ihre traumatischen Erinnerungen mit Hilfe der Screentechnik wie oben beschrieben in die (vorläufig) richtige Reihenfolge gebracht und bestimmten traumatischen Szenen zugeordnet. Sie hat sie betrachtet, jedoch nicht durchlebt. Das Durchleben und Abschließen traumatischer Erinnerungen geschieht während der *Trauma-Synthese*. Die Trauma-Synthese dient dazu, die traumatischen Erinnerungen zu reassoziieren, also den Vorgang der Dissoziation umzukehren.

Obwohl Frau D. immer noch die Gewohnheit zeigt, sich schnell von ihren Emotionen zu dissoziieren, kann sie sich inzwischen, vor allem unter Anleitung der Therapeutin, auf ihr aktuelles inneres Erleben beziehen, auf primäre Emotionen in ihren spezifischen Bedeutungszusammenhängen. Wenn sie zum Beispiel traurig ist, kann sie dieses Gefühl zulassen, es benennen und seine Bedeutung erspüren. Frau D. erfüllt daher neben ausreichender Stabilität eine weitere wichtige Voraussetzung, die gegeben sein muss, um traumatische Erfahrungen abschließen zu können: Sie hat begonnen, ihre emotionalen Reaktionen als Orientierungsbasis für ihr Erleben und Verhalten zu nutzen.

## *Stadium 1: Wachrufen von Gefühlen nach ausreichender Stabilisierung*

Die Indikation für das Abschließen traumatischer Erfahrungen ist bei Frau D. gegeben (siehe oben), und sie ist jetzt bereit, an ihren traumatischen Erinnerungen zu arbeiten.

Die Therapeutin bittet Frau D., sich nun nacheinander in die bereits erinnerten Einzelbilder und Szenen (die sie weiterhin auf der „Leinwand“ betrachtet) hineinzubegeben, ihnen nachzuspüren. Sie hilft der Klientin, zentrale Elemente dieser Situationen emotional wachzurufen, die Situationen also präsent zu machen. Sie bittet Frau D., Details der erinnerten Bilder und Szenen so genau und lebhaft wie möglich zu beschreiben, ungeachtet der immer noch bestehenden Lücken in ihrer Erinnerung. Währenddessen unterstützt sie die Klientin durch vertiefende Fragen.

## Beispiel für das Wachrufen von Gefühlen

*Therapeutin:* Der Mann steht vor dem Bett und beugt sich über Sie. Sie wissen schon, was er will. Es ist nicht das erste Mal. Er fängt an, Ihre Kleider auszuziehen. Dabei lässt er sich viel Zeit. Er scheint das zu genießen.
*Klientin:* Ja.
*Therapeutin:* Sie liegen auf dem Bett.
*Klientin:* Ja.
*Therapeutin:* Sehen Sie ihn jetzt?
*Klientin:* Ja.
*Therapeutin:* Spüren Sie ihn jetzt?
*Klientin:* Ja, ich spüre wieder, wie nah sein Körper ist.
*Therapeutin:* Und was fühlen Sie jetzt?
*Klientin:* Ich habe Angst.
*Therapeutin:* Ja. Noch mehr?
*Klientin:* Der Mann ist eklig! Er soll weggehen! Ich will, dass er weggeht, aber das tut er nicht! (Sie weint.) Und sein Gesicht ... Er sieht aus wie mein Vater. Aber das kann nicht sein! Das kann gar nicht sein!
*Therapeutin:* Der Mann sieht aus wie Ihr Vater, aber er kann es nicht sein.
*Klientin:* Ja! Er ist es nicht. Mein Vater hätte so etwas niemals getan.
*Therapeutin:* Ein Vater tut seinem Kind so etwas nicht an.
*Klientin:* Das stimmt. In mir zieht sich alles zusammen, wenn ich daran denke. Aber er kann es nicht gewesen sein! Ich glaube das einfach nicht. Jetzt ist das Bild wieder ganz verschwommen, ich sehe den Mann nur noch undeutlich. Es war wohl Einbildung.
*Therapeutin:* Hm. Was ist im Moment das Schlimmste an diesem Bild?
*Klientin:* Ich weiß nicht.
*Therapeutin:* Oder was ist im Augenblick das Wichtigste an diesem ganzen Bild?
*Klientin:* Ich schaffe es nicht, dass der Mann weggeht! Ich muss das schaffen, aber ... ich weiß nicht, wie!

An dieser Stelle ist es wichtig für die Therapeutin, einzuschätzen, ob die Klientin im Kontakt ist mit ihren primären Gefühlen (z.B. mit ihrem Ärger darüber, dass der Täter ihr Gewalt antut) oder ob sie sekundäre Gefühle ausdrückt (z.B. Schuldgefühle, weil sie es damals nicht geschafft hat, sich gegen den Täter zu wehren, oder die Angst, den Missbrauch selbst provoziert zu haben).

*Therapeutin:* Wie fühlen Sie sich jetzt?
*Klientin:* Klein, hilflos ..., und ich habe das Gefühl, nicht alles getan zu haben ... Ich meine, ich hätte doch laut schreien oder rufen können! Ich hätte doch ... ich weiß nicht, irgendetwas hätte ich tun müssen! Warum habe ich mich denn nicht richtig gewehrt? Warum habe ich das mitgemacht? Ich weiß, dass es falsch ist, aber: Ich hasse dieses Kind! (Sie zeigt sekundäre Gefühle in Form einer Spaltung durch Selbstbewertung.) Es ist schuld daran, dass das passiert ist! Es ist schuld daran, dass ich heute nicht normal leben kann wie jeder andere Mensch auch!

Die Therapeutin entscheidet sich an dieser Stelle dafür, die offensichtliche *Spaltung durch Selbstbewertung* zu bearbeiten, um die darunter liegenden primären Gefühle zugänglich zu machen und zu differenzieren. Die Klientin stimmt dem Vorschlag zu. Zunächst zeigt Frau D. sekundäre Gefühle: Sie klagt sich selbst, das Kind, an. Ihre Therapeutin hilft ihr, diese Gefühle in primäre Angst und das assoziierte Bedürfnis nach Schutz und Sicherheit zu differenzieren. Sie tut dies, indem sie, gemeinsam mit der Klientin, deren Selbstkritik („Du bist schuld daran, dass es passiert ist!“) so lange verstärkt, bis die damals erlebte Angst und das dazugehörige Bedürfnis in Reaktion darauf auftaucht: „Nein, ich habe das nicht gewollt, ich hatte doch Angst!“ „Ich hatte Angst, ich war nicht böse!“ „Niemand hat mich beschützt, und jetzt lässt du mich auch noch allein!“ Daraufhin wird die unerbittliche kritische Stimme weicher. „Nein, ich lasse dich nicht allein. Ich hasse dich auch nicht. Es tut mir leid.“ Integration und damit die Entstehung eines neuen Schemas werden möglich durch Selbstakzeptanz (die Klientin drückt Mitgefühl gegenüber dem Kind aus) sowie durch das Eingeständnis von Angst (die Klientin drückt ihre eigene Angst vor Kontrollverlust deutlich aus).

**Beispiel für eine Spaltung durch Selbstbewertung**

*Therapeutin:* Sie fühlen sich zerrissen zwischen dem Kind von damals und der erwachsenen Frau, die dem Kind jetzt Vorwürfe macht?
*Klientin:* Ja. Ich wusste das bis jetzt nicht, aber es stimmt. Ich fühle mich ganz zerrissen.
*Therapeutin:* Dann würde ich vorschlagen, dass wir uns einmal anhören, was diese beiden Seiten zu sagen haben.
*Klientin:* Ja.

*Therapeutin:* Dann werden wir sie miteinander sprechen lassen und sehen, was passiert. Möchten Sie das mal versuchen?
*Klientin:* Versuchen kann ich es.
*Therapeutin:* Wie wollen wir sie nennen? Die eine Seite ist sicher das Kind von damals.
*Klientin:* Ja.
*Therapeutin:* Gibt es vielleicht auch einen Namen für die andere Seite? Fällt Ihnen etwas ein?
*Klientin:* Ja, das ist die Kritikerin.
*Therapeutin:* Gut. Wir haben das Kind und die Kritikerin. (Es ist anzunehmen, dass das Kind mehr Erfahrungsaspekte birgt, während die Kritikerin vorwiegend bewertende Aspekte repräsentieren dürfte.) Wen spüren Sie im Augenblick deutlicher: das Kind oder die Kritikerin?
*Klientin:* Die Kritikerin.
*Therapeutin:* Und was sagt die Kritikerin zu dem Kind?
*Klientin:* Du hättest dich wehren müssen gegen den Mann! Warum hast du das nicht getan? Wenn du dich mehr angestrengt hättest, dann könnte ich heute leben wie jeder andere normale Mensch auch!
*Therapeutin:* Ja. Und hören Sie jetzt eine Antwort von dem Kind?
*Klientin* (seufzt): Aber ich weiß doch nicht, was ich tun soll! Ich will nur weg, nur weg!
*Therapeutin:* Was sagt die Kritikerin?
*Klientin:* Von alleine kommst du da nicht weg!
*Therapeutin:* Hören Sie das Kind?
*Klientin:* Ja.
*Therapeutin:* Was sagt es?
*Klientin:* Ich hab' Angst. Ich will hier weg, aber ich weiß nicht, wie!
*Therapeutin:* Und die Kritikerin?
*Klientin:* Warum hast du dich nicht gewehrt?! Warum hast du nicht geschrieen oder um Hilfe gerufen?! Hast du überhaupt Nein gesagt? Hast du überhaupt irgendetwas gesagt oder getan?!
*Therapeutin:* Du hast aufgegeben! Du hast einfach aufgegeben!
*Klientin:* Ja, du hast dich aufgegeben! Oder wolltest du vielleicht sogar, dass es passiert? Hast du dich deshalb nicht gewehrt?
*Therapeutin:* Du bist schuld daran, dass es passiert ist, weil du dich nicht gewehrt hast! Du hast niemanden zur Hilfe gerufen! Und du hast dich nicht gewehrt, weil du es so wolltest! Du bist schlecht und böse, und ich hasse dich!

*Klientin:* Ja!
*Therapeutin:* Wie fühlt sich das Kind jetzt?
*Klientin* (weint): Nein! Ich habe das nicht gewollt! Ich hatte doch Angst! Ich hatte Angst, dass er mir etwas tut, wenn ich schreie. Da waren Leute im Zimmer nebenan, aber ich war still, denn er sah so böse aus!
*Therapeutin:* Du hattest Angst.
*Klientin:* Ja.
*Therapeutin:* Du wolltest schreien, nach jemandem rufen, aber du hattest zu viel Angst, dass er dir dann etwas tut.
*Klientin:* Ja. Ich hatte Angst, ich war nicht böse ...
*Therapeutin:* Sag das mal der Kritikerin: „Ich war nicht böse.“
*Klientin:* Ich war nicht böse. (Sie weint.) Ich hatte Angst, ich war nicht böse! Ich wollte niemals etwas Böses tun!
*Therapeutin:* Ich wollte niemals etwas Böses tun.
*Klientin:* Nein, niemals! Ich hatte nur Angst, nur Angst!
*Therapeutin:* Ich wollte, dass jemand kommt und den Mann von mir wegnimmt, aber niemand ist gekommen. Niemand hat mich beschützt.
*Klientin:* Ja. (Sie weint.) Niemand hat mich beschützt. Und jetzt lässt du mich auch noch allein! Du hasst mich. (Mit dem letzten Satz wendet sie sich an die Kritikerin).
*Therapeutin:* Was sagt die Kritikerin dazu?
*Klientin:* Nein, ich lasse dich nicht allein. Ich hasse dich auch nicht. Es tut mir leid. (Die Stimme der Kritikerin klingt weicher.) Das will ich nicht. Ich bin nur einfach sehr ... durcheinander. Ich frage mich, ob es nicht doch einen Weg gegeben hätte.
*Therapeutin:* Gab es einen Weg für das Kind?
*Klientin:* Nein. (Die Stimme des Kindes klingt ruhiger.) Ich hatte zu viel Angst, um noch irgendetwas denken oder tun zu können. Da war plötzlich nichts mehr da.
*Therapeutin:* Kann sich die Kritikerin vorstellen, wie sich das anfühlt?
*Klientin:* Schrecklich ... Ich könnte so eine Angst nicht aushalten! (Integration durch das Eingeständnis von Angst durch Kontrollverlust.) Es tut mir leid, dass dir das passiert ist. Ich wusste nicht, dass du dich nicht gewehrt hast, weil du solche Angst hattest. (Integration durch Selbstakzeptanz; es wird an dieser Stelle deutlich, dass die beiden Selbstaspekte beginnen sich zu vermischen und ein neues Schema zu formen.) Ich dachte, dass ich feige bin und schlecht. Ich weiß jetzt, dass das nicht stimmt. Ich war damals still aus Angst vor Schlimmerem. Aber es fällt mir so schwer, diese Hilflosigkeit zu akzep-

tieren. Ich muss immer alles im Griff haben, alles unter Kontrolle haben! Angst gab es für mich nicht. Angst war verboten. Jetzt weiß ich auch warum!

Frau D. kann mit Hilfe dieser Intervention anfänglich sekundäre Gefühle (u.a. Ärger über sich selbst: „Ich hasse das Kind!") in das zugrunde liegende primäre Gefühl (Angst vor Angriff und Schmerz mit dem assoziierten Bedürfnis nach Schutz) differenzieren. Dies ist eine wichtige Voraussetzung dafür, dass sie sich auf den weiteren Prozess des Erinnerns und Integrierens einlassen kann. Ihr Schema, demzufolge sie keine Angst, dafür aber alles unter Kontrolle hat, ist revidiert worden; jetzt weiß sie, dass auch sie berechtigterweise Angst hatte und noch immer Angst hat, auch wenn es ihr schwer fällt, sie zuzulassen. Die Akzeptanz ihrer Angst ermöglicht es ihr, sich im weiteren Verlauf der Arbeit auch auf solche Erinnerungen einzulassen, die mit intensiver Angst, vielleicht sogar Todesangst, verbunden sein werden. Dies ist ein gutes Beispiel dafür, dass Des- und Reorganisation impliziter emotionaler Schemata einander beeinflussen und aufeinander bezogen sind.

Mit Hilfe der Therapeutin hat Frau D. nun ihre anfänglichen Gefühle in Reaktion auf einige traumatische Situationen verfügbar gemacht; manche dieser Situationen (Bilder, Szenen) haben sich bereits zu spezifischen, zentralen Erinnerungen geformt. An dieser Stelle kann mit der *Trauma-Synthese* begonnen werden.

## *Stadium 2: Ausdruck und Trauma-Synthese*

Die schematischen Erinnerungen an die traumatischen Ereignisse sind bisher vor allem auf der Ebene der Sinneseindrücke (Bilder) aktiviert worden. Die Klientin hat zudem zentrale Elemente der traumatischen Situationen mit beginnender emotionaler Beteiligung erlebt und auf diese Weise gelernt, primäre Emotionen auszudrücken und zu regulieren.

Während der nun folgenden Trauma-Synthese werden die noch fehlenden zentralen Komponenten dieser emotionalen Schemata (Erinnerungen) fokussiert, benannt und ausgedrückt (assoziierte Körperempfindungen, Gefühle, Sinneseindrücke und Gedanken, z.B. anhand des BASK-Modells). Das Ziel besteht darin, die immer noch fragmentierten und teilweise immer noch dissoziierten Erinnerungen zu einem einheitlichen Erleben zusammenzufügen, das symbolisiert und später integriert werden kann.

Es ist wichtig, all diese Ebenen bei jeder wesentlichen Erinnerung zu bearbeiten, damit an die Stelle der Fragmentierung vollständige Erinnerungen treten, die in Worte gefasst werden können. Um traumatische Erfahrungen wirklich zum Abschluss bringen zu können, ist es von zentraler Bedeutung, die damals unausgedrückt gebliebenen primären Emotionen zu fokussieren, zu Ende auszudrücken und durchzuarbeiten, und zwar mit Hilfe von Nachspüren, emotionalem Ausdruck und erfahrungsgeleiteter Suche. Das alte Schema (der einzelnen Erinnerungen) wird so in seine einzelnen Komponenten zerlegt. Indem Frau D. sich dieser einzelnen Komponenten bewusst wird, reintegrieren sich diese anschließend nicht mehr auf die alte Weise; und es formt sich ein neues Schema.

### Beispiel für das Vorgehen bei der Trauma-Synthese

In einem langen und schmerzhaften Prozess hat sich Frau D. allmählich daran erinnert, dass es sich bei dem Täter um ihren eigenen Vater handelt. Dieser Prozess ist von heftigen Zweifeln begleitet worden, die von der Therapeutin ebenso akzeptiert und unterstützt worden sind wie die Erinnerungen an den Vater als Täter. Die deutlicher werdenden Erinnerungsbilder und vor allem ihre körperlichen Reaktionen darauf haben Frau D. schließlich die Gewissheit gegeben, dass sie als Kind von ihrem Vater sexuell missbraucht worden ist. Daher bezieht sich die Therapeutin im Folgenden auf den Vater, wenn sie vom Täter spricht.

*Therapeutin:* Auf diesem Bild geht Ihr Vater mit Ihnen, mit diesem kleinen Mädchen, zum Bett. Das haben wir uns genau angeguckt.
*Klientin:* Ja.
*Therapeutin:* Fehlt noch etwas? Oder können wir den Film jetzt um ein Bild weiter vorspulen? (*zeitliche Einordnung* der Erinnerungen in der richtigen Reihenfolge)
*Klientin:* Ja, es fehlt nichts mehr.
*Therapeutin:* Gut. Was ist das nächste Bild?
*Klientin:* Ich muss mich hinlegen, und er zieht mich aus.
*Therapeutin:* Wir gucken uns das wieder auf allen Ebenen an, ja?
*Klientin:* Ja.
*Therapeutin:* Was machen Sie?
*Klientin:* Erst stehe ich vor dem Bett. Als er mich anguckt und diese bestimmte Handbewegung macht, lege ich mich hin, weil ich weiß, dass er mich sonst

schlagen würde. Dann liege ich auf dem Bett. Als er anfängt, mich auszuziehen, liege ich immer bewegungsloser da. Bis hierher geht das Bild.
*Therapeutin:* Sie stehen vor dem Bett?
*Klientin:* Ja, und ich blicke zu Boden.
*Therapeutin:* Was fühlen Sie dabei?
*Klientin:* Angst. Weil ich weiß, was passieren wird. Wenn ich es nicht tue, wird er mich schlagen. Ich fühle Angst und ... Hilflosigkeit.
*Therapeutin:* Und was passiert jetzt in Ihrem Körper?
*Klientin:* Mir ist kalt. Ich fange an zu zittern. Es ist dieses Zittern, das immer davor da ist, dieses Zittern, das ich kenne. Und ich kann plötzlich kaum noch stehen.
*Therapeutin:* Hören Sie etwas?
*Klientin:* Nein.
*Therapeutin:* Sehen Sie etwas?
*Klientin:* Das weiße Bettzeug.
*Therapeutin:* Gibt es noch weitere Empfindungen, die in dem Moment da sind?
*Klientin:* Nein.
*Therapeutin:* Was passiert in diesem Augenblick? Was macht Ihr Vater?
*Klientin:* Er macht diese Handbewegung, die sagt, dass ich mich hinlegen soll. Ich drehe mich zum Bett, und ich spüre, dass er hinter mir steht.
*Therapeutin:* Sagt er etwas?
*Klientin:* Nein.
*Therapeutin:* Passiert sonst noch etwas in dem Moment?
*Klientin:* Nein, dann lege ich mich auf das Bett.
*Therapeutin:* Liegen Sie auf dem Rücken?
*Klientin:* Ja.
*Therapeutin:* Am Ende liegen Sie ganz bewegungslos da. Haben Sie sich am Anfang noch bewegt oder sonst irgendetwas getan?
*Klientin:* Ich mache ein paar leise Töne, glaube ich. Ich versuche auch, meine Beine anzuziehen. Aber nur kurz, dann ist es vorbei. Dann liege ich bewegungslos da.
*Therapeutin:* Wohin schauen Sie?
*Klientin:* Ich drehe den Kopf zur Seite. Ich will nichts sehen! Ich will ihm nicht ins Gesicht sehen!
*Therapeutin:* Was fühlen Sie, während Sie auf dem Bett liegen?
*Klientin:* Erst Angst. Aber die Angst geht bald weg und in so einen betäubten Zustand über.

*Therapeutin:* Das ist der Moment, in dem Sie ganz aufhören, sich zu bewegen?
*Klientin:* Ja, ich glaube schon.
*Therapeutin:* Was fühlen Sie dann?
*Klientin:* Nichts mehr. Ich höre auf, mich zu bewegen, und ich fühle gar nichts mehr.
*Therapeutin:* Hm. Und was passiert in Ihrem Körper, als Sie auf dem Bett liegen?
*Klientin:* Erst ist noch das Zittern da, aber auch das hört bald auf, und ich spüre die Kälte nicht mehr. Ich schließe die Augen. Aber ich höre die Geräusche, die er macht. Und ich spüre seine Hände auf meinem Körper, als er mich auszieht.
*Therapeutin:* Wie fühlen sich die Hände auf dem Körper an?
*Klientin:* Kalt.
*Therapeutin:* Was passiert genau, als Sie auf dem Bett liegen? Was macht oder sagt Ihr Vater?
*Klientin:* Er beugt sich über mich, dann zieht er mich aus. Und er sagt etwas wie: „Du warst schon lange nicht mehr lieb zu mir ... Heute musst Du ganz besonders lieb zu mir sein.“ Dann legt er sich auf mich und ... hier ist das Bild zu Ende.
*Therapeutin:* Gibt es noch etwas Wichtiges auf diesem Bild? Fehlt noch was?
*Klientin:* Nein, ich glaube nicht.
*Therapeutin:* Gut. Dann spulen wir den Film weiter vor, ja?
*Klientin:* Ja.
*Therapeutin:* Was ist das nächste Bild?
*Klientin:* Er dringt in mich ein, und in dem Moment verlasse ich meinen Körper und beobachte das Ganze von oben. (zeitliche Einordnung)

Die dissoziierten emotionalen Schemata (fragmentierte Erinnerungen) werden in ihre einzelnen Komponenten zerlegt (hier vor allem mit Hilfe des BASK-Modells) und dadurch bewusst gemacht. Durch diesen Vorgang *reintegrieren* sie sich anschließend *nicht* mehr auf die alte Weise, und neue Schemata entstehen. Neue Schemata entstehen erstens, weil sich einige der alten Komponenten durch Fokussierung und Ausdruck in ihrer Intensität oder Bedeutung verändert haben; im Fall der *reassoziierten* Erinnerungen an die Missbrauchsszenen verstärken sich die einzelnen Komponenten durch ihr bewusstes Erleben vor allem in ihrer Intensität (die Klientin erlebt und spürt sie erstmals), aber auch in ihrer Bedeutung (sie werden nicht mehr als fremd und unkontrollierbar erlebt). Zweitens formen sich neue Schemata, weil den alten Schemata in der Gegenwart neue Komponenten hinzugefügt werden; Frau D. fügt den bisher dissoziierten und fragmentierten Erinnerungen erstmals Worte hinzu, sie ist heute nicht mehr in der bedrohlichen Situation und kann sie mit Distanz erleben, sie erfährt die Unterstützung und Anteilnahme ihrer Therapeutin, während sie diese bedrohliche und schmerzhafte Erfahrung durchlebt und abschließt.

Die revidierten Schemata bilden sich also durch die *Integration* neuer Erfahrungskomponenten, die durch die laufende therapeutische Interaktion hervorgebracht werden. Durch diesen *Synthese-, Symbolisierungs- und Integrationsvorgang* setzen sich die zuvor dissoziierten Elemente der traumatischen Erfahrungen zu einer erzählbaren Geschichte zusammen, die für die Klientin eine persönliche Bedeutung bekommen kann und auf diese Weise ihren Schrecken verliert.

Auf ähnliche Weise verfahren Klientin und Therapeutin mit allen verfügbaren Einzelerinnerungen und setzen sie nach und nach in der richtigen Reihenfolge zu Szenen zusammen, so dass Frau D. allmählich auf allen Ebenen bewusst wird, was damals geschehen ist. Sie erinnert dabei aber nicht nur die Handlungen als solche, sondern auch die dazugehörigen Gefühle sowie ihre Fähigkeiten, sich vor einer Überflutung durch diese Gefühle zu schützen, also ihre eigene Art der Dissoziation. (Frau D. hat ihre emotionalen Reaktionen schon als kleines Kind dissoziiert, und als die Situation absolut unerträglich wurde, hat sie ihren Körper verlassen, um sich noch stärker von möglichen Gefühlen und körperlichen Schmerzen zu dissoziieren.) Sie sei dann ein „anderes KIND“ geworden:

*Klientin:* Dieses KIND musste all die Schmerzen und all die Angst ertragen, die ich nicht mehr fühlen musste. Aber im normalen Alltag war dieses KIND nicht da.
*Therapeutin:* Und wo ist dieses KIND heute?
*Klientin:* Wenn ich mich an diese Szenen erinnere, ist es wieder da. Dann spüre ich es. Dann lebt es.

Die Therapeutin betont, wie wertvoll diese Schutzmechanismen damals gewesen sind, dass sie vielleicht sogar ihr psychisches und körperliches Überleben ermöglicht haben. Sie erklärt ihr auch, dass es heute hilfreich und wichtig sein kann, die damals unausgedrückt gebliebenen Gefühle zu erleben und auszudrücken, um mit ihrer traumatischen Vergangenheit abschließen zu können.

Frau D. möchte es versuchen. Sie geht die erinnerten Szenen gemeinsam mit ihrer Therapeutin noch einmal durch und fokussiert vor allem die damals dissoziierten und unausgedrückten Gefühle. Einige Gefühle werden durch die Trauma-Synthese allein zugänglich; dies wird hier zum Beispiel deutlich an der Angst, dass der Vater sie schlägt, falls sie Widerstand leisten sollte. Frau D. kann diese Angst (eine primäre Angst vor körperlichem Schmerz) spüren und genau symbolisieren.

Anders verhält es sich mit jenen Gefühlen und Empfindungen, die in der traumatischen Situation selbst dissoziiert werden mussten. In all diesen Fällen ist es notwendig, die ergänzenden Erfahrungskomponenten hinzuzufügen, die das Erleben dieser primären Gefühle vervollständigen. Solche ergänzenden Erfahrungskomponenten können bestimmte Bewegungsimpulse, Empfindungen, Gefühle, sinnliche Eindrücke oder Gedanken sein.

Frau D. hat beispielsweise ihren körperlichen Schmerz dissoziiert, den sie empfunden hätte, wäre sie nicht aus ihrem Körper herausgegangen, als ihr Vater in sie eingedrungen ist und sie vergewaltigt hat. Diese Empfindung kann durch Nachspüren bis zu einem gewissen Grad erlebt und somit in die Gesamtsituation integriert werden. Als Frau D. sich auf das Erleben dieses Moments einlässt, spürt sie die damit verbundenen Schmerzen in abgeschwächter Form, und auch noch einige Stunden danach hat sie Unterleibsschmerzen. Sie weint und empfindet eine zunächst einmal untröstliche Traurigkeit. „Wie kann er so etwas tun?“ fragt sie sich und: „Wie kann es sein, dass Menschen andere Menschen so sehr verletzen?“ Die Vorstellung, dass sie damals ihren Körper verlassen und die Szene von oben beobachtet hat, verliert jedoch ihren Schrecken. Sie spürt plötzlich Mitgefühl für das Kind, das sie war, für das Kind, das sich auf diese Art und Weise selbst schützen musste.

Frau D. hat aber nicht nur ihren körperlichen Schmerz dissoziiert, sondern auch ihren nur allzu berechtigten Ärger. Ärger deutlich zu zeigen war in ihrer Familie verboten. Ärger während einer Missbrauchssituation zu zeigen war gefährlich.

Frau D. hat auch während ihrer gesamten Therapie keinen Ärger und keine Wut gezeigt. Sie scheint über diese Emotion kaum zu verfügen. Sie hat nicht einmal eine Vorstellung davon, dass der Organismus normalerweise neben Angst auch mit Ärger auf einen Angriff von außen reagiert. An dieser Stelle ist es wichtig, *den primären Ärger verfügbar zu machen.*

Als es um die oben beschriebene Szene geht, fragt die Therapeutin Frau D., was sie fühlt, wenn der Vater sagt: „Du warst schon lange nicht mehr lieb zu mir ... Du musst heute ganz besonders lieb zu mir sein.“

*Klientin:* Irgendwie ... hilflos.
*Therapeutin:* Was ist das für eine Hilflosigkeit?
*Klientin:* Ich weiß, was er will, und ich kann nichts dagegen tun! Er ist stärker! Er kann mich zwingen zu tun, was immer er will! Ich bin ganz verzweifelt und gefangen!
*Therapeutin:* Was möchten Sie am liebsten tun mit Ihrem Vater?
(Die Klientin macht eine kaum erkennbare Geste mit ihrer Hand.)
*Therapeutin:* Möchten Sie ihn wegstoßen?
*Klientin:* Ja.
(Sie blickt traurig zu Boden. Wieder unterbricht sie sich selbst im Erleben des Ärgers:)
Aber das geht nicht. Er würde mich umbringen.
*Therapeutin:* Damals ging das nicht. Aber heute ist es vorbei. Ihr Vater ist nicht hier; er kann Ihnen nichts mehr tun. Hier sind Sie sicher. Was war das eben für eine Bewegung?
(Die Klientin wiederholt die Handbewegung, diesmal etwas deutlicher.)
*Therapeutin:* Was will die Hand machen?
*Klientin:* Schlagen.
*Therapeutin:* Machen Sie das mal mehr. (Die Klientin experimentiert mit dieser Bewegung. Bald macht sie schlagende Bewegungen mit beiden Händen.)
*Therapeutin:* Und jetzt sagen Sie etwas dazu.
*Klientin:* Geh weg! Geh weg! (Die Therapeutin gibt ihr ein Kissen, und Frau D. schlägt auf dieses Kissen. Sie spürt ihren Ärger, drückt ihn körperlich aus und symbolisiert ihn samt seiner Bedeutung.)
*Therapeutin:* Ja.
*Klientin:* Das ist nichts Liebes! Was ich tun soll, ist nichts Liebes! Es ist eklig! Es tut weh! Es ist nichts Liebes! Und ich will das nicht tun! Ich will nicht! Ich hasse dich! Du hast kein Recht dazu, und ich hasse dich!
*Therapeutin:* Ja.
(Die Klientin hört auf zu schlagen und wird wieder ruhiger.)
*Therapeutin:* Möchten Sie noch etwas zu Ihrem Vater sagen?
*Klientin:* Er ist nicht mein Vater! Er ist ein Verbrecher, und ich will nichts mehr mit ihm zu tun haben!
*Therapeutin:* Was hätten Sie stattdessen von ihm gebraucht?
*Klientin:* Er hätte mich beschützen sollen! Ein Vater beschützt seine Tochter. Aber er hat mich gequält und missbraucht, jahrelang! Und ich will nichts mehr mit ihm zu tun haben! Ich werde ihm niemals verzeihen! Und wenn er will, dass ich ihn wieder besuche, dann werde ich Nein sagen!

An dieser Stelle beginnt Frau D., das zu ihrem Ärger gehörige Bedürfnis nach Abgrenzung zu spüren und auszudrücken. Und sie erlebt ihren Ärger, der ihr zuvor nicht zur Verfügung gestanden hatte, sowie ihr Bedürfnis nach Abgrenzung als berechtigt.

Frau D. erinnert sich inzwischen an alle zentralen Elemente ihrer traumatischen Geschichte nahezu lückenlos. Sie hat sie wie ein Puzzle, das aus lauter einzelnen Bildern, Empfindungen, Gefühlen und Gedanken bestanden hatte, zusammengesetzt. Und sie hat ihre Angst, ihren Ärger, ihren Ekel und ihren Schmerz ausgedrückt, symbolisiert und mit anderen Erfahrungen integriert. Vor allem hat sie diese Gefühle mit ihrer Therapeutin geteilt und auf diese Weise erfahren, dass es sich hierbei um gesunde, berechtigte Reaktionen ihres Organismus handelt, die sie damals nicht erleben und zeigen durfte. Weil sie diese Gefühle jetzt ausgedrückt hat, kann sie die daran gekoppelten Bedürfnisse nach Schutz, Sicherheit, Abgrenzung usw. ebenfalls deutlich spüren und zum Ausdruck bringen.

Diese Fähigkeit ist die Voraussetzung für den nächsten Schritt, nämlich für den Abschluss durch Integration.

## *Stadium 3: Abschluss durch Integration*

Durch den Ausdruck ihrer Gefühle und Bedürfnisse hat bei Frau D. bereits ein Perspektivenwechsel bzgl. der Person ihres Vaters eingesetzt. Sie erlebt ihn jetzt nicht mehr als dominant, aber fürsorglich, sondern als einen Mann, der seine Macht als Vater missbraucht hat, um ihr Gewalt anzutun und ihr Vertrauen in sich selbst und in die Menschen zu erschüttern. Eine Aussprache mit ihrem Vater wünscht sie nicht, weil sie sicher ist, dass er das Geschehene abstreiten wird. Sie will sich nicht erneut verletzen lassen.

Frau D. hat sich dafür entschieden, ihren Vater mit den Tatsachen zu konfrontieren und dann den Kontakt zu ihm abzubrechen. Sie beginnt außerdem, Verständnis und Zuneigung für das kleine Mädchen zu empfinden, das vor so vielen Jahren als wehrloses und unschuldiges Opfer von ihrem Vater sexuell missbraucht worden ist.

*Klientin:* Ich habe nicht mehr das Gefühl, schuld daran zu sein, dass er mich vergewaltigt hat. Er hätte das niemals tun dürfen. Ich wollte das nicht, aber ich konnte mich damals nicht gegen ihn wehren.

Frau D. macht ihre Bedürfnisse jetzt klar geltend. Sie weiß nun, dass damals durch das Verhalten ihres Vaters wichtige Grundbedürfnisse, nämlich die Bedürfnisse nach Sicherheit, Schutz und Geborgenheit, verletzt worden sind. Und sie zieht für sich daraus die Konsequenz, in der Gegenwart ihr Bedürfnis nach Abgrenzung gegenüber dem Vater zu erfüllen:

*Klientin:* Ich werde ihn damit konfrontieren, was er mir angetan hat; danach will ich nichts mehr mit ihm zu tun haben!

Frau D. erfährt in einer für sie sehr wichtigen Stunde eine tiefe gefühlte Veränderung bezüglich ihres Ausgangsproblems (ihre Angstzustände hatten begonnen, als jemand sie eine „Lügnerin" genannt hatte). Die Klientin wundert sich darüber, dass der Gedanke, als Lügnerin bezeichnet worden zu sein, sie zwar noch ärgert, aber nicht mehr aus der Fassung bringt. Sie exploriert diese Veränderung gemeinsam mit ihrer Therapeutin. Im Verlauf dieser Exploration erlebt sie eine körperlich spürbare Veränderung des Problems, und plötzlich weiß sie, warum dieser eine Satz sie so sehr getroffen hatte:

*Klientin:* Ja! Jetzt habe ich den Punkt. Meine Wahrheit, nämlich dass mein Vater mich gequält und missbraucht hat, durfte niemals wahr sein! Er machte die Wahrheit zur Lüge, indem er gesagt hat, ich hätte es so gewollt und es wäre meine Schuld, und wenn ich es meiner Mutter oder sonst wem erzählen sollte, würden sie eine Lügnerin wie mich ins Heim stecken! Weil meine Wahrheit nicht wahr sein durfte, ertrage ich es nicht, eine Lügnerin genannt zu werden! Das ist so, egal, um welches Thema es geht!

Frau D. hat damit begonnen, ihre traumatischen Erfahrungen in die Struktur ihrer emotionalen Schemata zu integrieren. Dieser Prozess hatte mit der Integration der zuvor dissoziierten Erinnerungen in ihr autobiographisches Gedächtnis begonnen. Sie hat keine Amnesien mehr und kann jetzt darüber sprechen, was ihr geschehen ist.

In dieser Phase ihrer Therapie geht die Klientin einen Schritt weiter. Sie integriert ihre traumatischen Erfahrungen jetzt in die übrigen Erfahrungen ihres bisherigen Lebens. Beispielsweise „weiß" sie jetzt auf einer zutiefst emotionalen Ebene, dass ihre Angst vor Nähe und körperlichem Kontakt zum großen Teil in ihren traumatischen Erfahrungen mit ihrem Vater wurzelt. Sie „weiß" auch, warum sie sich ihr Leben lang angestrengt hat, für Ehrlichkeit und Gerechtigkeit zu kämpfen. Allmählich kann sie diese und andere Aspekte ihrer Lebensgeschichte mit ihren traumatischen Erfahrungen in Verbindung bringen und auf diese Weise integrieren:

*Klientin:* Immer musste ich kämpfen! Es fing schon in der Schulzeit an! Immer, wenn jemand ungerecht behandelt wurde, habe ich dafür gesorgt, dass die Sache zur Sprache kam! Es war während des Studiums so, und jetzt ist es immer noch so! Ich kann nicht aufhören zu kämpfen ... in der BI, in der Schule ..., immer und überall muss ich kämpfen. Ich meine, das ist eine gute Eigenschaft von mir, aber ...
*Therapeutin:* Es ist ganz schön anstrengend, sein Leben lang zu kämpfen.
*Klientin:* Eben. Ich habe gekämpft und gekämpft, um alle Ungerechtigkeiten und Lügen in der Welt auszurotten, aber mich habe ich dabei vergessen.
*Therapeutin:* Sie haben nicht darauf geachtet, wie Sie sich gefühlt haben und was Sie gebraucht hätten.
*Klientin:* Nein. Denn Fühlen und Bedürfnisse haben, das war verboten. Das musste ich damals in mir abtöten, um weiterleben zu können. Meine Gefühle waren in dem anderen KIND, aber das durfte nicht leben.

Jetzt ist Frau D. in der Lage, um die im Zusammenhang mit dem Trauma erlittenen Verluste zu trauern. Sie weint viel in dieser Zeit. Sie trauert darum, dass ihr Vater sie nicht geliebt und geschützt, sondern benutzt und missbraucht hat. Sie trauert darum, keinen Vater (mehr) zu haben. Sie teilt ihre Trauer mit ihrer Therapeutin, und sie schreibt dem Vater einen „Abschiedsbrief“, in dem sie ihm mitteilt, was sie von ihm gebraucht hätte, aber nie bekommen hat; sie behält den Brief, schickt ihn nicht ab. Außerdem trauert Frau D. um viele Jahre ungelebten Lebens. Denn durch das Trauma hat sie sich bis vor kurzem von ihren eigenen emotionalen Reaktionen abgeschnitten, das heißt, sie ist nicht im Kontakt mit ihren Gefühlen und Bedürfnissen gewesen. Sie hat funktioniert wie ein Roboter, ohne zu leben. Heute sagt sie:

*Klientin:* Ich war fast 20 Jahre lang psychisch tot. Das ist eine unfassbar schreckliche Wahrheit. Mir fehlte das KIND, das all die Misshandlungen und die Einsamkeit ertragen musste, aber nicht sein durfte.

An dieser Stelle sei erwähnt, dass KlientInnen, die durch schwerste chronische Traumatisierungen in der frühen Kindheit multipel werden, meistens Innenpersonen haben, die in der Lage sind zu fühlen. Da Frau D. sich nicht so weit aufgespalten hat, musste sie sich in extremer Weise von ihren Emotionen dissoziieren, um überleben zu können. In noch extremeren Fällen kann die Dissoziation von den eigenen emotionalen Reaktionen so weit gehen, dass die betroffene Person zentrale Entwicklungsaufgaben nicht mehr bewältigt und schließlich die Verbundenheit mit den Menschen und der Welt verliert.

Frau D. trauert lange und tief um ihre zerstörte Kindheit und ihr nicht gelebtes Leben. Sie drückt ihre Trauer durch Weinen, Sprechen, Schreiben und Malen aus. Sie teilt ihre Trauer mit ihrer Therapeutin, ihrem Mann und einigen wenigen Freundinnen. Im Verlauf dieses Prozesses spürt sie immer deutlicher, dass sie sich innerlich mit einer Wärme füllt, die sie nie zuvor gekannt hat. Die Beziehungen zu jenen Menschen, mit denen sie ihr Erleben teilt, bekommen jetzt eine Tiefe, die ihr bislang fremd war. Andere Freunde von früher hat sie verloren; es „passt" nicht mehr. Insgesamt hat sie das Gefühl, ein ganz neues Leben begonnen zu haben. Sie hat sich selbst gefunden. Und auch das andere KIND, das die traumatischen Erinnerungen und die Einsamkeit getragen hatte, ist jetzt zu einem Teil ihres Selbst geworden.

Es gibt jedoch noch immer *„unabgeschlossene Angelegenheiten"* für Frau D. Die wichtigste ist die unabgeschlossene Beziehung zu ihrer Mutter. Sie versteht nicht, wie ihre Mutter zulassen konnte, dass ihr Vater sie jahrelang missbraucht und gequält hat. Wie konnte sie das zulassen? Oder hat sie vielleicht doch nichts gewusst? Hatte sie vielleicht selbst Angst vor dem Vater?

Die Therapeutin fragt Frau D., ob sie einmal versuchen möchte, ihrer Mutter hier und jetzt all das zu sagen, was sie ihr gern sagen würde, aber in der Realität nicht auszusprechen wagt. Denn dies ist eine Indikation für das Abschließen unabgeschlossener Angelegenheiten. Frau D. nimmt das Angebot an.

### Beispiel für das Abschließen unabgeschlossener Angelegenheiten

*Klientin:* Meine Mutter hätte sehen müssen, was er mit mir gemacht hat! Sie hätte das verhindern müssen! Wie konnte sie denn zusehen, dass er mein Leben zerstört?! Oder wie hat sie es geschafft wegzusehen?!
*Therapeutin:* Möchten Sie mal versuchen, sich vorzustellen, Ihre Mutter sei jetzt hier? (Sie holt einen anderen Stuhl und stellt ihn neben den der Klientin.) Wir stellen uns vor, auf diesem Stuhl hier sitzt jetzt Ihre Mutter. Möchten Sie mal versuchen, mit ihr zu reden?
*Klientin:* Ja.
*Therapeutin:* Versuchen Sie sich vorzustellen, dass Ihre Mutter hier auf die-

sem leeren Stuhl sitzt. Lassen Sie sich Zeit. Wie sieht sie aus? Wie würde sie dasitzen? Sehen Sie sie? Spüren Sie, dass sie hier ist?
*Klientin:* Ja.
*Therapeutin:* Dann setzen Sie sich mal auf den Stuhl Ihrer Mutter.
(Die Klientin wechselt den Platz.)
*Therapeutin:* Was antwortet sie Ihnen auf Ihre Fragen?
*Klientin:* Wie kannst du so einen Vorwurf erheben? Er hat das nie getan! Er ist doch dein Vater, und ich kenne ihn! Er würde so etwas niemals tun!
*Therapeutin:* Jetzt setzen Sie sich wieder auf Ihren Platz.
(Die Klientin wechselt den Platz.)
*Therapeutin:* Wie fühlt sich die Antwort Ihrer Mutter an? Was möchten Sie ihr sagen?
*Klientin:* Du glaubst mir nicht! Genau das habe ich befürchtet! Wahrscheinlich bin ich deshalb damals auch nicht zu dir gekommen, weil ich wusste, du würdest mir nicht glauben! Nein, in unserer Familie kommt so etwas nicht vor! Wir sind eine gute Familie! Unsere Familie war eine heile Welt; zumindest sollten es die Leute so sehen! Das war das Wichtigste für dich! Wichtiger als alles andere! Wichtiger als ich! Wichtiger als mein Leben! Was bist du nur für eine Mutter?!
*Therapeutin:* Sagen Sie das noch mal.
*Klientin:* Was bist du nur für eine Mutter! Du bist überhaupt keine Mutter! Wann warst du jemals für mich da? Wenn ich dich gebraucht habe, warst du nie für mich da! Wie oft habe ich vor der Tür gestanden und mir überlegt, ob ich zu dir reinkommen sollte. Aber ich habe mich nicht getraut! (Sie weint.) Ich habe mich nicht getraut, weil ich wusste, du würdest mich wieder zurückweisen. Ich konnte nicht zu dir gehen. Ich konnte es dir nicht sagen!
*Therapeutin:* Sie stehen vor der Tür und überlegen, ob Sie zu Ihrer Mutter reingehen sollen. Aber das geht nicht.
*Klientin:* Nein. (Sie weint.)
*Therapeutin:* Das geht nicht.
*Klientin:* Nein, das geht nicht, weil sie nicht wirklich da ist für mich. Ich kann ihr nicht vertrauen. Ich kann nirgendwo hingehen, weil nirgendwo jemand ist, dem ich vertrauen könnte.
*Therapeutin:* Und ich bin ganz allein.
*Klientin:* Ja, ich bin ganz allein auf der Welt. (Sie weint.) Er macht das mit mir, und ich kann es niemandem sagen, denn ich bin ganz allein auf der Welt. Am Anfang habe ich noch geweint. Aber irgendwann habe ich aufgehört zu weinen. Wenn da niemand ist, darf man nicht traurig sein.

*Therapeutin:* Dieses Kind ist traurig gewesen, weil es ganz allein war auf der Welt und niemandem von dem Schrecklichen erzählen konnte.
*Klientin:* Ja.
*Therapeutin:* Aber es darf nicht traurig sein, weil da niemand ist, der tröstet, weil da niemand ist, der hilft.
*Klientin:* Ja. (Sie weint.)
*Therapeutin:* Möchten Sie das jetzt einmal Ihrer Mutter sagen?
*Klientin:* Ich war ganz allein, ganz allein auf der Welt! Er hat mir das angetan, und zu dir konnte ich nicht kommen! (Sie weint.) Du warst gar nicht da! Nur zum Schein! Am Anfang war ich noch traurig, und das war gut ...
*Therapeutin:* Es war gut und richtig, traurig zu sein.
*Klientin:* Ja. Ich war allein, und es tat so weh. Mein Körper tat weh, und mein Herz tat weh. Die ganze Zeit über. Aber weil du nicht da warst, musste ich meine Trauer töten. Ich musste meine Lebendigkeit töten, weil du nicht da warst! Und dabei hätte ich dich so sehr gebraucht!
*Therapeutin:* Sagen Sie das Ihrer Mutter noch mal.
*Klientin:* Ich hätte dich gebraucht! Ich habe das niemals gesagt, aber ja: Ich hätte dich gebraucht! Als Mutter, um mich zu beschützen, um mich zu ... lieben. (Sie weint.) Ich habe niemals gesagt, dass mich jemand lieben sollte. Aber ... hat nicht jedes Kind ein Recht darauf?
*Therapeutin:* Ja, jedes Kind hat ein Recht darauf, geliebt zu werden. Was haben Sie von Ihrer Mutter gebraucht?
*Klientin:* Ich habe mich so danach gesehnt, von dir geliebt und beschützt zu werden! Aber das waren verbotene Wünsche.
*Therapeutin:* Fühlt es sich jetzt im Augenblick immer noch an wie ein verbotener Wunsch?
*Klientin:* Nein. Es fühlt sich richtig an. (Sie wird ruhiger.)
*Therapeutin:* Möchten Sie sich noch einmal kurz auf den Stuhl Ihrer Mutter setzen?
(Die Klientin wechselt den Platz.)
*Therapeutin:* Hören Sie eine Antwort von Ihrer Mutter?
*Klientin:* Ich wollte damals nicht sehen, was er mit dir gemacht hat! Und heute will ich es auch nicht glauben! Ich könnte es nicht ertragen. So stark bin ich nicht. Meine Welt würde zusammenklappen wie ein Kartenhaus, und das würde ich einfach nicht verkraften! Es tut mir leid, aber ich kann nicht anders. Ich war keine gute Mutter, das weiß ich. Aber ich kann nicht anders.
*Therapeutin:* Sagt sie noch mehr?
*Klientin:* Nein, das ist alles.

*Therapeutin:* Dann setzen Sie sich jetzt wieder auf Ihren Stuhl.
(Die Klientin wechselt den Platz.)
*Therapeutin:* Wie geht es Ihnen jetzt mit der Antwort Ihrer Mutter?
*Klientin:* Ich wusste im Grunde immer, dass sie schwach war und feige. Sie musste in einer Illusion leben, weil sie viel zu viel Angst hat vor dem wirklichen Leben. Es tut mir weh, aber es ist gut, dass ich es ausgesprochen habe. Von ihr werde ich niemals bekommen, was ich brauche.
*Therapeutin:* Was brauchen Sie jetzt?
*Klientin:* Die Erlaubnis zu lieben und geliebt zu werden.
*Therapeutin:* Wer kann diese Erlaubnis geben?
*Klientin:* Meine Mutter nicht.
*Therapeutin:* Hm.
*Klientin:* Von meiner Mutter erwarte ich das nicht mehr. Ich weiß noch nicht; vielleicht werde ich ihr einen Brief schreiben und ihr erklären, wie ich ihre Rolle in dem Ganzen sehe. Aber es wäre ein Abschied von der Mutter, die ich mir gewünscht habe. Mal sehen. Ansonsten? Zunächst mal muss ich mir selbst die Erlaubnis geben. Dann gibt es in meinem Leben Menschen, die ich liebe und von denen ich geliebt werden möchte. Ich weiß jetzt, dass ich lieben kann und lieben darf, weil ich endlich spüre, dass ich nicht schlecht oder böse bin. Ich habe das Recht dazu wie jeder andere Mensch auch.
*Therapeutin:* Ja.
*Klientin:* Mir fehlt nur noch der Mut, es mitzuteilen und darum zu bitten.
*Therapeutin:* Das wäre ein anderes Thema?
*Klientin:* Ja.
*Therapeutin:* Ich sehe, die Zeit ist gleich um. Können Sie sich jetzt für heute von Ihrer Mutter verabschieden?
*Klientin:* Ja.

Die Therapeutin hat Frau D. geholfen, ihre Anklagen in die darunter liegende Trauer zu transformieren. So wird es ihr möglich, das dazugehörige Bedürfnis nach Liebe und Schutz zu spüren und ihrer Mutter gegenüber auszudrücken. Da ihre Trauer und ihre Bedürfnisse nach Liebe und Schutz nun ausgedrückt und damit zu Ende gelebt worden sind, kann sie sich aus der bisherigen Beziehung zu ihrer Mutter lösen und sie abschließen. Das Wissen, dass sie heute von ihrem Mann, ihren Kindern und guten Freunden zumindest teilweise bekommen kann, was ihre Mutter ihr nie geben konnte, erleichtert ihr den Abschluss. Sie verzeiht ihrer Mutter nicht, sondern macht sie klar und eindeutig für ihr Versagen verantwortlich. Damit kann sie sich von ihr abgrenzen und unerfüllbare Erwartungen loslassen. Frau D. befindet sich am Ende ihrer Psychotherapie.

Sie hat eine tief greifende und umfassende Des- und Reorganisation ihrer (posttraumatischen und dissoziativen) emotionalen Schemata erfahren. Die Desorganisation zeigte sich in ihrem Erleben, nicht mehr zu wissen, wer sie war und wohin sie gehörte. Die Reorganisation zeigt sich in Form eines neuen Identitätsgefühls, eines neuen *Selbst*verständnisses, in der Welt zu sein.

Die Klientin hat revidierte und neue emotionale Schemata bezüglich der traumatischen Erfahrungen und ihrer Folgen für Gegenwart und Zukunft entwickelt:

*Klientin:* Ich wurde von meinem Vater jahrelang sexuell missbraucht. Dadurch hat er mein Vertrauen zerstört und es mir unmöglich gemacht zu fühlen. Er hätte mich beschützen und lieben müssen, stattdessen hat er mich benutzt. Heute lehne ich den Kontakt zu ihm ab. Und auch meine Mutter war nicht da, als ich sie gebraucht habe. Ich konnte nicht zu ihr gehen, als ich in Not war. Sie hat nicht gesehen oder nicht sehen wollen, was er mit mir gemacht hat; wahrscheinlich war sie zu schwach, um der Wahrheit zu begegnen. Ich werde ihr meine Wahrheit mitteilen und sehen, wie sie reagieren wird. Zu Beginn der Therapie wusste ich nicht, wer ich bin und wohin ich gehöre. Jetzt habe ich das Gefühl, mehr ich selbst zu sein als jemals zuvor in meinem Leben. Ich weiß, wohin ich gehöre, ich weiß, wen ich liebe, und ich weiß, welche Menschen mir nicht gut tun. Ich kann jetzt fühlen.

Ihre neuen und revidierten emotionalen Schemata befinden sich auf höherem Integrationsniveau, da sie nun die neu synthetisierten, neu symbolisierten und neu strukturierten Erfahrungselemente bzgl. des Traumas und ihrer früheren Beziehungen in Form einer biographischen Geschichte mit gefühlten Bedeutungen enthalten. Das heißt, ihre emotionalen Schemata sind umfassender und flexibler geworden, sie enthalten wesentlich mehr Erfahrungen (Informationen) und ermöglichen einen besseren Informationsaustausch zwischen ihnen. Weil das Trauma mitgeteilt und weitgehend abgeschlossen werden konnte, muss es nicht mehr wiedererlebt werden, und aktuelle emotionale Erfahrungen müssen nicht länger ignoriert und dissoziiert werden. Sie kann sie heute besser integrieren, weil sie sie akzeptieren, verstehen und mit ihren übrigen Erfahrungen verbinden kann, so dass sie ihre Gefühle nicht länger als allumfassend und überwältigend erleben muss. Primäre Emotionen und gefühlte Bedeutungen können jetzt ihre Orientierungsfunktion für das Erleben und

Verhalten der Klientin erfüllen. Sie weiß, wer sie ist, und sie weiß, was sie braucht.

## Schlussbetrachtung

Kann die hier vorgeschlagene Theorie der Unterbrechung und Dissoziation an unserer Fallgeschichte veranschaulicht werden?

Unter dieser Fragestellung sollen nun die drei Grundannahmen dieser Theorie noch einmal betrachtet werden.

*Erste Grundannahme:* Ein Trauma unterbricht die Synthese adaptiver primärer Emotionen (Dissoziation aufgrund der Unterbrechung normalerweise integrativer Funktionen des Bewusstseins).

Frau D. hat ihren körperlichen Schmerz, ihre Angst und ihren Ärger während des Traumas unterbrochen. Der Schmerz wäre für das kleine Kind unerträglich gewesen. Ihre Angst konnte sie nur bis zu einem gewissen Punkt zulassen. Ihren Ärger durfte sie nicht spüren und nicht zeigen; sie hatte Angst, die Misshandlung durch den Vater dadurch zu verstärken.

Aber die Dissoziation primärer Empfindungen und Emotionen beschränkte sich nicht auf die unmittelbare Situation des Traumas. Sie durfte weder den Ärger auf ihren Vater noch den Ärger auf ihre Mutter (von der sie sich allein gelassen fühlte) spüren und zeigen, denn „offiziell" gab es keine Traumatisierung; welchen Grund hätte sie da für ihren Ärger haben können? Es war niemand da, der half. Sie selbst musste das Trauma vergessen, denn es war niemand da, der hinsah, niemand, der half, niemand, der ihr geglaubt hätte. Die Welt in ihrer Familie war „in Ordnung".

Und ihre Trauer? Auch ihre Trauer musste sie unterbrechen und dissoziieren, sobald sie nur aufkam. Denn Trauer dient der Ablösung und sorgt dafür, dass wir Kontakt aufnehmen, um in dieser Situation nicht allein zu sein, und schließlich, um wieder neu beginnen zu können. Dieses kleine Mädchen konnte sich aber nicht von ihren Eltern lösen; sie hatte keine Wahl, ihre Eltern nicht zu lieben. Sie brauchte ihre Eltern. Doch sie war mit diesen Eltern allein. Es war niemand da, mit dem sie hätte trauern können. Noch einmal: „Offiziell" gab es kein Trauma, „offiziell" war die Welt dieser Familie in Ordnung. Worüber hätte sie also trauern können? Und an welchen Menschen hätte sie sich mit ihrer Trauer wenden können? Es war niemand da, der half, niemand da, der sah, und sie hatte Angst, man würde ihr nicht glauben.

Ähnliches gilt für ihre anderen Gefühle. Wer nicht trauern kann, kann sich nicht freuen. Es gibt das eine nicht ohne das andere. Sie musste sich also von allen Gefühlen weitgehend dissoziieren, weil sie diese nicht mitteilen und nicht ausdrücken durfte.

Der Mechanismus der Unterbrechung des Synthesevorgangs ihrer primären Emotionen hat sich im Laufe der Jahre automatisiert und immer größere Bereiche ihres Erlebens umfasst. Diesen Sachverhalt meint sie, wenn sie später in der Therapie sagt, sie sei jahrelang tot gewesen – wie ein Roboter, der funktioniert, aber nicht lebt.

*Fazit:* Das Trauma und das traumatisierende Umfeld haben dazu geführt, dass die Klientin ihre primären Emotionen dissoziieren musste. Ihr fehlte daher die wichtigste Orientierungsquelle für ihr Erleben und Verhalten.

*Zweite Grundannahme:* Schwere und chronische Traumata unterbrechen zusätzlich die (vollständige) Speicherung des Ereignisses im biographischen Gedächtnis (Dissoziation aufgrund der Unterbrechung der normalerweise integrativen Funktionen des Gedächtnisses).

Frau D. hat ihre traumatischen Erfahrungen in fragmentierter Form, als einzelne, getrennte Erfahrungselemente, gespeichert, für die vor der Therapie eine Amnesie bestanden hatte. Erst im Laufe der Therapie war sie in der Lage, diese Erfahrungselemente zu einer autobiographischen Geschichte, zu ihrer Geschichte, zusammenzusetzen, weshalb sie nicht länger dissoziiert werden müssen.[1]

*Fazit:* Das Trauma und das traumatisierende Umfeld haben dazu geführt, dass die Klientin ihre Erinnerungen an die Ereignisse und deren Folgen dissoziiert hat. Daher fehlte ihr das Verständnis für ihr gegenwärtiges Erleben und Verhalten in Situationen, die im weitesten Sinne mit der traumatischen Geschichte zu tun haben.

1 Beachte: Die meisten Erinnerungen an sexuellen Missbrauch tauchen nicht während einer Psychotherapie auf! Erfahrungsgemäß kommen sie zum Beispiel beim Verlassen des Elternhauses zum Vorschein, oder wenn die Betroffenen eine Partnerschaft eingehen.

*Dritte Grundannahme:* Schwere und chronische Traumata können zusätzlich die Entwicklung einer einheitlichen Identität unterbrechen (Dissoziation aufgrund der Unterbrechung der normalerweise integrativen Funktionen der Identität).

Frau D. hat keine Dissoziative Identitätsstörung; sie ist nicht multipel. Wären die Traumatisierungen schwerer gewesen oder hätten sie früher eingesetzt, wäre die Wahrscheinlichkeit dafür jedoch groß gewesen.

Trotzdem hat auch sie eine Spaltung ihrer Identität erfahren. Während des Traumas hat das andere KIND ihren Körper verlassen. Eben diesen Teil musste sie von ihrer Identität dissoziieren, um sich möglichst umfassend vor körperlichem Schmerz und unerträglichen Gefühlen zu schützen. Das andere KIND trat vorwiegend in derartigen Situationen in Erscheinung. Da die Klientin sich sehr weitgehend von ihren emotionalen Reaktionen dissoziiert hatte, gab es für dieses andere KIND keine Entwicklungsaufgaben zu erfüllen; es geriet in Vergessenheit, bis es in der Therapie in Form ihrer dissoziierten Erinnerungen und Gefühle wieder auftauchte. Dieses andere KIND trug ihr Trauma, das sie in der Therapie zum Abschluss bringen konnte.

*Fazit:* Das Trauma und das traumatische Umfeld haben dazu geführt, dass die Klientin einen Teil ihrer Identität, das andere KIND, dissoziieren musste. Sie musste diesen Teil ihrer Identität dissoziieren, um ihre Amnesie für die traumatischen Erinnerungen und das Nichterleben ihrer emotionalen Reaktionen aufrechterhalten zu können.

Heute braucht sie diesen Schutz nicht mehr. Dissoziation ist das Gegenteil von Assoziation. Daher ist es Aufgabe und Ziel der Psychotherapie, dissoziierte Gefühle, Erinnerungen und Schemata (Anteile des Selbst/der Identität) zu assoziieren, damit sie in das aktuelle Erleben und Verhalten integriert werden können. Dies ist der Hauptmechanismus der Verarbeitung traumatischer Erfahrungen in der Psychotherapie.

# 5. Literatur

## A/B


Barret-Lennard, G. (1959). *The Relationship Inventory: A technique for measuring therapeutic dimensions of an interpersonal relationship.* Paper given at the annual meeting of the Southeastern Psychological Association. St. Augustine, Florida.

Barret-Lennard, G. (1962). Dimensions of therapist response as causal factors in therapeutic personality change. *Psychological Monographs, 76,* (43, Whole No. 562).

Beck, A.T. & Emery, G. (1985). *Anxiety disorders and phobias: A cognitive perspective*. New York: Basic Books.

Bernstein, E. & Putnam, F.W. (1986). Development, reliability, and validity of a dissociation scale. *Journal of Nervous and Mental Disease, 174,* 727–735.

Bommert, H. & Dahlhoff, H.-D. (1978). *Das Selbsterleben (Experiencing) in der Psychotherapie*. München: Urban & Schwarzenberg.

Bordin, E. (1966). Free association: An experimental analogue of the psychoanalytic situation. In Gottschalk & Auerback (Eds.), *Methods of research in psychotherapy*. New York: Appleton Century Crafts.

Bordin, E. (1975). *The generalizability of the psychoanalytic concept of the working alliance.* Paper presented at the Society for Psychotherapy Research. Denver, Colorado.

Bordin, E. (1979). The generalizability of the psychoanalytic concept of the working alliance. *Psychotherapy: Theory, Research and Practice, 16,* 252–260.

Braun, B.G. (Hrsg.) (1984). *Symposium on multiple personality.* Psychiatric Clinic of Northern America, 7 (1).

Brown, D., Scheflin, A. & Hammond, D. (1998). Phase-oriented trauma treatment. In: D. Brown, A. Sheflin & D. Hammond (Eds.). *Memory, trauma, treatment and the law* (436–497): W.W. Norton & Company.

## C

Cain, D. (Ed.) (2002). *Humanistic psychotherapies: Handbook of research and practice.* Washington D.C.: American Psychological Association.

Calof, D.L. (1995). Chronic self-injury in adult survivors. Sources, motivations, and functions of self-injury (Part I and II). *Treating Abuse Today*, May/June 1995 (Part I) and July/August/Sept/Oct. 1995 (II).

Canacakis, J. (1987). *Ich sehe Deine Tränen: Trauern, Klagen, Leben können.* Stuttgart: Kreuz-Verlag.

Catherall, D. (1984). *The psychotherapeutic alliance in family, marital and individual psychotherapy.* Unpublished doctoral dissertation, Psychology Program, Department of Psychiatry and Behavioral Sciences, Northwestern University.

Claas, P. (1997). *Traumatherapie: Effekte auf das Selbsterleben („Experiencing“).* Unveröffentlichte Diplomarbeit am Fachbereich Psychologie der Philipps-Universität Marburg.

Clarke, M.K. & Greenberg, L.S. (1986). Differential effects of the Gestalt two-chair-intervention and problem solving in resolving decisional conflict. *Journal of Counseling Psychology, 33 (1),* 11–15.

## D/E

Davidson, P.R. & Parker, K.C.H. (2001). Eye Movement Desensitization and Reprocessing (EMDR): a meta-analysis. *Journal of Consulting and Clinical Psychology, 69 (2),* 305–316.

Dornes, M. (1993). *Der kompetente Säugling: Die präverbale Entwicklung des Menschen.* Frankfurt am Main: Fischer.

Dornes, M. (1997). *Die frühe Kindheit: Entwicklungspsychologie der ersten Lebensjahre.* Frankfurt am Main: Fischer.

Downing, G. (1996). *Körper und Wort in der Psychotherapie: Leitlinien für die Praxis.* München: Kösel.

Ehlers, A. (1999). Posttraumatische Belastungsstörung. *Fortschritte der Psychotherapie.* Göttingen: Hogrefe.

Elliott, R., Davis, K.L. & Slatick (1998). Process-experiential therapy for posttraumatic stress difficulties. In L.S. Greenberg, J.C. Watson & G. Lietaer (Eds.), *Handbook of experiential psychotherapy* (S. 249–271). New York: Guilford Press.

## F

Fishman, D. (1971). *Empirical correlates of the experiencing scale.* Paper presented at the meeting of the American Psychological Association, Washington.

Foa, E.B., Feske, U., Murdock, T.B., Kozak, M.J. & McCarthy, P.R. (1991). Processing of threat-related information in rape victims. *Journal of Abnormal Psychology, 100 (2)*, 156–162.

Foa, E. & Kozak, M. (1986). Emotional processing of fear: exposure to corrective information. *Psychological Bulletin, 99 (1),* 20–35.

Foa, E.B., Riggs, D.S., Massie, E.D. & Yarczower, M. (1995). The impact of fear activation and anger on the efficacy of exposure treatment for post-traumatic stress disorder. *Behavior Therapy, 26 (3)*, 487–499.

Foa, E.B., Rothbaum, B.O. & Molnar, C. (1995). Cognitive-behavioral therapy of post-traumatic stress disorder. In M.J. Friedman, D.S. Charney & A.J. Deutsch (Eds.), *Neurobiological and clinical consequences of stress: From normal adaptation to post-traumatic stress disorder* (S. 483–494). Philadelphia, PA, USA: Lippincott-Raven Publishers.

Foa, E.B., Rothbaum, B.O., Riggs, D.S. & Murdock, T.B. (1991). Treatment of posttraumatic stress disorder in rape victims: A comparison between cognitive-behavioral procedures and counseling. *Journal of Consulting and Clinical Psychology, 59 (5),* 715–723.

Fontana, A., Dowds, B. & Eisenstadt, R. (1980). Social class and suitability for psychodynamic psychotherapy: a causal model. *Journal of Nervous and Mental Disease, 168*, 658–665.

Frenzel, P., Schmid, P. & Winkler, M. (Hrsg.) (1992). *Handbuch der Personenzentrierten Psychotherapie.* Köln: Edition Humanistische Psychologie.

## G

Gendlin, E.T. (1957). A process concept of relationship. *Counseling Center Discussion Papers, III,2.* University of Chicago Library, Chicago.

Gendlin, E.T. (1961). Experiencing: A variable in the process of therapeutic change. *American Journal of Psychotherapy, 15,* 233–245.

Gendlin, E.T. (1962). *Experiencing and the Creation of Meaning.* New York: The Free Press of Glencoe.

Gendlin, E.T. (1964). *A theory of personality change.* In P. Worchel & D. Byrne (Eds.), Personality change. New York: Wiley.

Gendlin, E.T. (1970). A theory of personality change. In J. T. Hart & T. M.Tomlinson (Eds.), *New directions in client-centered psychotherapy* (S. 129–173). Boston: Houghton Mifflin Compagny.

Gendlin, E.T. (1974). Client-centered and experiential psychotherapy. In D. A.Wexler, L. Rice, (Eds.), *Innovations in client-centered therapy* (S. 211–246). New York: John Wiley & Sons.

Gendlin, E.T. (1978). Eine Theorie der Persönlichkeitsveränderung. In Bommert, H. & Dahlhoff, H.-D. (Hrsg.), *Das Selbsterleben (Experiencing) in der Psychotherapie* (S. 1–62). München: Urban & Schwarzenberg.

Gendlin, E.T. (1981). *Focusing. Technik der Selbsthilfe bei der Lösung persönlicher Probleme.* Salzburg: Otto Müller Verlag.

Gendlin, E.T. (1998). *Focusing-orientierte Psychotherapie: Handbuch der erlebensbezogenen Methode.* München: Pfeiffer.

Gendlin, E.T. & Berlin, J. (1961). Galvanic skin response correlates of different modes of experiencing. *Journal of Clinical Psychology, 17,* 73–77.

Gendlin, E.T., Jenny, R. & Shlien, J.M. (1960). Counselor ratings of process and outcome in client-centered therapy. *Journal of Consulting and Clinical Psychology*, 16, 217–238.

Gendlin, E.T. & Tomlinson, T.M. (1962). The experiencing-scale. In M.H. Klein, P.O. Mathieu, E.T. Gendlin, & D.J. Kiesler (Eds.), *The experiencing-scale. a research and training manual, Vol.1.* Wisconsin. Psychiatric Institute. S. 56–64.

Gendlin, E.T. & Zimring, F.M. (1955). The qualities or dimensions of experiencing and their change. *Counseling Center Discussion Papers, 1, 3.* University of Chicago Library, Chicago.

Graessner, S., Gurris, N. & Pross, C. (1996). *Folter: An der Seite der Überlebenden. Unterstützung und Therapien.* München: C. H. Beck.

Graham-Costain, V. & Gould, C. (1990). *Spieltherapie mit rituell missbrauchten Kindern.* 7. Internationale Konferenz Multiple Personality/Dissociative States.

Grawe, K., Donati, R. & Bernauer, F. (Hrsg.) (1994). *Psychotherapie im Wandel: Von der Konfession zur Profession.* Göttingen: Hogrefe.

Greenberg, L. (1979). Resolving splits: use of the two chair technique. *Psychotherapy: Theory, Research and Practice, 16, 3,* 316–324.

Greenberg, L. (1980). The intensive analysis of recurring events from the practice of Gestalt therapy. *Psychotherapy: Theory, Research and Practice, 17,* 143–152.

Greenberg, L. (2002). Emotion-focused therapy: coaching clients to work through their feelings. Washington, D.C.: American Psychological Association.

Greenberg, L. & Dompierre, L. (1981). Differential effects of Gestalt two-chair dialogue and empathic reflection at a split in counseling. *Journal of Counseling Psychology, 28,* 288–294.

Greenberg, L., Elliott, R. & Foerster, F.S. (1989). Experiential processes in the psychotherapeutic treatment of depression. In D. McCann & N. Endler (Eds.), *Depression: developments in theory, research and practice* (S. 455–489). Toronto: Thompson.

Greenberg, L. & Foerster, F.S. (1996). Task analysis exemplified: The process of resolving unfinished business. *Journal of Consulting and Clinical Psychology, 64 (3),* 439–446.

Greenberg, L., Ford, C.L., Alden, L.S. & Johnson, S.M. (1993). In-session change in emotionally focused therapy. *Journal of Consulting and Clinical Psychology, 61 (1),* 78–84.

Greenberg, L. & Paivio, S. (1997). Working with emotions in psychotherapy. New York: Guilford Press.

Greenberg, L. & Pinsof, W. (Eds.) (1986). *The psychotherapeutic process: A research handbook.* New York: Guilford Press.

Greenberg, L. & Rice, L. (1981). The specific effects of a Gestalt intervention. *Psychotherapy: Theory, Research and Practice, 18*, 31–37.

Greenberg, L., Rice, L.N. & Elliott, R. (1993). *Facilitating emotional change. The moment-by-moment process.* New York: Guilford Press.

Greenberg, L. & Safran, J.D. (1987). *Emotion in psychotherapy: emotion, cognition and the process of change.* New York: Guilford Press.

Greenberg, L. & Safran, J.D. (1989). Emotion in psychotherapy. *American Psychologist, 44 (1),* 19–29.

Greenberg, L. & Safran, J.D. (1990). The treatment of anxiety and depression: The process of affective change. In P.C. Kendall & D. Watson (Eds.), *Anxiety and depression: distinctive and overlapping features (S.* 157–185). Orlando: Academic Press.

Greenberg, L., Watson, J.C. & Lietaer, G. (Eds.) (1998). *Handbook of experiential psychotherapy.* New York: Guilford Press.

## H

Herman, J.L. (1993). *Die Narben der Gewalt: Traumatische Erfahrungen verstehen und überwinden.* München: Kindler.

Huber, M. (1995). *Multiple Persönlichkeiten: Überlebende extremer Gewalt.* Frankfurt am Main: Fischer.

Huber, M. (2000). Persönliche Mitteilung.

## I/J

Iversen, S., Kupfermann, J. & Kandell, E.R. (2000). Emotional states and feelings. In Kandell, E.R., Schwartz, J.A., Jessell, T.M. (Eds.), *Principles of neural science* (S. 982–997). USA: McGraw-Hill.

Jerneizig, R. & Langenmayr, A. (1992). *Klientenzentrierte Trauertherapie.* Göttingen: Hogrefe.

## K/L

Kast, V. (1982). *Trauern: Phasen und Chancen des psychischen Prozesses.* Stuttgart: Kreuz-Verlag.

Kiesler, D. (1971). Patient experiencing level and successful outcome in individual psychotherapy of schizophrenics and psychoneurotics. *Journal of Consulting and Clinical Psychology, 37,* 370–385.

Klein, M., Mathieu, P., Gendlin, E. & Kiesler, D. (1969).*The experiencing scale: a research and training manual (Vol. 1).* Madison: University of Wisconsin Extension Bureau of Audiovisual Instruction.

Kluft, R.P. & Fine, C.G. (Eds.) (1993). *Clinical perspectives on multiple personality disorder.* Washington: American Psychiatric Press.

Lang, P. (1977). Imagery in therapy: An information processing analysis of fear. *Behavior Therapy, 8,* 862–886.

Lang, P. (1979). A bio-informational theory of emotional imagery. *Psychophysiology, 16,* 495–512.

Levis, D. (1995). Decoding traumatic memory: implosive theory of psychopathology. In O'Donolue, W. & Krasner, L. (Eds.), *Theories of behavior therapy. Exploring behavior change.* Washington: American Psychological Association.

Linehan, M.M. (1993). *Cognitive-behavioral treatment of Borderline Personality Disorder.* New York: Guilford Press.

Luborsky, L. & Auerbach, A. (1985). The therapeutic relationship in psychodynamic psychotherapy: The research evidence and its meaning for practice. In R. Hales & A. Frances (Eds.), *Psychiatry Update.* Washington: American Psychiatric Association.

Lutgendorf, S.K. & Antoni, M.H. (1999). Emotional and cognitive processing in a trauma disclosure paradigm. *Cognitive Therapy and Research, 23 (4),* 423–440.

## M/N

Maercker, A. (Hrsg.) (1997). *Therapie der Posttraumatischen Belastungsstörungen.* Heidelberg: Springer.

Main, M. (1995). Desorganisation im Bindungsverhalten. In Spangler, G. & Zimmermann, P. (Hrsg.), *Die Bindungstheorie. Grundlagen, Forschung und Anwendung.* Stuttgart: Klett-Cotta.

March, J. S. (1993). What constitutes a stressor? A „Criterion A" issue. In J. R. T. Davidsson & E. B. Foa (Eds.), *Posttraumatic Stress Disorder. DSM–IV and beyond* (37–56). Washington: American Psychiatric Press.

## O/P

Pennebaker, J. (1989). Confession, inhibition & disease. In Berkowitz, L. (Ed.), *Advances in experimental social psychology* (S. 211–244). Orlando: Academic Press.

Perls, F. (1973). *The Gestalt approach and eye witness to therapy.* California: Science and Behavior Books.

Perls, F. (1976). *Grundlagen der Gestalttherapie: Einführung und Sitzungsprotokolle.* München: Pfeiffer.

Perls, F., Hefferline, R., Goodman, P. (1951). *Gestalt therapy. Excitement and growth in the human personality.* New York: The Julian Press.

Pinsof, W. & Catherall, D. (1986). The integrative psychotherapy alliance scales: Family, couple and individual therapy scales. *Journal of Marital and Family Therapy, 12 (2).* 137–151.

Pollack, M. (1973). *The function of perceptual concreteness, affect and experiencing in a psychoanalysis.* Unpublished Doctoral Dissertation, New York University.

Putnam, F.W. (1989). *Diagnosis and treatment of multiple personality disorder.* New York: Guilford Press.

Putnam, F.W. (1997). *Dissociation in children and adolescents: a developmental perspective.* New York: Guilford Press.

## R

Reddemann, L. (1998). Psychotherapie auf der inneren Bühne. *Persönlichkeitsstörungen, 2,* 88–96.

Reddemann, L. & Sachsse, U. (1997). Stabilisierung. *Persönlichkeitsstörungen, 3,* 113–147.

Rogers, C.R. (1957). The necessary and sufficient conditions of therapeutic personality change. *Journal of Consulting Psychology, 21,* 95–103.

Rogers, C.R. (1961). *On becoming a person.* Boston: Houghton-Mifflin.

Rogers, C.R. (1983). *Die klientenzentrierte Gesprächspsychotherapie.* Frankfurt am Main: Fischer.

Rogers, C., Gendlin, E., Kiesler, D. & Truax, C. (Eds.) (1967). *The therapeutic relationship and its impact: a study of psychotherapy with schizophrenics.* Madison: University of Wisconsin Press.

Ross, C.A. (1997). *Dissociative identity disorder: diagnosis, clinical features and treatment of multiple personality.* New York: Wiley.

Ryan, R. (1966). *The role of the experiencing variable in the psychotherapeutic process.* Unpublished doctoral dissertation, University of Illinois.

## S

Sachsse, U. (1997). *Selbstverletzendes Verhalten: Psychodynamik Psychotherapie. Das Trauma, die Dissoziation und ihre Behandlung.* Göttingen: Vandenhoeck & Ruprecht.

Sachsse, U. (1998). Traumaexpositionstechniken. *Persönlichkeitsstörungen, 2,* 77–87.

Saß, H., Wittchen, H-U. & Zaudig, M. (1996). *Diagnosistisches und Statistisches Manual Psychischer Störungen: DSM–IV.* Göttingen/Bern/Toronto/Seattle: Hogrefe.

Schneider, K. (1990). *Grenzerlebnisse. Zur Praxis der Gestalt-Therapie.* Köln: Edition Humanistische Psychologie.

Shin, L.M., McNalldy, R.J., Kosslyn, S.M., Thompson, W.L., Rauch, S.L., Alpert, N.M., Metzger, L.J., Lasko, N.B., Orr, S.P. & Pitman, R K. (1999). Regional cerebral blood flow during script-driven imagery in childhood sexual abuse-related posttraumatic stress disorder: A positron emission tomographic investigation. *American Journal of Psychiatry, 156,* 575–584.

Staemmler, F.M. (1995). *Der „leere Stuhl“: Ein Beitrag zur Technik der Gestalttherapie.* München: Pfeiffer.

Staemmler, F.M. & Bock, W. (1991). *Ganzheitliche Veränderung in der Gestalttherapie.* München: Pfeiffer.

Stampfl, T. (1966). Implosive therapy, part 1: the theory. In Armitage, S. (Ed.), *Behavioral modification techniques in the treatment of emotional disorders.* Battle Creek, MI:VA Hospital.

Steil, R., Ehlers, A. & Clark, D.M. (1997). Kognitive Aspekte bei der Behandlung der Posttraumatischen Belastungsstörung. In A. Maercker (Hrsg.), *Therapie der Posttraumatischen Belastungsstörungen* (S. 123–143). Heidelberg: Springer.

Stern, D. (1985). *Die Lebenserfahrung des Säuglings.* Stuttgart: Klett-Cotta.

## T–Z

Tumani, V. (1998). Traumatherapie in der Hypnotherapie und dem Neurolinguistischen Programmieren (NLP). *Persönlichkeitsstörungen, 2,* 67–76.

Van der Hart, O., Steele, K., Boon, S. & Brown, P. (1995). Die Behandlung traumatischer Erinnerungen: Synthese, Bewusstwerdung und Integration. *Hypnose und Kognition, 12 (2),* 34–67.

Van der Kolk, B.A. (1998). *Die sozialen und neurobiologischen Dimensionen des Zwanges, Traumata zu wiederholen.* Kongress „Trauma und kreative Lösungen“, Köln.

Van der Kolk, B.A., Burbridge, J.A. & Suzuki, J. (1997). *Klinische Folgerungen aus Studien über Neuroimagination.* Tagung „Trauma und Adoleszenz“, Tiefenbrunn.

Weiser-Cornell, A. (2001). *Focusing: Der Stimme des Körpers folgen.* Reinbek: Rowohlt.

# Stichwortverzeichnis

## E

## K/L



## M



## N

## O/P



## R



## S

## W



## X–Z

# Namensverzeichnis

## A/B



## C



## D



## E



## F



## G

## H



## I/J



## K



## L



## M–O



## P/Q



## R



## S

## T



## V/W



## X–Z